Siempre es posible juzgar un libro por la calidad de sus lectores.

Lea lo que estas celebridades dicen acerca de esta obra.

Si sólo tuviera que leer un libro en el presente milenio, mi elección sería éste.

Harvey Mackay
Autor de *Swim with the Sharks*.

Esta obra es absolutamente maravillosa, y estoy seguro que causará gran impacto en las generaciones futuras del mundo de los negocios.

Ken Blanchard
Coautor de *The One-Minute Manager*.

La más importante habilidad para alcanzar el éxito que se requiere cultivar es la capacidad para concentrarse.

Brian Tracy
Asesor, líder internacional en seminarios y escritor de bestsellers.

T0284255

Aprenda a concentrarse y permanecer concentrado, a fin de lograr el éxito en la mitad del tiempo normalmente requerido... y este libro le enseñará cómo hacerlo. Esta obra debería ser la biblia para quienes comienzan a optimizar su productividad y sus ingresos. Soy dueño de once restaurantes mexicanos, y si usted desea que el éxito sea su "mero mole", lea este libro.

Tom Harken
Autor de *The Millionaire's Secret*,
galardonado con el premio Horatio Alger.

Hasta nuestros días, el tema de la concentración ha sido menospreciado. Hombres y mujeres del mundo de los negocios se beneficiarán del estudio y la aplicación de las estrategias aquí descritas.

Richard Carlson
Autor de *Don't sweat the Small Stuff...
and it's all small stuff.*

El Poder de MANTENERSE ENFOCADO

Jack Canfield
Mark Victor Hansen
Les Hewitt

Traducción:
María Amparo Penichet Díaz

Español

Health Communications, Inc.
Deerfield Beach, Florida
www.hcibooks.com

DERECHOS RESERVADOS

Título original: *The Power of Focus*

© 2000 Jack Canfield, Mark Victor Hansen y Les Hewitt
ISBN-13: 978-0-7573-0230-5
ISBN-10: 0-7573-0230-0

Todos los derechos reservados. Impreso en los Estados Unidos de América. Se prohíbe la reproducción total o parcial de esta obra, su almacenamiento en sistemas de recuperación de datos o la distribución de sus contenidos por cualquier medio, y sea electrónico, mecánico, visual, sonoro o de cualquier otra índole, sin la autorización de la casa editora.

HCI Español, sus logos y marcas son marcas registradas de Health Communications, Inc.

Editor: HCI Español
Un sello de Health Communications, Inc.
3201 S.W. 15th Street
Deerfield Beach, FL 33442-8190

Diseño de la portada y por interior del libro por Gail Pocock, (403) 228-9861.

Jack

A los maestros que me enseñaron la mayoría de
los principios de *El poder de la concentración*:

W. Clement Stone, Billy B. Sharp, Lacy Hall, Bob
Resnick, Martha Crampton, Jack Gibb, Ken Blanchard,
Nathaniel Branden, Stewart Emery, Tim Piering, Tracy
Goss, Marshall Thurber, Russell Bishop, Bob Proctor,
Bernhard Dohrmann, Mark Victor Hansen, Les Hewitt,
Lee Pulos, Doug Kruschke, Martin Rutte, Michael Gerber,
Armand Bytton, Marti Glenn y Ron Scolastico.

Mark

Para Elisabeth y Melanie:

"El futuro está en buenas manos".

Les

Para Fran, Jennifer y Andrew:

"Ustedes son el centro de mi vida".

CONTENIDO

RECONOCIMIENTOS

Se necesitaron tres años para escribir esta obra y muchas personas nos alentaron durante todo el proceso. Hubo ocasiones en las que parecía que nunca lo terminaríamos, pero con persistencia y mucha concentración, al fin está completo. Queremos reconocer a todos los que participaron por su ayuda así como apoyo, sin los cuales nunca se hubiera terminado este proyecto.

Fran Hewitt, eres un pilar de fuerza para superar todas las frustraciones, las fechas límite imposibles y las revisiones de última hora que requirieron una fortaleza increíble. Un sincero agradecimiento. Jennifer y Andrew Hewitt, gracias por su valor, retroalimentación e ideas creativas; son una inspiración.

Dan Sullivan, gracias por tu buen liderazgo con respecto a la capacitación en cuanto al mundo de los negocios y por ser una influencia poderosa. Gracias Jim Rohn, George Addair, Patricia Fripp, Ed Foreman, David McNally, Lance Secretan, Somers White, Rosita Pérez, Danny Cox, Valerie Morse, Peter Daniels, Richard Flint y muchos otros grandes maestros imposibles de mencionar a todos aquí, por su sabiduría a la vez que guía durante los últimos quince años.

A Tim Breithaupt por permitir que su excelente libro *¡Tome ese empleo y adórelo!: las delicias de vender con profesionalismo*, estimulara la terminación de éste. Gail Pocock, eres un verdadero campeón. Gracias por tu dedicación y compromiso totales en este proyecto. Tu creatividad y experiencia en el diseño de formato, texto y portada son extraordinarias. Gracias a Rod Chapman, cuyas habilidades de edición lograron un producto de muy alta calidad.

También reconocemos a Georgina Forrest y Shirley Flaherty de Achievers por su maravilloso trabajo de mecanografiar y volver a mecanografiar, un milagro si se considera el borrador casi ilegible de donde tuvieron que copiar al principio. A Elverina Laba por su entusiasmo y esfuerzo de ventas mientras Les estuvo "ausente".

Un reconocimiento especial para todos nuestros clientes en el Programa de capacitación para alcanzar logros, quienes implementaron las estrategias que aquí presentamos y probaron que en realidad trabajaron. Gracias también a los graduados de 1998 del Seminario de habilidades de facilitación de Jack Canfield, su entusiasmo y valor fueron muy apreciados.

A Philip Keers y Ken Johnston que llevaron la antorcha hacia el futuro; en verdad son compañeros maravillosos.

A todos en la oficina de Jack, un equipo extraordinario cuya sinergia produjo el impulso necesario para cumplir con muchas de nuestras fechas límite. Un agradecimiento especial a Deborah Hatchell por tu influencia que tranquiliza y tu brillante habilidad de comunicación cuando las cosas se ponían un poco difíciles. A Nancy Mitchell Autio por coordinar la tarea de obtener permisos con Shirley Flaherty. Shirley, tu tenacidad y persistencia aseguraron el cumplimiento de las fechas límite. ¡Bien hecho! Gracias a Ro Miller, "La reina del conmutador", por su calidez y ayuda con esas llamadas interminables. A Verónica Romero quien aseguró que los manuscritos de los lectores salieran a tiempo y, lo que es más importante, ¡regresaran a tiempo! Teresa Esparza por tu maravillosa actitud positiva y disposición de ayuda. Chris Smith, gracias por tu brillantez para revisar pruebas.

A Robin Yerian y Leslie Forbes Riskin, dos jugadoras tras bambalinas cuyo alto nivel de habilidades y compromiso aseguraron que todos los detalles se manejaran en forma experta.

Gracias, Patty Aubery, por tus reflexiones vívidas y tu conocimiento de la mercadotecnia. Tu impulso y energía hicieron posibles las cosas.

Nuestra gratitud también para Inga Mahoney y Christopher Canfield por permitir a Jack concentrarse en el trabajo y ayudar a mantener el importante equilibrio entre los negocios y la familia.

A las dos personas que tienen la mayor concentración de todos, Elisabeth y Melanie Hansen.

A Patty Hansen por ser una jugadora integral en las operaciones cotidianas y en el proceso de toma de decisiones.

Un enorme "gracias" a Laura Rush de la oficina de Mark por ser tan efectiva al asegurar la programación (¡a menudo reprogramación!) de las conferencias importantes.

Gracias a todos en Health Communications, nuestro editor, por el apoyo total al proyecto y por asegurar que la impresión y distribución se manejaran de manera oportuna.

A Peter Vegso, Tom Sand y Terry Burke por reunir y dirigir a un equipo tan maravilloso.

Un agradecimiento especial a Christine Belleris y Allison Janse por guiarnos a través de los innumerables detalles y responder con oportunidad a toda petición. A Kim Weiss y Larry Getlen por dirigir el equipo de relaciones públicas y a Kelly Maragani por abrir muchas puertas para mejorar las ventas.

Gracias a Chuck Bush por pulir el manuscrito final.

Gracias de corazón a todas las personas diligentes en el panel de lectores quienes dedicaron tiempo para digerir, examinar y analizar nuestras ideas: Anna Alton, Barry Spilchuk, Eileen McDargh, David McNally, Philip Keers, Ken Johnston, Tim Breithaupt, Ralph Puertas, Steve Cashdollar, Bill Cowles, John P. Gardner, Walt Harasty, Keith Jacobsen, Tom Justin, Jeanne Kauffman, Audrey Kelliher, John Olsen, Elye Pitts y Dottie Walters. Su retroalimentación y sugerencias hicieron una contribución importante y ayudaron a crear un producto mucho mejor.

Un agradecimiento especial a Fred Angelis quien hizo un análisis profundo y ofreció muchas ideas excelentes de mercadotecnia.

También reconocemos los muchos ejemplos e historias proporcionadas directa e indirectamente por amigos y clientes. Debido al alcance y duración de este proyecto, tal vez fallamos en mencionar a otros que nos ayudaron a lo largo del camino. Si fuese así, por favor acepten nuestras disculpas y estén seguros de que apreciamos sus aportaciones.

Escribir y producir este libro ha sido en realidad un esfuerzo de equipo, lo cual prueba una vez más que completar cualquier empresa exitosa no requiere magia, sino tan sólo de concentración.

PREFACIO

El propósito de este libro: qué hay en él para usted

"La persona que desea llegar a la cima en los negocios debe apreciar la importancia de la fuerza de los hábitos, y debe entender que la práctica crea hábitos. Debe estar dispuesto a romper los hábitos que pueden vencerle y abrirse a adoptar aquellas prácticas que se convertirán en hábitos que le ayudarán a lograr el éxito que desea".

—J. Paul Getty

Estimado lector (o posible lector, si todavía está indeciso):
Nuestra investigación continua indica con claridad que tres de los desafíos más grandes que enfrenta la gente de negocios hoy en día son: presiones de tiempo, presiones financieras y la lucha para mantener un equilibrio sano entre el trabajo y el hogar.

Para muchas personas el ritmo de la vida es demasiado agitado; es como estar en un molino que nunca se detendrá. Los niveles de tensión siempre son altos. Existe la creciente necesidad de las personas de negocios de balancear más su vida para evitar convertirse en adictos al trabajo con poco tiempo para la familia, los amigos y las mejores cosas de la vida. Muchos también llevan a cuestas una tremenda carga de culpa que agrega más tensión. ¡Eso no es vivir!

¿Hay algo de lo mencionado arriba con lo que usted se pueda relacionar?

El poder de la concentración le ayudará en muchas maneras, y los beneficios aplican ya sea que se trate de un director ejecutivo, vicepresidente, gerente, supervisor, vendedor, empresario, consultor, propietario de un negocio de práctica profesional o un despacho con base en casa.

Ésta es la GARANTÍA que Ofrecemos:

Si usted estudia y de manera gradual implementa las estrategias que estamos a punto de compartir con usted, no sólo dará en el blanco de sus metas en los negocios, personales y financieras en forma consistente, sino que también excederá por mucho los resultados que experimenta en la actualidad. En forma específica le mostraremos cómo concentrarse en sus fortalezas para que pueda optimizar sus ingresos y, al mismo tiempo, disfrutar una forma de vida más sana, más feliz y mejor equilibrada.

Además, aprenderá a construir un fundamento más sólido para el futuro, con base en una técnica poco utilizada a la cual llamamos claridad poco común. Por encima de todo, descubrirá cómo tener paz económica con métodos comprobados por varios multimillonarios. También hay una variedad de ideas que ayudan a alimentar y enriquecer sus relaciones más importantes.

La razón por la que tenemos tanta confianza en que las ideas de este libro funcionarán para usted es porque ya funcionaron para nosotros y miles de nuestros clientes. Los tres tenemos setenta años de experiencia combinada en los negocios; experiencia de la vida real. La obtuvimos cometiendo muchos errores así como concentrándonos en hacer algunas cosas muy bien. Compartiremos con usted algunos descubrimientos personales importantes y le diremos la forma real de las cosas en vez de proporcionarle teorías y filosofías vagas. Esto le ayudará a evitar mucho del ensayo y error de la vida, y le ahorrará mucho tiempo y energía así como tensiones innecesarias.

Cómo aprovechar al máximo este libro.

Por favor note: si está buscando una fórmula mágica no la encontrará aquí. De acuerdo con nuestra experiencia, no existe semejante cosa. Se requiere un compromiso real para producir una transformación positiva. Es por ello que más del 90 por ciento de la gente que asiste a seminarios cortos no ven mejora en su vida, porque no dedican tiempo a implementar lo que aprendieron y todas las notas que tomaron por lo general terminan llenas de polvo .

Nuestra meta principal es hacer esta transformación tan atractiva, que le motivará a actuar de inmediato. Esta obra es amigable para el usuario y fácil de leer.

Cada capítulo consta de una variedad de estrategias además de técnicas con anécdotas e historias que le inspirarán. Los primeros tres capítulos son los cimientos. Cada capítulo subsecuente presenta una nueva serie de estrategias centradas en torno a un hábito específico que le ayudará a concentrarse y desempeñarse mejor. De manera individual, estos hábitos son muy importantes para su éxito futuro, pues combinados generan una fortaleza real que le asegurará disfrutar la vida al máximo. Al final de cada capítulo encontrará una serie de pasos de acción, diseñados para facilitar su progreso. Es vital que los siga y los complete si desea disfrutar mayor prosperidad. Puede iniciarlos uno a la vez. Emplee este libro como un trabajo en progreso continuo al que se puede referir una y otra vez.

Le sugerimos que tenga a la mano un marcador de textos o pluma, y un cuaderno para tomar notas mientras lee.

Utilícelos para captar de inmediato las ideas que tienen el mayor impacto.

Recuerde que todo consiste en concentrarse. La razón principal de por qué la mayoría de la gente lucha tanto en lo profesional como en lo personal es sólo la falta de concentración. Aplazan o se permiten distracciones e interrupciones. Ahora tiene la oportunidad de ser diferente. El único propósito de este libro es inspirarle para que actúe; así de sencillo. Hay un tesoro de sabiduría en las páginas subsecuentes. Empecemos. Use *El poder de la concentración* para garantizarse un mejor futuro y que su vida se enriquezca en verdad en el proceso.

Sinceramente,

Mark Victor Hansen

P.D. Si es propietario de un negocio o planea crecer con rapidez en los años siguientes, compre un ejemplar de este libro para todos los integrantes de su equipo. El impulso producido al implementar estas estrategias asegurará que logre sus objetivos mucho más rápido de lo imaginado.

Sus hábitos determinarán el futuro

"Es tan difícil cuando se ve a futuro y tan sencillo cuando se hace."

— Robert M. Pirsig

Brent Vouri sabía que iba a morir.
El severo ataque de asma había degenerado en el síndrome de deficiencia respiratoria en el adulto. En pocas palabras, sus pulmones estaban agotados por completo, del mismo modo que el motor de un auto cuando éste se queda sin aceite.

Lo último que recordó esa noche fue el piso del hospital el cual se apresuraba a su encuentro; después, obscuridad total. El coma duró quince días, durante los cuales Brent perdió peso hasta llegar a 20 kilos. Cuando despertó, no pudo hablar por otras dos semanas. No hacerlo fue bueno, porque, por primera vez en años, tenía tiempo para pensar. ¿Por qué se le había evaporado la vida a los veinte años? Los médicos que lo atendieron habían hecho una labor milagrosa para mantenerlo con vida, cuando otros creían que no tenía oportunidad de sobrevivir.

Brent reflexionó. El asma era parte de su vida desde que nació. Lo conocían bien en el hospital después de numerosas visitas para estabilizar su enfermedad. A pesar de te-

1

ner mucha energía de niño, nunca pudo participar en ninguna actividad física, como patinar o jugar hockey. A los diez años, sus padres se divorciaron y todas las frustraciones acumuladas explotaron. Los años subsecuentes fueron una espiral descendente que lo llevó a consumir drogas, abusar del alcohol y a fumar treinta cigarrillos al día.

No terminó de estudiar y pasaba de un trabajo de medio tiempo a otro. Aunque su salud empeoraba poco a poco, él eligió ignorarla hasta esa fatídica noche en que su cuerpo dijo "no puedo más". Con tiempo para reflexionar, llegó a esta conclusión importante: "Yo mismo me he puesto en esta situación durante años de elegir mal". Y decidió: "Ya no más; quiero vivir".

Poco a poco, Brent se fue fortaleciendo y pudo salir del hospital. Después, elaboró un plan para mejorar su vida. Primero, se inscribió en un programa de acondicionamiento físico. Una de sus metas iniciales era ganarse una camiseta de premio por haber asistido a doce sesiones. Lo logró. Tres años después era instructor de aeróbicos. Estaba tomando impulso. Cinco años después compitió en el Campeonato Nacional de Aeróbicos. Entre tanto, decidió prepararse más: primero, terminar el bachillerato y graduarse y luego esforzarse mucho para entrar a la universidad.

Después, él y un amigo empezaron su propia empresa para fabricar ropa deportiva, Typhoon Sportswear Ltd. (*www.typhoonsportswear.com*), especializada en producir prendas deportivas para cadenas comerciales. Habiendo empezado sólo con cuatro empleados, la compañía recién celebró su aniversario número 15.

Hoy en día, la empresa es una compañía que produce millones de dólares y cuenta con sesenta y seis empleados, así como con una red de distribución internacional que provee a clientes muy importantes como Nike. Al decidirse a elegir mejor y tener mejores hábitos, Brent Vouri dio un giro total a su vida, ¡del cero de ayer, al héroe de hoy!

¿No le parece que la historia de Brent es inspiradora?

Esto es lo importante: la vida no sólo sucede. La vida consiste en elegir, al igual que en cómo reaccionar ante cada situación. Si siempre elige mal, con frecuencia le ocurrirán desastres. Lo que elija todos los días determina en última instancia si usted será rico o pobre. De cualquier forma, en la vida nunca se cierran por completo las puertas de las oportunidades.

Elegir de manera coherente es en lo cual se fundamentan sus hábitos, como verá en las páginas siguientes. Sus hábitos son muy importantes para la manera en que desarrollará el futuro, lo cual incluye los hábitos diarios en los negocios, así como la variedad de conductas que manifieste en su vida personal. A lo largo del presente libro encontrará estrategias que puede aplicar tanto al trabajo como al hogar. Su labor consiste en revisarlas todas y llevar a la práctica aquellas que le ofrezcan mayores recompensas. A propósito, todas las estrategias funcionan bien tanto para hombres como para mujeres. Si no lo ha notado, uno de los avances más estimulantes en el mercado actual es el aumento acelerado de mujeres empresarias.

En este capítulo se presentan los elementos más importantes relacionados con los hábitos. Primero descubrirá cómo funcionan los hábitos. Luego aprenderá a identificar los malos hábitos y cómo cambiarlos. Lo anterior le permitirá revisar los hábitos propios y determinar cuáles son nocivos. Por último, le mostraremos una fórmula única para tener **hábitos para alcanzar el éxito**, una estrategia sencilla pero poderosa que le ayudará a transformar sus malos hábitos en hábitos para alcanzar el éxito. Usar esta técnica asegurará que se concentre en lo que sí funciona.

LAS PERSONAS DE ÉXITO TIENEN HÁBITOS PARA ALCANZAR EL ÉXITO

¡Las personas sin éxito no!

Cómo funcionan los HÁBITOS

SUS HÁBITOS DETERMINARÁN EL FUTURO

¿Qué es un hábito? En pocas palabras, un hábito es algo que usted lleva a cabo tan a menudo que se vuelve fácil. Es decir, se trata de una conducta que usted repite una y otra vez. Si persiste en desarrollar una conducta nueva, la misma se vuelve automática.

Por ejemplo, si aprende a conducir un automóvil con transmisión estándar, las primeras lecciones, por lo general, resultan interesantes. Uno de los grandes desafíos es aprender a sincronizar los pedales del clutch y del acelerador para hacer cambios de velocidad suaves. Si suelta el clutch demasiado rápido, el auto se detiene. Si presiona muy fuerte el acelerador sin soltar el clutch el motor hace mucho ruido pero el automóvil no se mueve. En ocasiones el vehículo brinca como canguro, avanzando y deteniéndose mientras el conductor novato lucha con los pedales. Sin embargo, con la práctica, los cambios de velocidad se vuelven suaves y no se tiene siquiera que pensar en ellos.

LES:
Todos somos criaturas con hábitos. En el camino que recorro de la oficina a la casa hay nueve semáforos. Con frecuencia, llego a casa y no recuerdo ninguno de los semáforos. Es como si condujera de manera inconsciente. Si mi esposa me pide que me desvíe un poco para recoger algo, no es difícil que lo olvide, pues estoy programado para tomar la misma ruta todas las noches.

Lo bueno es que usted puede programarse de nuevo en cualquier momento que así lo desee. Si tiene problemas financieros, es importante saberlo.

Digamos que quiere ser independiente desde el punto de vista financiero. ¿No le parece que vale la pena revisar qué hábitos tiene para ganar dinero? ¿Tiene el hábito de pagarse primero cada mes? ¿Ahorra e invierte cuando menos el 10 por ciento de sus ingresos? La respuesta es "sí" o "no". De inmediato, puede darse cuenta si va en la dirección correcta. Lo importante aquí es la *constancia*, lo cual significa que hay que ahorrar e invertir cada mes. Hacerlo cada mes es un buen hábito. La mayoría de las personas son superficiales cuando se trata de hacer crecer su dinero. Son muy inconstantes.

Suponga que inicia un programa de ahorro e inversión. Durante los primeros seis meses sin falta aparta el 10 por ciento de acuerdo con el plan. Luego algo sucede. Toma prestado el dinero para ir de vacaciones y se dice a sí mismo que lo repondrá en los meses siguientes. Claro que no lo hace y el programa se detiene antes de siquiera haber comenzado. A propósito, ¿sabe usted lo fácil que es tener seguridad financiera? Empezando a los dieciocho años si invierte cien dólares al mes, con un interés anual del diez por ciento, tendrá más de 1.1 millón de dólares a la edad de sesenta y cinco años. Incluso, si empieza hasta los cuarenta años, hay esperanza, aunque lograrlo requerirá más de un dólar diario.

Lo anterior recibe el nombre de **política de no hacer excepciones**. En otras palabras, se compromete a tener un futuro financiero mejor cada día. Es lo que distingue a las personas que tienen dinero de las que no lo tienen. (En el capítulo 9, "Actuar de manera decisiva", aprenderá mucho más sobre cómo acumular riqueza.)

Veamos otra situación. Si conservar una salud excelente es una de sus prioridades, hacer ejercicio tres veces a la semana puede ser el estándar mínimo para mantenerse en forma. La política de no hacer excepciones implica que mantendrá el hábito de ejercitarse sin importar qué suceda, porque usted valora los beneficios a largo plazo.

Las personas que no le dan suficiente importancia al cambio dejarán de hacerlo después de unas cuantas semanas o meses. Y por lo general tienen una lista enorme de excusas de por qué no les funcionó. **Si quiere sobresalir de entre las masas y disfrutar una forma de vida única, comprenda esto: sus hábitos determinarán el futuro.**

Es muy importante no olvidar que las personas con éxito no van a la deriva hacia la cima. Se requiere que las acciones estén enfocadas, disciplina personal y mucha energía todos los días para hacer que las cosas sucedan. Los hábitos que usted adquiera a partir de este día determinarán el futuro. Rico o pobre, sano o enfermo, satisfecho o no, feliz o infeliz, usted es quien elige, así que hágalo con sabiduría.

Sus hábitos determinarán la calidad de su vida

En el presente, muchas personas se preocupan por su forma de vida. Frases como "estoy buscando una mejor calidad de vida" o "quiero hacerme la vida más fácil" son muy comunes. Parece que la prisa por alcanzar el éxito económico y todas las trampas que ello conlleva no son suficientes. Ser en verdad rico incluye no solamente una libertad financiera, sino establecer relaciones enriquecedoras e importantes, mejorar la salud y disfrutar de un buen equilibrio entre la profesión y la vida personal.

Alimentar el espíritu o el alma es también un requisito vital, lo cual requiere tiempo para explorar y crecer. Es un proceso interminable. Cuanto más aprenda de sí mismo (cómo piensa, cómo se siente, cuál es su verdadera finalidad y cómo quiere vivir), la vida le será más fluida.

En vez de sólo trabajar mucho cada semana, empezará a elegir mejor con base en la intuición y por instinto sabrá qué es lo correcto. Lo anterior implica un grado mayor de confianza, del cual depende la calidad diaria de vida. En el capítulo 10, "Vivir con un propósito", le mostraremos un sistema único el cual hará que todo lo anterior sea posible. Es una forma muy emocionante de vivir.

POR LO GENERAL, LOS RESULTADOS DE SUS MALOS HÁBITOS NO SE HACEN EVIDENTES SINO DEMASIADO TARDE EN LA VIDA

Por favor asegúrese de estar muy alerta antes de leer los siguientes párrafos. Si no lo está, échese agua fría en la cara para que no se pierda la importancia de este concepto fundamental.

Muchas personas van por la vida buscando gratificación inmediata. Compran cosas que no pueden pagar con créditos que se cubren en los plazos más largos posibles: automóviles, muebles, aparatos domésticos, sistemas de entretenimiento o el "juguete" más moderno, sólo por nombrar algunos. Las personas con este hábito tienen que hacer malabares con el dinero. Siempre hay otro pago el próximo mes. Con frecuencia, lo anterior da por resultado trabajar más horas o tomar otro empleo para cumplir con las fechas de pagos, lo cual produce aún más tensión.

Llevado al extremo, si sus gastos constantemente exceden sus ingresos, obtendrá un resultado último: ¡se llama bancarrota! Cuando se tiene un mal hábito crónico, siempre hay consecuencias. Esto es lo que necesita entender en realidad: siempre habrá consecuencias. Le guste o no le guste. El hecho es que si sigue haciendo las cosas de cierta manera siempre tendrá un resultado predecible. **Los hábitos negativos producen consecuencias negativas. Los hábitos para alcanzar el éxito crean recompensas positivas.** Así es la vida.

Veamos algunos ejemplos. Si quiere disfrutar de longevidad, debe tener hábitos saludables. Tener una buena nutrición, hacer ejercicio y analizar la longevidad son importantes. ¿La realidad? La mayoría de la población en el mundo occidental está pasada de peso, no hace ejercicio y tiene malos hábitos alimentarios. ¿Cómo se explica eso? De nuevo, se trata de la actitud de vivir el momento, pensando poco o nada en las consecuencias. Cuando se trata de la salud, la lista es muy larga. Aquí hay un par de elementos: trabajar catorce horas al día siete días a la semana, le llevará a consumirse por completo. Al ingerir comidas rápidas o alimentos chatarra de prisa como un hábito diario, la combinación de tensión y colesterol alto hace que el riesgo de sufrir ataques cardiacos o infartos sea mucho mayor. Éstas son consecuencias que amenazan la vida y aun así muchas personas ignoran lo obvio y siguen adelante, sin percatarse de que una crisis muy grande puede encontrarse a la vuelta de la esquina.

Observe las relaciones. El matrimonio tiene problemas; casi el 50 por ciento termina en divorcio. Si tiene el hábito de no alimentar sus más importantes vínculos de tiempo, energía y amor, ¿cómo espera un resultado feliz?

Cuando se trata de dinero, sus malos hábitos pueden conducirle a un ciclo interminable de trabajo en sus últimos años, cuando estaría mejor disfrutando de más tiempo libre para divertirse.

He aquí noticias muy buenas:

PUEDE CONVERTIR LAS CONSECUENCIAS NEGATIVAS EN RECOMPENSAS POSITIVAS

Con sólo cambiar sus hábitos ahora.

DESARROLLAR HÁBITOS PARA ALCANZAR EL ÉXITO REQUIERE TIEMPO

¿Cuánto tiempo lleva cambiar un hábito? Las respuestas más comunes a esta pregunta son: "alrededor de veintiún días" o "de tres a cuatro semanas". Lo anterior quizá sea cierto si se trata de hacer pequeños ajustes en su conducta. Aquí tenemos un ejemplo personal:

> LES:
> Recuerdo que perdía las llaves con frecuencia. Al final del día, estacionaba el auto en el garaje, entraba a la casa y ponía las llaves en cualquier parte que tuviera a la mano. Más tarde, tenía que salir a una reunión y, por supuesto, no podía encontrar las llaves. Mientras se llevaba a cabo la búsqueda del tesoro, mi nivel de presión aumentaba y después de que se encontraban las llaves corría a mi junta veinticinco minutos tarde, con una actitud que no se puede describir como positiva.
>
> La solución a este problema recurrente fue simple. Un día clavé un pedazo de madera en la pared frente a la puerta del garaje. Tenía dos ganchos y una etiqueta grande que decía "llaves".
>
> La tarde siguiente llegué a casa, pasé por alto mi nuevo tablero para las llaves, entré a la casa y las tiré en algún rincón remoto. ¿Por qué? Porque es lo que siempre había hecho. Me tomó casi treinta días forzarme a colgarlas en la pared antes de que mi cerebro entendiera el mensaje: "ahora estamos haciendo algo diferente" y se formara un nuevo hábito. Nunca volví a perder las llaves, pero tuve que hacer un gran esfuerzo.

Lo fascinante es que después de entre veintiuna y treinta experiencias con un hábito nuevo es más difícil no hacerlo que hacerlo. Antes de poder cambiar un hábito, es necesario revisar primero cuánto tiempo se ha tenido. Si se ha estado haciendo algo repetidamente durante treinta años, quizá no sea posible deshacerse de él en unas cuantas semanas. Hay que reconocer que un hábito constante está muy arraigado. Es como tratar de cortar una fibra de filamentos múltiples que ha adoptado la forma, con el tiempo, de una cuerda muy poderosa. Es muy difícil de romper. Los fumadores de mucho tiempo saben lo difícil que es romper con la adicción a la nicotina. Muchos nunca lo logran a pesar de las pruebas agobiantes de que fumar puede reducir en gran medida la expectativa de vida.

Del mismo modo, las personas con una larga historia de baja autoestima no se transformarán en individuos con mucha confianza en sí mismos, que estén listos para enfrentar al mundo, en veintiún días. Puede llevarse un año o más desarrollar creencias positivas. Estas transiciones importantes pueden afectar tanto la vida profesional como la personal.

Otro aspecto importante relacionado con cambiar hábitos es la posibilidad de caer de nueva cuenta en los viejos patrones. Ello puede suceder cuando la tensión aumenta u ocurre una crisis inesperada. El nuevo hábito puede no ser lo bastante fuerte para resistir dichas circunstancias y se requerirá más tiempo, energía y esfuerzo. Para ser constantes, los astronautas utilizan una lista en la que verifican cada procedimiento a fin de asegurar los mismos resultados cada vez. Usted puede crear un sistema similar a prueba de fallas. Sólo requiere práctica. Y bien vale la pena el esfuerzo, como lo verá en poco tiempo.

Imagine lo que sucedería si tan sólo pudiera cambiar cuatro hábitos al año. Dentro de cinco años tendría veinte hábitos positivos nuevos. He ahí el meollo del asunto ¿Veinte hábitos positivos nuevos harán la diferencia en los resultados? Por supuesto. Veinte hábitos de éxito pueden aportarle todo el dinero que quiere o necesita, relaciones amorosas maravillosas, un cuerpo más saludable y con más energía física, además de toda clase de oportunidades nuevas. ¿Y qué tal si se creara más de cuatro hábitos nuevos al año? ¡Piense en las posibilidades!

HASTA EL 90 POR CIENTO
DE NUESTRO COMPORTAMIENTO NORMAL
ESTÁ BASADO EN LOS HÁBITOS

Como se mencionó antes, muchas de nuestras actividades diarias son sólo rutinas. Desde que se levanta en la mañana hasta que se retira por la noche, hay cientos de cosas que hace de la misma manera. Éstas incluyen cómo se viste, se prepara para el día, desayuna, lee el diario, se cepilla los dientes, conduce hasta la oficina, saluda a las personas, arregla su escritorio, concierta citas, trabaja en proyectos, asiste a reuniones, contesta el teléfono y demás... Si ha hecho las mismas actividades por años, tiene una serie de hábitos muy arraigados. Ellos involucran todas las áreas de su vida, lo cual incluye el trabajo, la familia, los ingresos, la salud, las relaciones y muchas más. La suma total de estos hábitos determina cómo funciona su vida, es decir, que ellos determinan su conducta normal.

Como criaturas con hábitos, somos muy predecibles. En muchas formas, esto es bueno porque otros pueden vernos como seres confiables, responsables y consistentes. (Es interesante notar que las personas que son muy impredecibles también tienen un hábito, ¡el hábito de la inconsistencia!)

No obstante, con demasiada rutina, nos volvemos autocomplacientes y la vida se torna aburrida. Nos conformamos con menos de lo que somos capaces. De hecho, muchas de las actividades que hacen nuestra conducta cotidiana normal se realizan de forma inconsciente, sin pensar. Aquí está el punto: su conducta cotidiana normal tiene mucho que ver con los resultados en la vida. Si no está feliz con ellos, algo tiene que cambiar.

LA CALIDAD NO ES UN ACTO. ES UN HÁBITO.

UNA VEZ QUE SE DESARROLLA BIEN UN HÁBITO NUEVO, SE CONVIERTE EN UNA CONDUCTA NORMAL

¡Excelentes noticias! Al sustituir con una nueva conducta la conducta actual, puede generar una forma diferente de hacer las cosas. La conducta nueva, entonces, se convierte en el nuevo estándar de desempeño y productividad. En otras palabras, empieza a reemplazar los malos hábitos de antaño con nuevos hábitos para alcanzar el éxito.

Por ejemplo, si siempre se presenta tarde a las reuniones, siente mucha presión y se siente mal preparado, para mejorarlo, haga el compromiso de llegar diez minutos antes a cada cita durante las siguientes cuatro semanas. Si se disciplina para cumplir con ello, notará dos cosas:

1. Al principio, una o dos semanas serán difíciles. De hecho, tal vez tenga que, en la mente, hacer labor de convencimiento consigo mismo para mantenerse en el camino correcto.

2. Cuanto más seguido se presente a tiempo, será más fácil. Un día será una conducta normal. Es como programarse de nueva cuenta, y descubrir que los beneficios del nuevo programa exceden por mucho los resultados del anterior.

Al mejorar una conducta a la vez puede mejorar en gran medida su forma general de vida. Lo anterior incluye la salud, los ingresos, las relaciones y el tiempo libre para diversiones.

MARK:
Tengo un amigo de cincuenta y tantos años que cambió veinticuatro hábitos alimenticios en un periodo de dos años. Antes de decidirse a cambiar, estaba cansado y

con sobrepeso, tenía poca energía y carecía de motivación para el trabajo. Sus malos hábitos incluían demasiados postres, comida rápida y una botella de vino al día. Luego decidió cambiar. Fue un proceso largo y requirió mucha disciplina. Con la ayuda de un excelente nutriólogo y un entrenador físico personal, dio un giro total. Dejó de beber, no tuvo problemas para evitar los postres y comer porciones más pequeñas de alimentos bien balanceados, que le proporcionan el máximo de energía. Tiene un nuevo gusto por los negocios y su confianza es alta todo el tiempo.

Si otras personas pueden hacer cambios significativos, ¿por qué usted no? Recuerde, nada cambiará hasta que usted cambie. Adopte el cambio como un catalizador positivo, uno que le dará más libertad y paz.

SI SIGUE HACIENDO LO QUE SIEMPRE HA HECHO

Seguirá obteniendo lo que siempre ha obtenido.

Cómo IDENTIFICAR los malos hábitos

ESTÉ CONSCIENTE DE LOS HÁBITOS
QUE NO LE ESTÁN FUNCIONANDO

Muchos de nuestros hábitos, patrones, idiosincrasias y manías son invisibles, lo cual dio lugar a que el reconocido autor Oliver Wendell Holmes observara: "todos necesitamos educación en lo obvio." Así que veamos más de cerca los hábitos que le están impidiendo progresar. Quizá esté consciente de algunos. Aquí hay algunos muy comunes que recibimos de personas que asisten a nuestros talleres.

- No devolver a tiempo las llamadas telefónicas.
- Llegar tarde a reuniones y citas.
- Comunicación mediocre con los colegas y el personal.
- Falta de claridad en cuanto a los resultados esperados, los objetivos mensuales, las metas, etcétera.
- No darse el tiempo de transporte suficiente para llegar a citas fuera de la oficina.
- No ocuparse del papeleo de manera rápida, así como eficiente.
- Manejar el correo más de una vez.
- Permitir que no se paguen a tiempo las cuentas, lo cual resulta en multas.
- No llevar a cabo un buen seguimiento de las cuentas por cobrar.

- Hablar en vez de escuchar.

- Olvidar el nombre de alguien sesenta segundos (o menos) después de que se presenta.

- Apretar el botón del despertador varias veces en la mañana antes de salir de la cama.

- Trabajar días largos sin hacer ejercicio o descansos regulares.

- No dedicar tiempo suficiente a los hijos.

- Consumir comida rápida de lunes a viernes.

- Comer a horas irregulares del día.

- Salir de casa por la mañana sin abrazar a su esposa, esposo, hijos y/o perro.

- Llevarse trabajo a casa.

- Socializar demasiado por teléfono.

- Hacer reservaciones de último momento (restaurante, planes de viaje, teatro, conciertos).

- No dar seguimiento a tiempo, como se prometió, a las peticiones de otras personas.

- No darse tiempo libre suficiente para divertirse y para la familia ¡sin sentirse culpable!

- Tener el teléfono celular encendido todo el tiempo.

- Contestar el teléfono durante las horas de comida de la familia.

- Controlar toda decisión, sobre todo las pequeñas que tiene que dejar pasar.

- Aplazar todo, desde archivar los impuestos hasta limpiar la cochera.

Ahora haga una evaluación de sí mismo haciendo una lista de todos los hábitos que lo hacen improductivo. Dedique una hora o más para poder reflexionar sobre este proceso, y planifíquelo para no interrumpirlo. Es un ejercicio que vale la pena y le dará un fundamento sólido para tener mejores resultados en los años por venir. De hecho, los malos hábitos u obstáculos a sus metas, actúan como un trampolín para el éxito futuro. Hasta que entienda con claridad qué lo está reprimiendo, será difícil crear más hábitos productivos. La fórmula, al final de este capítulo, con los hábitos para alcanzar el éxito le mostrará una forma práctica de transformar sus malos hábitos en estrategias exitosas.

Otra forma de identificar conductas improductivas es la retroalimentación. Hable con personas que usted admira y que le conozcan bien. Pídales que observen los malos hábitos que usted tiene. Busque congruencia. Si habla con diez personas y ocho de ellas le dicen que nunca devuelve las llamadas a tiempo, ponga atención. **Recuerde esto: su conducta externa es la verdad; cómo percibe la conducta propia con frecuencia es una ilusión.** Si está abierto a la retroalimentación buena y honesta, puede hacer ajustes rápidos y eliminar los malos hábitos para siempre.

Sus hábitos y creencias son un producto del ambiente que lo rodea

La idea anterior es muy profunda. Comprenda que las personas a quienes frecuenta y el ambiente donde vive influyen en gran medida lo que usted hace. Una persona criada en un ambiente negativo, sujeta continuamente a abuso verbal o físico, tiene una visión diferente del mundo a la de un niño quien creció en una familia cálida, amorosa y que da apoyo. Sus actitudes y niveles de autoestima son diferentes. Los ambientes de abuso con frecuencia producen sentimientos de no valía y falta de confianza, además de miedo. Si se conservan las creencias negativas hasta la vida adulta, las mismas pueden generar un sinfín de hábitos improductivos, que incluyen la drogadicción, la criminalidad, al igual que la incapacidad para moldear una carrera estable.

La presión ejercida por los compañeros también puede ser una influencia positiva o negativa. Si frecuenta a personas que siempre se están quejando de lo malo que es todo, puede empezar a creer lo que ellas dicen. Por el contrario, si se rodea de personas que son fuertes y positivas, es más probable que vea al mundo como un lugar lleno de oportunidades y aventuras.

En el excelente libro *NLP: El nuevo arte y ciencia de conseguir lo que quiere,* el autor Harry Alder explica más a fondo este concepto:

> Incluso los cambios pequeños en la raíz de las creencias producirán cambios asombrosos en la conducta y el desempeño. Lo anterior funciona con más fuerza en los niños que en los adultos, ya que es más fácil sugestionarlos y hacerlos cambiar de creencias. Así, por ejemplo, si los niños creen que son buenos en los deportes, o en una materia en particular, en realidad se desempeñan mejor. Hacerlo constituye el combustible que los hace creer en sí mismos y alcanzar la excelencia.
>
> En muy raros casos, un individuo puede tener como creencia dominante "no sirvo para nada", lo cual afectará de manera negativa cualquier cosa que emprenda, si es que siquiera se toma la molestia de emprender algo. No obstante, es mucho más común que la persona tenga una mezcla de creencias sobre sí misma, en la cual algunas son positivas o la "facultan" mientras otras son negativas o la "desalientan". Un hombre puede tener una imagen negativa de sí mismo en lo que respecta a la profe-

sión, por lo cual no se ve a sí mismo, por ejemplo, como un buen "gerente", "jefe" o "líder". Sin embargo, la misma persona podría verse a sí misma como con talento "natural" para los deportes, socializar o algún pasatiempo. Igualmente común es que, en una situación de trabajo, una mujer podría verse a sí misma muy positiva en cuanto a la habilidad profesional que posee, ser capaz de hacer bien el trabajo, pero sentirse muy infeliz por cumplir con las "políticas de la oficina" o viceversa. Así que podemos tener un rango muy amplio de creencias sobre uno mismo que abarcan las muchas facetas de nuestra vida laboral, social y doméstica; por tanto, necesitamos ser específicos cuando identificamos aquellas que afectan lo que logramos. Necesitamos reemplazar las que nos desalienten con aquellas que nos faculten.

Aun cuando usted fuera lo bastante desafortunado como para que sus antecedentes fueran demasiado adversos, todavía puede hacer cambios. Es probable que sólo requiera una persona que le ayude a hacer la transición. Un entrenador excelente, maestro, terapeuta, tutor o un modelo positivo, puede modificar de manera drástica su futuro. **El único requisito es que debe comprometerse a cambiar.** Cuando esté listo para hacerlo, las personas correctas empezarán a presentarse y ayudarle. Según nuestra experiencia, ese dicho bien conocido: "cuando el alumno está listo aparece el maestro" es cierto.

Cómo CAMBIAR los malos hábitos

ANALICE LOS HÁBITOS DE LOS MODELOS DE CONDUCTA EXITOSOS

Como ya se mencionó, las personas con éxito han desarrollado hábitos para alcanzar el éxito. Aprenda a observar cuáles son esos hábitos. Estudie a las personas con éxito. Como dijo el reconocido filósofo de los negocios, Jim Rohn: "ellos nos dan pistas." ¿Qué tal si entrevistara a una persona con éxito al mes? Invítela a desayunar o almorzar y hágale muchas buenas preguntas sobre disciplinas, rutinas y hábitos. ¿Qué lee? ¿A qué clubes y asociaciones pertenece? ¿Cómo programa su tiempo? Si escucha bien y toma notas, en muy poco tiempo, tendrá un mundo de buenas ideas. Si su petición es sincera, las personas en verdad exitosas estarán felices de compartir sus ideas. Disfrutan la oportunidad de ser entrenadores para quienes están en verdad interesados en mejorar su vida.

JACK Y MARK:
Cuando terminamos de escribir el primer libro *Sopa de Pollo para el Alma*, preguntamos a todos los autores de libros muy vendidos que conocíamos: Bárbara De Angelis, John Gray, Ken Blanchard, Harvey Mackay, Harold Bloomfield, Wayne Dyer y Scott Peck, qué estrategias específicas se requerían para asegurar que nuestro libro se vendiera muy bien. Todos fueron generosos con sus ideas y opiniones. Hicimos todo lo que nos dijeron. Adoptamos el hábito de hacer un mínimo de una entrevista de radio al día, siete días de la semana, durante dos años. Conse-

guimos un editor propio. Enviamos cinco libros al día a revisores y otras personas con posibles opiniones. Dimos a los diarios y revistas derechos gratuitos de reimpresión de nuestras historias. Ofrecimos seminarios motivacionales a todas las personas responsables de vender nuestros libros. En pocas palabras, preguntamos cuáles debían ser nuestros hábitos para obtener un libro muy vendido y los pusimos en acción. Como resultado, a la fecha hemos vendido cincuenta millones de libros en todo el mundo.

El problema es que la mayoría de las personas no pregunta. En vez de hacerlo, inventan todo tipo de excusas. Están demasiado ocupados o creen que las personas de éxito no tienen tiempo para ellas, y ¿cómo se encuentra a esas personas? Las personas de éxito no están paradas en las esquinas esperando a que las entrevisten. Eso es cierto. Recuerde, es un estudio. Significa que necesita tener recursos e idear maneras de encontrar dónde trabajan, viven, comen y se divierten. Hágalo como un juego. Diviértase. ¡Vale la pena! (En el capítulo 5, el cual se concentra en el hábito de construir relaciones excelentes, descubrirá cómo encontrar y comunicarse con modelos de conducta exitosos.)

He aquí otra forma de estudiar a las personas con éxito: leer sus autobiografías y biografías. Hay cientos de ellas. Son historias verdaderas, así como maravillosas, repletas de ideas; además, los libros se encuentran en la biblioteca o librería local. Lea una al mes y obtendrá más ideas en un año de lo que pueden ofrecer muchos cursos universitarios.

También, esté alerta para encontrar documentales especiales de televisión que presentan a personas con éxito. Otro hábito que nosotros tres hemos adquirido es escuchar cintas de audio motivacionales, a la vez que educativas, cuando estamos en el auto, caminando o haciendo ejercicio. Si escucha una cinta de audio durante treinta minutos al día, cinco días de la semana, en diez años habrá estado expuesto a más de trescientas horas de información nueva al igual que útil. Éste es un hábito que casi todas las personas exitosas que conocemos han desarrollado: escuchan cintas de audio.

Nuestro amigo Jim Rohn dice: "Si lee un libro al mes sobre su industria, en diez años habrá leído 120 libros. Eso lo pondrá en la cima de su campo". Por el contrario, como Jim con sabiduría lo expone: "¡Todos los libros que no ha leído no le serán útiles!" Busque en tiendas de especialidades que venden cintas de vídeo y de audio que presentan entrenadores, así como líderes en el desarrollo personal. Toda esta información maravillosa está ahí esperándole. Así que consígala y observe cómo aumenta su conciencia. Muy pronto, si aplica lo que aprende, sus ingresos aumentarán también.

ADQUIERA EL HÁBITO DE CAMBIAR SUS HÁBITOS

Las personas que son ricas en todo el sentido de la palabra entienden que la vida es una experiencia de aprendizaje. Nunca se detiene. Aprenda a afinar con frecuencia sus hábitos. Siempre existe otro nivel que alcanzar, no importa lo bueno que sea en el que se encuentra ahora. Impulsarse a mejorar, construye el carácter. Se vuelve más humano y tiene más que ofrecer. Es un viaje emocionante que conduce a tener logros, a la vez que prosperidad. Por desgracia, en ocasiones, aprendemos las lecciones de la manera más difícil.

> LES:
> ¿Alguna vez ha experimentado piedras en los riñones? No es divertido y es un buen ejemplo de cómo los malos hábitos pueden hacer su vida miserable.
>
> En la consulta con mi médico se hizo evidente que mi sufrimiento se originó por malos hábitos alimenticios. Las consecuencias se manifestaron con varias piedras grandes. Se decidió que una litotripsia era la mejor manera de eliminarlas. Es una técnica con láser que sólo requie-

re alrededor de una hora y por lo general el paciente se recupera por completo en unos cuantos días.

Antes, había reservado un fin de semana para pasarlo con mi hijo en Toronto. Mi hijo acababa de cumplir nueve años y nunca había estado ahí. Nuestro equipo favorito de fútbol iba a jugar la final del campeonato nacional; además, los Reyes de los Ángeles, el equipo de hockey favorito de mi hijo, también estaría en la ciudad. Planificamos volar el sábado en la mañana. Mi litotripsia era el martes de la misma semana, lo cual imaginé me daría mucho tiempo para recuperarme antes del vuelo.

No obstante, el viernes por la tarde, luego de un agudo cólico renal y tres días de dolor insoportable, que se calmaba sólo con inyecciones regulares de morfina, el viaje con mi hijo se evaporaba ante mis ojos. ¡Más consecuencias! Por fortuna, en el último minuto el médico decidió que estaba en condiciones de viajar y me permitió salir del hospital.

El fin de semana fue espectacular. Nuestro equipo de fútbol ganó, presenciamos un gran juego de hockey y mi hijo, al igual que yo, tenemos recuerdos que atesoraremos toda la vida. Casi pierdo esa maravillosa oportunidad debido a mis malos hábitos.

Ahora estoy muy motivado para evitar futuros problemas renales. Bebo diez vasos de agua al día y no como ciertos alimentos que propician la formación de piedras. Es un precio pequeño que tengo que pagar. Mis nuevos hábitos me han mantenido con éxito sin problemas, hasta ahora.

El objetivo de esta historia es ilustrar cómo la vida siempre produce consecuencias relacionadas con las acciones. Así que antes de emprender un curso específico, mire hacia adelante. ¿Está generando consecuencias negativas o posibles recompensas? Piense con claridad. Haga algo de investigación. Pregunte antes de empezar con cualquier hábito nuevo. Si lo hace, disfrutará más los placeres de la vida y no estará gritando para pedir morfina que le quite un dolor.

Ahora que entiende cómo funcionan los hábitos y cómo identificarlos, concluyamos con lo más importante: cómo cambiar sus hábitos de manera permanente.

La fórmula de los HÁBITOS para alcanzar el éxito

Éste es un método por pasos para ayudarle a crear mejores hábitos. Funciona porque es sencillo. Usted no necesita estrategias complicadas. Este modelo puede aplicarse a cualquier área de la vida, los negocios o la personal. Si lo aplica bien, le ayudará a lograr todo lo que desea. Hay tres pasos fundamentales:

1. IDENTIFICAR CON CLARIDAD LOS HÁBITOS MALOS O IMPRODUCTIVOS

Es importante que en realidad piense en las consecuencias futuras que producirán los malos hábitos. Éstas pueden no presentarse mañana, la próxima semana o el mes siguiente. El impacto real puede estar a años de distancia. Un día, al observar una conducta improductiva, es posible que la misma no resulte tan mala. El fumador dice: "¿Qué tienen de malo unos cuantos cigarrillos hoy? Me ayudan a relajarme. No estoy jadeando o tosiendo". Sin embargo, los días se acumulan y veinte años después en el consultorio del médico, las radiografías son determinantes. Considere esto: si fuma diez cigarrillos al día durante veinte años, son setenta y tres mil cigarrillos en total. ¿Cree que setenta y tres mil cigarrillos podrán tener impacto en sus pulmones? ¡Por supuesto que sí! De hecho, las consecuencias pueden ser mortales. **Entonces, cuando examine sus malos hábitos, considere las implicaciones a largo plazo. Sea honesto. Su vida puede estar en peligro.**

23

2. DEFINA EL NUEVO HÁBITO
PARA ALCANZAR EL ÉXITO

Por lo general, éste es el opuesto de un mal hábito. En el ejemplo de los fumadores sería "dejar de fumar." ¿En realidad qué va a hacer? Motivarse, pensar en todos los beneficios y recompensas de adoptar un nuevo hábito para alcanzar el éxito. Esto ayuda a tener un panorama claro de cómo le ayudará el hábito nuevo. **Cuanto más vívida sea la descripción de los beneficios, es más probable que actúe.**

3. CREAR UN PLAN DE ACCIÓN
QUE TENGA TRES PARTES

Aquí es donde nos enfrentamos a la verdad. En el ejemplo de fumar hay varias opciones. Leer literatura para dejar de fumar. Iniciar una terapia de hipnosis. Sustituir el cigarro con algo cuando se tenga deseo de fumar. Hacer una apuesta con un amigo para hacerse responsable. Empezar un programa de ejercicios al aire libre. Usar un tratamiento con parches de nicotina. Alejarse de otros fumadores. Lo importante es tomar la decisión sobre cómo va a actuar.

Debe actuar. Empiece con un hábito que en realidad quiera cambiar. Concéntrese en los tres pasos de acción inmediata y póngalos en práctica. Hágalo ahora. **Recuerde, nada cambiará hasta que usted lo haga.**

CONCLUSIÓN

Ahora ya sabe cómo funcionan en realidad los hábitos y cómo identificar los malos. Además, tiene una fórmula comprobada que pondrá en marcha los nuevos hábitos para alcanzar el éxito. Lo mismo funcionará para mejorar los hábitos en los negocios, así como los de la vida personal. Le alentamos a que complete los PASOS DE ACCIÓN como se describen al final de este capítulo. Sólo cuando usted se comprometa por escrito a trabajar con esta Fórmula se harán obvios los verdaderos beneficios. Tener la información sólo en la cabeza no tiene mucho objeto. Queremos que experimente una transformación en los resultados y en la forma de vida. El siguiente capítulo le proporcionará un fundamento sólido. Se trata de concentrarse en su poder. Espere que haya algunas transformaciones importantes.

PASOS DE ACCIÓN

Personas exitosas que quiero entrevistar

La fórmula de los hábitos para alcanzar el éxito

A. Personas exitosas que quiero entrevistar

Haga una lista de personas que usted respete, quienes ya hayan tenido éxito. Establezca una meta para invitar a cada una de ellas a desayunar o almorzar, o haga una cita en su oficina. Recuerde llevar un cuaderno o grabadora para conservar las ideas que ellas le proporcionen.

Nombre	Teléfono	Fecha de la entrevista
1. _____	_____	_____
2. _____	_____	_____
3. _____	_____	_____
4. _____	_____	_____
5. _____	_____	_____

B. La fórmula de los hábitos para alcanzar el éxito

Considere los siguientes ejemplos. Hay tres secciones: A, B y C. En la sección A defina el hábito que está impidiéndole hacer algo. Sea específico. Luego considere las consecuencias si sigue con esa conducta. Cada acción tiene consecuencias. Los malos hábitos (conducta negativa) producen consecuencias negativas. Los hábitos para alcanzar el éxito (conducta positiva) producen beneficios y recompensas.

En la sección B defina el nuevo hábito para alcanzar el éxito. Por lo general, todo lo que necesita es anotar el opuesto de lo que puso en la sección A. Si su mal hábito es *No ahorrar para el futuro*, su nuevo hábito podría ser *Ahorrar el 10 por ciento de todo lo que gano*. En la sección C, anote los tres pasos de acción para hacer realidad el nuevo hábito. Sea específico. ¡Elija una fecha de inicio y póngase en marcha!

A. Hábito que me está impidiendo hacer algo

EJEMPLO:	CONSECUENCIAS:
No ahorro/invierto para el futuro; gasto el total de mis ingresos.	No podré dejar de trabajar en los años de retiro; no tendré libertad de elegir; pobreza.

B. Nuevo hábito para alcanzar el éxito

EJEMPLO:	BENEFICIOS:
Invertir el 10 por ciento de todos mis ingresos.	Estaré libre de deudas, elegiré mi forma de vida; contaré con mucho tiempo libre; gozaré de independencia financiera.

Plan de acción con tres pasos para detonar mi nuevo hábito

1. Encontrar un planificador financiero excelente que me ayude a diseñar un plan a largo plazo.
2. Abrir una cuenta de inversión con deducción mensual automática.
3. Hacer una lista de a dónde va el dinero y eliminar los gastos innecesarios.

Fecha de inicio: lunes 5 de marzo

A. Hábito que me está impidiendo hacer algo

EJEMPLO:
Permitir distracciones e interrupciones durante todo el día de trabajo.

CONSECUENCIAS:
Nunca se terminan las labores importantes, menos tiempo para actividades de producir dinero, mayor tensión, horas de trabajo más largas, tiempo familiar reducido.

B. Nuevo hábito de éxito

EJEMPLO:
Contratar un asistente personal para que detenga las llamadas telefónicas, minimice las interrupciones y ayude con el papeleo.

BENEFICIOS:
Poder terminar los proyectos, más tiempo para actividades de producir dinero, menos tensión, más energía, mejor equilibrio en el hogar.

Plan de acción de tres pasos para generar el nuevo hábito

1. Escribir la descripción del trabajo ideal.
2. Anunciar, entrevistar y seleccionar al mejor candidato.
3. Capacitar de manera exhaustiva.

Fecha de inicio: martes 6 de junio

En una hoja aparte use el mismo formato para registrar los hábitos y planes de acción propios. ¡HÁGALO AHORA!

Vivir con un propósito

Actuar de manera decisiva

Persistencia consistente

Pida lo que desea

El factor de la confianza en uno mismo

Cómo establecer relaciones excelentes

Cómo crear un equilibrio óptimo

¿Ve el panorama completo?

No se trata de magia ni de ilusión, sino de mera concentración

Sus hábitos determinarán el futuro

Ha terminado el primer paso, ¡bien hecho!

No se trata de magia ni de ilusión, sino de mera concentración

"Nunca lo hubiera podido sobrevivir sin ser puntual, ordenado y diligente; es decir, sin la determinación de concentrarse en un solo tema a la vez."

— Charles Dickens

El dilema del empresario.
Si tiene un negocio propio o planea tenerlo en el futuro cercano, debe estar consciente del dilema del empresario. (El mismo también aplica si es usted gerente o está en un puesto en el cual realiza cualquier tipo de supervisión.) El panorama es el que sigue: tiene una muy buena idea de vender un producto nuevo o proporcionar un servicio único. Se ve a sí mismo haciéndolo mejor que nadie y, por supuesto, va a ganar mucho dinero.

Al principio, la finalidad primordial de un negocio es encontrar clientes nuevos y conservar los que ya tiene. Segundo, tener ganancias. Al iniciar, muchos negocios pequeños están descapitalizados; en consecuencia, debe realizar diferentes tareas a la vez, en especial durante el primer año, y trabaja largos días y noches, sin contar con mucho tiempo para relajarse. Sin embargo, es una época emocionante, en la que se cierran tratos, se conocen clientes posibles y se mejora la línea del producto o el servicio.

Conforme se sientan las bases, la gente y los sistemas se ponen en su lugar para crear estabilidad. El empresario se va involucrando más en las labores administrativas cotidianas. El papeleo aumenta y lo que empezó como una aventura emocionante se vuelve una rutina diaria, con mayor demanda de tiempo para apagar incendios eventuales, manejar problemas con el personal, enfrentar retos fiscales, así como sostener el flujo mensual de efectivo.

¿Le suena familiar? Bueno, no se encuentra solo. En nuestros setenta y nueve años de experiencia combinada en los negocios, ésta es una situación muy común. El dilema se incrementa porque muchos empresarios (y gerentes) quieren controlarlo todo. Les es difícil delegar, permitir que otra persona lleve la carga. Delegar no es una de sus fortalezas y, desde luego, tienen un vínculo emocional con su negocio. Después de todo, ellos lo crearon y, en su mente, nadie más puede realizar estas tareas importantes de todos los días tan bien como ellos.

Éste es el punto medular del asunto: hay más oportunidades en el horizonte y tratos más importantes por cerrar, pero no los aprovecha porque está atrapado en la rutina diaria. Es frustrante. Entonces piensa: "Tal vez si trabajo más duro y tomo un curso de administración del tiempo, podré manejarlo todo". Lo anterior no ayudará. Trabajar más duro y más tiempo no resolverá el dilema. Confíe en nosotros; hemos enfrentado esto más de una vez. ¿Cuál es la respuesta? Aquí la tiene en una sola frase: **cada semana debe invertir la mayor parte de su tiempo en hacer su mejor esfuerzo y permitir que los demás hagan el suyo.**

En pocas palabras, eso es todo.

Concéntrese en las actividades que realiza de manera brillante y con las cuales produce resultados extraordinarios. Si no lo hace, probablemente generará niveles más altos de tensión y agotamiento. No es un panorama agradable. Las actividades en las que es brillante le proporcionan energía, le mantienen emocionado y le liberan para poder captar oportunidades nuevas. Pero quizá se pregunte cómo manejar todo lo que le está deteniendo. Tiene razón, no va a desaparecer. Más adelante, en este capítulo, averiguará cómo manejar esos fardos y quitárselos de la espalda.

Concéntrese en sus talentos
NATURALES

Es muy importante que entienda esto. Para ayudarle a comprender el panorama completo, observemos con rapidez el mundo del rock & roll.

Los Rolling Stones son uno de los grupos más prolíficos y duraderos de la historia. A la fecha, su carrera ha durado casi cuarenta años. Mick Jagger y sus tres amigos son ahora cincuentones y todavía se presentan en estadios repletos de admiradores en todo el mundo. Tal vez a usted no le guste su música, pero es difícil negar el éxito de este grupo.

Vayamos tras bambalinas en el momento justo antes de empezar el concierto... el escenario está listo. Se necesitaron más de doscientas personas para construir esta enorme estructura de varios pisos de altura y con la mitad de la longitud de un campo de fútbol americano. También se necesitó un convoy de más de veinte semirremolques para transportar el escenario desde la ubicación anterior, así como dos aviones privados para que viajaran las personas clave, lo cual incluye al grupo. Es una operación gigantesca. Con sus presentaciones mundiales en 1994, el grupo obtuvo utilidades por más de 80 millones de dólares, así que es obvio que ¡valió la pena!

Una limosina se estaciona detrás del escenario. Los cuatro integrantes del grupo bajan y esperan a que los llamen. Se ven un poco nerviosos y emocionados, mientras setenta mil personas producen un estruendoso sonido cuando escuchan los nombres de los integrantes del grupo. Los Stones entran al escenario y toman sus instrumentos. Durante las siguientes dos horas se presentan de manera brillante, y legiones de aficionados vuelven a casa felices y satisfechos. Después de la última nota dicen adiós, salen para subirse a la limosina que los espera y abandonan el estadio.

Los Stones son maestros en la aplicación del hábito de concentrarse en las prioridades. Lo anterior quiere decir que sólo hacen las cosas en las que son brillantes: grabar y cantar en vivo, punto. Téngalo presente. Después de la planeación inicial, no se involucran en el transporte del equipo, en los itinerarios, en montar el escenario o realizar cientos de otras labores necesarias con eficiencia de modo que la presentación sea una operación exitosa y rentable. Otras personas con habilidades específicas cuidan los detalles. Los Stones simplemente se concentran en lo que hacen mejor: cantar y hacer presentaciones.

Aquí hay un gran mensaje para usted, querido lector, y es éste: **cuando concentra la mayoría de su tiempo y energía en hacer aquello en lo que es realmente brillante, al final cosechará grandes recompensas.** Ésta es una verdad fundamental y es primordial para alcanzar el éxito futuro.

PRÁCTICA, PRÁCTICA, PRÁCTICA

Veamos otros ejemplos. Los deportes son uno bueno. Todo atleta campeón se concentra en sus talentos únicos y los afina continuamente para lograr un nivel más alto de desempeño. No importa cuál deporte elija, los ganadores tienen una cosa en común: dedican la mayor parte de su tiempo a concentrarse en su fortaleza, aquello en lo que son buenos de manera natural. Desperdician muy poco tiempo en actividades improductivas y practican, practican, practican, a menudo varias horas al día, para pulir sus habilidades.

Michael Jordan, la gran estrella del basquetbol, hacía cientos de encestes al día, sin que le importara nada más. George Best, una de las estrellas más grandes del mundo en el fútbol soccer de los años 60, con frecuencia se quedaba mucho tiempo después de que los demás jugadores habían terminado de entrenar. George sabía que sus activos más importantes eran sus pies. Ponía varios balones en línea a diferentes distancias de los postes de la portería y practicaba sus tiros una y otra vez. Como resultado, fue el principal goleador del Manchester United durante seis temporadas consecutivas. Éste es el tipo de disciplina que hace que alguien sea brillante.

Note cómo estas personas dedican muy poco tiempo a sus debilidades. Muchos de nuestros sistemas escolares podrían aprender de ello. Con frecuencia, se dice a los niños que se concentren en sus puntos débiles, en vez de en los fuertes. ¡Están equivocados! Como dice el capacitador de negocios Dan Sullivan: "Si se dedica mucho tiempo a trabajar en las debilidades, se termina con muchas debilidades fuertes". Lo anterior no le proporciona una ventaja que le haga competitivo en el mercado o necesario para convertirse en un millonario; sólo le mantiene dentro del promedio. De hecho, sobresalir en tareas de menor importancia es un insulto total para su integridad.

Es importante diferenciar con claridad las áreas en las que es brillante o de aquellas en las que es débil. Es probable que sea bueno para muchas cosas, incluso excelente para algunas. En otras puede ser competente, pero si es honesto, hay algunas cosas para las que es por completo inútil. En una escala del uno al diez, podría marcar todos los talentos que posee, donde uno es lo más débil y diez lo más brillante. Todas las recompensas más grandes en la vida vendrán de dedicar la mayor parte de su tiempo a las áreas que obtengan diez en la escala propia de talentos.

Para definir bien las áreas en las cuales es brillante, hágase estas preguntas. ¿Qué hace sin esfuerzo, sin mucho estudio o preparación? ¿Qué hace usted que otras personas encuentran difícil? La gente se maravilla de su habilidad y no pueden igualarle. ¿Qué oportunidades existen en el mercado actual para las áreas en las que brilla? ¿Qué puede crear utilizando sus talentos únicos?

DESCUBRA SU BRILLO

A todos, Dios nos bendijo con algunos talentos. Debe dedicar gran parte de su vida a descubrir cuáles son, luego utilizarlos y aplicarlos lo mejor que pueda. El proceso de descubrimiento les lleva años a muchas personas y algunas nunca captan cuáles son sus mayores talentos. En consecuencia, su vida es menos gratificante. Dichas personas tienden a luchar porque dedican la mayor parte de su tiempo a trabajos o negocios que no van de acuerdo con sus fortalezas. Es como tratar de hacer entrar a la fuerza una figura cuadrada dentro de un orificio redondo. No funciona y causa mucha tensión, al igual que frustración.

Jim Carrey, el comediante y estrella de cine que ahora cobra veinte millones de dólares o más por película, tiene un talento único. Puede retorcer y contorsionar la cara, así como el cuerpo, para adoptar las posturas más extrañas. A veces parece que está hecho de hule.

Cuando era adolescente, pasaba muchas horas al día practicando frente al espejo. También vio que era brillante haciendo imitaciones, lo cual se convirtió en su primera rutina como comediante.

Carrey tuvo muchos retos en el camino al estrellato. En un punto, se tomó dos años libres para luchar contra la incertidumbre y la inseguridad. Sin embargo, estaba tan convencido de su talento como comediante que perseveró hasta que le ofrecieron el papel principal en una película llamada *Ace Ventura, detective de mascotas*. El papel le permitía ser todo lo excéntrico que deseara. La película fue un éxito y lo lanzó al estrellato. Observe que en las primeras etapas de su carrera no intentó representar papeles dramáticos serios. Su mayor talento era la comedia poco común. La combinación de una fe sólida en su habilidad, más horas de práctica diaria al final redituaron.

Carrey mejoró su concentración utilizando la visualización. Se hizo un cheque por diez millones de dólares "por servicios prestados", le puso fecha y se lo guardó en el bolsillo. Cuando tenía momentos difíciles se sentaba en una colina tranquila mirando la ciudad de Los Ángeles y se imaginaba como estrella de cine. Luego, releía el cheque como recordatorio de su buena fortuna que habría de llegar. Pocos años después, firmó un contrato por más de diez millones de dólares para estelarizar *La máscara*. ¿La fecha? Casi idéntica a la escrita en el cheque que guardó durante tanto tiempo en el bolsillo.

Concentrarse en las prioridades funciona. Hágalo parte de su plan diario y experimentará saltos drásticos en productividad e ingresos. Tenemos un método práctico el cual hará que el proceso sea fácil para usted y que también le dejará claro cuáles son sus talentos únicos. Se llama taller de concentración en prioridades y se encuentra en la página 55. Debe tener muy claro qué sucede durante una semana típica. Verificar la realidad por lo general es muy revelador.

Lo que se hace es una lista de todas las actividades que usted realiza en el trabajo durante una semana normal.

La mayoría de la gente, al llegar al total, obtiene una puntuación de entre diez y veinte. ¡Uno de nuestros clientes logró cuarenta! No se necesita ser genio para ver que no se pueden hacer cuarenta cosas a la semana y estar en verdad concentrado. Incluso veinte actividades son demasiadas. Estará disperso y más propenso a tener interrupciones, del mismo modo que a distraerse.

Muchas personas se impresionan cuando ven cuánto de su semana está fragmentado. "Agobiado", "fuera de control" y "tenso" son frases comunes. No obstante, realizar el taller de concentración en prioridades al final de este capítulo es un buen punto de inicio. Cuando menos, sabrá a dónde va su tiempo. Si tiene problemas para recordar todas las cosas que hace (otra señal de que hace demasiado) puede crear un registro de tiempo para anotar todo lo que hace en intervalos de quince minutos. Mantenga un cuaderno de notas junto a usted. Hágalo por cuatro o cinco días y tendrá un registro muy exacto. Se requiere un poco de disciplina, pero encontrará que el esfuerzo vale la pena. Esto le demostrará cómo invierte o desperdicia el tiempo.

Después de terminar el taller, el siguiente paso consiste en anotar tres cosas para las que es brillante en su negocio. ¿Recuerda la definición de brillante? Son actividades que realiza sin esfuerzo, que le dan energía y que producen los mejores resultados e ingresos para su negocio. A propósito, si no participa en actividades que generan ingresos, ¿quién lo hace? ¿Están haciendo un trabajo brillante? Si no es así, tal vez necesite tomar algunas decisiones importantes en el futuro cercano.

He aquí una pregunta importante: en una semana normal, ¿qué porcentaje de su tiempo dedica a las actividades para las cuales es brillante? Sea totalmente honesto. A menudo la respuesta es entre 15 y 25 por ciento. Incluso si el 60 o 70 por ciento de su tiempo se usa de manera redituable, hay mucho margen para mejorar. ¿Qué tal si pudiera elevar ese porcentaje a 80 o 90 por ciento? Recuerde: sus ingresos en la línea final de resultados están ligados a la cantidad de tiempo que dedica a las áreas en las cuales es brillante.

QUÉ TAN BRILLANTE SEA DETERMINARÁ LA MAGNITUD DE SUS OPORTUNIDADES EN LA VIDA.

El siguiente paso es observar su lista original de actividades semanales y elegir tres cosas que no le gusta hacer, se resiste a hacerlas o no es bueno haciéndolas. No es vergonzoso admitir que tiene algunas debilidades. Las respuestas más comunes aquí son papeleo, llevar la contabilidad, hacer citas o llamadas de seguimiento. Todos los pequeños detalles que conforman un proyecto, por lo general, se encuentran en esta lista. Por supuesto, éstos necesitan realizarse, pero no es necesario que usted lo haga.

¿Se ha dado cuenta de cómo estas actividades tienden a agotar su energía en vez de aumentarla? Si es el caso, ¡despierte! Si continúa haciendo cosas que detesta, necesita recordar que es inútil. Como explica la reconocida oradora Rosita Pérez: "Cuando el caballo esté muerto ¡bájate!" Deje de martirizarse; existen otras opciones.

¿Inicia usted las cosas o las termina?

Éste es un buen momento para considerar por qué le gusta hacer ciertas cosas y otras no. Hágase esta pregunta: *¿Soy alguien que inicia o que termina las cosas?* Tal vez hace ambas cosas, pero, ¿qué hace con más frecuencia? Si las inicia, disfruta crear nuevos proyectos, productos e ideas que hacen que las cosas funcionen mejor. El problema con los que inician las cosas es que no son muy buenos para terminarlas. Todos esos pequeños detalles de los que hablamos antes resultan aburridos para quienes inician las cosas. La mayoría de los empresarios son muy buenos para iniciar, pero después de que echan a rodar la pelota, tienden a dejarla e ir en busca de algo nuevo. Casi siempre lo que dejan es un desastre. Entonces, se requiere que otras personas lo compongan. Dichas personas son las que terminan las cosas, pues les encanta asumir proyectos que pueden concluir. A menudo, no son buenas para iniciar el proyecto (las que los inician lo hacen mejor), pero son muy buenas organizando lo que se necesita hacer para asegurar que los detalles se manejen con efectividad.

Identifíquese. Le será muy útil conocer cuáles son sus tendencias naturales. Si le gusta iniciar las cosas, puede liberarse de la culpa de nunca concluirlas. Ésta es la clave: encuentre a alguien que pueda terminar las cosas de manera brillante, para que maneje los detalles y entre ambos iniciarán y concluirán mucho más proyectos.

Vamos a darle un ejemplo práctico. Este libro que está leyendo empezó como una idea. Tener el libro escrito, señalar los capítulos, desarrollar el contenido y hacer que todo fluyera bien, es en realidad labor de quien lo inició. Cada uno de los tres autores desempeñamos un papel importante. A pesar de ello, para lograr un producto terminado, lo cual incluye la edición, la impresión, la publicación y establecer canales de distribución, requirió de muchas otras personas que son muy buenas para terminar los proyectos. Sin ellos, el texto original estaría acumulando polvo en algún lugar durante años. Entonces, aquí tenemos la siguiente pregunta a considerar: ¿quién más podría hacer las labores que usted no disfruta?

Por ejemplo, si no disfruta la contabilidad, busque a un contador excelente. Si no le gusta concertar citas, solicite a un servicio experto en telemarketing que le ayude. Si no le gusta vender o "motivar" a la gente, tal vez necesite un buen gerente de ventas que pueda reclutar, capacitar y rastrear los resultados del equipo de ventas cada semana. Si el cálculo de impuestos le frustra, utilice los servicios de un especialista fiscal.

Ahora, antes de pensar "no puedo darme el lujo de estas cosas; costaría mucho dinero", reflexione. ¿Cuánto tiempo liberará al delegar con eficacia el trabajo que no le gusta hacer? Debe delegar o se estancará. Puede planear la forma de conseguir esta ayuda poco a poco o considerar contratar servicios temporales para que su personal no sea muy numeroso.

Una de nuestras clientas con un negocio en su casa descubrió una combinación única. Contrató a una mujer para que viniera los miércoles por la mañana a llevar la contabilidad. La misma persona le hacía la limpieza en la tarde. En verdad, la empleada disfrutaba los dos tipos de trabajo; siempre los hacía muy bien y era costeable.

Si se siente HUNDIDO, ¡consiga ayuda!

Aprenda a liberarse de lo que "sobra" en su vida

Si su negocio está creciendo y su función en la compañía requiere que se concentre mejor, una buena forma de manejar la carga de trabajo en aumento consiste en contratar personal de ayuda. Si encuentra a la persona correcta, su vida mejorará; está garantizado. Veamos más de cerca esta estrategia clave. Primero, un asistente personal no es una recepcionista, secretaria o alguien cuyos deberes comparte con dos o tres personas. Un verdadero asistente es alguien que se dedica por completo a usted. Es brillante haciendo las cosas que a usted no le gusta hacer o no debe hacer en principio. La función principal de esta persona es liberarle de todas las labores mundanas y que le quitan tiempo durante la semana; protegerle para que usted pueda concentrarse por completo en las actividades para las que es más brillante.

La selección cuidadosa de esta persona clave es vital para su salud futura. Elija a la persona correcta y su vida será mucho más sencilla, sus niveles de tensión disminuirán y se divertirá mucho más. Si escoge a la persona equivocada terminará resolviendo sus problemas actuales.

Aquí hay algunas claves: primero, haga una lista de todas las tareas de las que quiere que su asistente sea responsable 100 por ciento. La mayoría de estas actividades las quiere borrar de su lista semanal. Cuando entreviste, pida a los tres candidatos principales que evalúen su perfil personal. Hay varias formas de evaluación buenas en el mercado.

Puede hacer un perfil para el candidato ideal antes de empezar su campaña de selección. Compare los perfiles de las tres entrevistas principales con el del candidato ideal. Por lo general, la persona que se acerca más al perfil ideal será la idónea para el trabajo. Desde luego, debe tener en cuenta otros factores como actitud, honestidad, integridad, antecedentes, etcétera.

Tenga cuidado de no elegir a alguien igual a usted. Recuerde: quiere que esta persona complemente sus habilidades. Contratar a alguien con los mismos gustos y disgustos que usted probablemente creará un desastre mayor.

Un par de puntos más que vale la pena señalar: si le gusta controlar, si es alguien que no libera las cosas con facilidad, es esencial que se rinda ante su asistente. Antes de sentir pánico con la palabra *rendirse*, vea con más detalle.

Quienes controlan tienen una mentalidad según la cual nadie puede hacer las cosas tan bien como ellos. Quizá sea cierto, pero ¿qué tal si su asistente realizara estas labores 75 por ciento bien al principio? Con capacitación adecuada y buena comunicación cada semana, su asistente en poco tiempo hará estas actividades tan bien como usted, y lo superará en muchas de ellas. Así que renuncie a la necesidad de tener el control total; le está impidiendo progresar. Ríndase ante alguien más organizado y con mayor pasión para cuidar los detalles.

En caso de que todavía crea que puede hacerlo todo, pregúntese "¿cuánto valgo por hora?" Si nunca se ha detenido a hacer esto, hágalo ahora. Revise la gráfica a continuación.

¿En realidad cuánto vale usted?

Sus ingresos	Ingresos por hora	Sus ingresos	Ingresos por hora
$30,000	$15	$120,000	$60
$40,000	$20	$130,000	$65
$50,000	$25	$140,000	$70
$60,000	$30	$150,000	$75
$70,000	$35	$160,000	$80
$80,000	$40	$170,000	$85
$90,000	$45	$180,000	$90
$100,000	$50	$190,000	$95
$110,000	$55	$200,000	$100

Lo anterior se basa en un año laboral de 250 días, con un horario de trabajo de 8 horas al día.

Ojalá que la cifra que obtenga sea alta. Entonces, ¿por qué corre por todos lados haciendo actividades que producen bajos ingresos? ¡Renuncie a ellas!

Un último comentario sobre el asistente personal: es absolutamente imperativo que programe tiempo todos los días o cuando menos una vez por semana para discutir su agenda con él o ella. ¡Comuníquese, comuníquese, comuníquese! La razón número uno de por qué se deshacen las relaciones de trabajo posiblemente buenas es la falta de comunicación.

Asegúrese de que su asistente sepa a qué quiere usted dedicar el tiempo.

También, dé un tiempo razonable para que su nuevo "compañero" aprenda los sistemas que usted utiliza. Indique las personas clave con quienes quiere invertir tiempo. Establezca métodos junto con su asistente que le protejan de posibles distracciones e interrupciones, para que pueda concentrarse en lo que hace mejor. Esté abierto a todas las opiniones y la retroalimentación. Con frecuencia, su asistente creará formas mejores para organizar la oficina. Alégrese si esto sucede, porque habrá encontrado a un verdadero ganador.

Ahora vamos a considerar cómo implementar el hábito de concentrarse en prioridades en la vida personal, a fin de que tenga más tiempo para relajarse con la familia y los amigos, o para disfrutar un pasatiempo o un deporte en particular.

No importa dónde viva, tener un hogar en condiciones óptimas requiere mantenimiento. Si tiene niños, el problema aumenta tres o cuatro veces, dependiendo de la edad que tengan ¡y de qué tan hábiles sean para destruir! Piense en todo el tiempo dedicado en una semana normal a cocinar, limpiar, lavar, arreglar cosas, cortar el césped, dar servicio al auto, ir de compras y demás. ¿Se ha dado cuenta de que es algo que nunca termina? Estas actividades se reciclan todo el tiempo. Son las cosas constantes de la vida. Dependiendo de su estado de ánimo, las disfruta, o las sobrelleva o las resiente.

¿Qué le parecería encontrar una manera de reducir ese trabajo o, incluso mejor, eliminarlo? ¿Cómo se sentiría? ¿Libre, más relajado, capaz de disfrutar más las cosas que prefiere hacer? ¡Por supuesto!

Lo que está a punto de leer en los siguientes minutos puede requerir una forma nueva de pensar; en cierto grado, un cambio de creencias. No obstante, concéntrese en las recompensas y los beneficios en vez del costo inicial.

Superarán por mucho cualquier inversión que haga. Para decirlo de manera más simple: si quiere tener más tiempo libre, consiga ayuda. Existen muchos tipos de ayuda disponible. Casi siempre la ayuda que requiere es de medio tiempo. Por ejemplo, contrate a alguien para que limpie la casa una vez a la semana o cada quince días.

LES:
Encontramos a una pareja maravillosa que ha limpiado nuestra casa por más de doce años. Les encanta su trabajo; son gente honesta y cariñosa; hacen un trabajo excelente. La casa está limpia por completo. ¿La inversión? Sólo sesenta dólares por día. ¿El beneficio? Varias horas liberadas y más energía para disfrutar la semana.

¿Cerca de donde usted vive hay alguna persona útil que esté retirada, en parte o por completo, y a la cual le encante arreglar cosas? Muchas personas mayores con experiencia tienen grandes habilidades y buscan empleos pequeños de medio tiempo que los mantengan ocupados. Estas actividades les dan la sensación de ser útiles; casi siempre, el dinero no es lo que más necesitan.

Haga una lista de todas las cosas en casa que necesitan servicio, arreglo o mejora. Es decir, todos esos trabajos pequeños que parece que nunca se van a hacer porque no hay tiempo. Libérese de tensión y contrate a alguien.

Hará una contribución al permitir que otra persona siga utilizando sus habilidades a la vez que puede eliminar horas y horas de frustración en las que intenta hacer esas cosas para las que no es bueno; incluso, ni siquiera tiene las herramientas para hacerlo. Tal vez no está en su destino ser plomero, electricista, carpintero o reparador de ninguna cosa.

¿Qué hay de la parte exterior de la casa? Cortar el césped y la hierba, arreglar el jardín, regar, levantar las hojas. Aquí hay una gran oportunidad para usted. En la zona donde vive, busque un chico que quiera ganarse algo de dinero para comprarse una bicicleta nueva, patines o el último disco compacto. Contrario a la opinión general, hay muchos jóvenes que trabajan duro y hacen el trabajo bien. Encuentre uno. No es costoso comparado con los profesionales, pero pague lo justo. Un trabajo bien hecho merece una compensación justa.

Si bloquea esta idea, considérelo de nuevo. Piense en todo el tiempo libre que tendrá. Puede volver a invertir esas horas valiosas en actividades mejores para ganar dinero o tener tiempo real para relajarse y tener más energía para su familia y amigos. Quizá liberarse de las tareas domésticas semanales le permita iniciar ese pasatiempo que siempre ha querido o disfrutar más tiempo haciendo deporte. Por favor, hágalo sin sentirse culpable. Después de todo, se lo merece, ¿no es así?

Recuerde: tiene cierto tiempo cada semana. La vida se vuelve más alegre cuando opera con un programa muy eficiente y que requiere poco mantenimiento. Si en realidad disfruta hacer algunas de esas cosas en casa (aquí debe ser totalmente honesto), entonces siga adelante. Pero sólo si es en verdad relajante o le produce satisfacción.

La solución de 4 opciones

Es vital que separe con efectividad las famosas labores urgentes de las prioridades más importantes. Apagar incendios todo el día en la oficina es, como dice el experto en administración del tiempo Harold Taylor: "Rendirse ante la tiranía de lo urgente". Eso significa que cada vez que el teléfono suena usted brinca para contestarlo; cuando llega una carta o fax a su escritorio reacciona a la solicitud de inmediato, incluso si ésta no requiere una respuesta inmediata.

En vez de ello, concéntrese en sus prioridades. Cuando se tiene que elegir entre hacer o no hacer algo, utilice la fórmula de 4 opciones para ayudarse a dar prioridades. Tiene cuatro opciones de donde elegir:

1. Desecharlo
Aprenda a decir: "No, yo elijo no hacer esto". Sea firme.

2. Delegarlo
Son labores que tienen que hacerse, pero usted no es la persona indicada. Páselas a otra persona sin culpa ni remordimientos. Sólo pregunte "¿quién puede hacer esto?"

3. Diferirlo
Son asuntos en los que necesita trabajar, pero no en el momento. Se pueden diferir. Programe un momento específico en una fecha posterior para realizar este tipo de trabajo.

4. Hacerlo
Hágalo ahora. Los proyectos importantes necesitan su atención inmediata, así que empiece hoy mismo. Siga adelante. Recompénsese por terminar estos proyectos. No se excuse. Recuerde que si no actúa de manera oportuna las consecuencias serán desagradables.

Los Límites del BRILLO

Concentrarse en prioridades consiste en establecer nuevos límites que no se cruzan. Primero necesita decidir con claridad cuáles son esos límites en la oficina y en la casa. Discuta los nuevos parámetros con las personas más importantes en su vida. Ellos tienen que entender por qué está haciendo las mejoras. También necesitará su apoyo a fin de mantenerse en el camino correcto. La mayoría de la gente de negocios se mete en problemas porque invierte mucho tiempo en cosas que desconoce. Apéguese a lo que conoce mejor y siga afinando sus talentos. (¡Éste es un buen consejo, en especial cuando se trata de invertir dinero!)

Para tener un panorama más claro de cómo establecer límites, imagine a un niño pequeño en la playa. Es un área segura acordonada con una serie de boyas plásticas conectadas con una cuerda gruesa. Atada a la cuerda hay una red que asegura que el niño no pase de ese punto. El agua dentro del área no es profunda, está tranquila y el niño puede jugar feliz sin ninguna preocupación.

Al otro lado de la cuerda hay corrientes fuertes y remolinos internos que aumentan la profundidad. Hay lanchas y motos acuáticas por todas partes. Los avisos advierten "Peligro. No nadar. No entrar". Mientras el niño esté dentro de los límites, todo está bien. Más allá de ese punto es muy peligroso. Éste es el mensaje: cuando juega en áreas que destruyen su concentración, va más allá de los límites de seguridad. Es muy peligroso para su salud mental y financiera. Cuando se queda dentro de los límites en los que es brillante, es decir, concentrado en lo que hace mejor, puede jugar con seguridad durante todo el día.

El poder del NO

Mantenerse dentro de estos límites requiere un nivel nuevo de auto disciplina, lo cual significa estar más consciente cada día de las actividades a las que elige dedicar su tiempo. Para evitar salirse de concentración, pregúntese a intervalos regulares: "¿Lo que estoy haciendo ahora me ayuda a alcanzar mis metas?" Requiere práctica. También significa decir "No" con mayor frecuencia. Hay tres áreas a examinar:

1. Uno mismo

La batalla más grande cada día se lleva a cabo entre sus orejas. Nos convencemos constantemente de tomar o no las situaciones. Ponga un alto. Cuando una vocecita negativa en su cabeza demande su atención y quiera dominar su pensamiento, respire. Háblese en la mente, concéntrese en los beneficios al igual que en las recompensas de apegarse a sus prioridades, y recuerde las consecuencias negativas si no lo hace.

2. Otras personas

Varias personas pueden intentar destruir su concentración. En ocasiones, se pasean por su oficina para conversar porque usted tiene la política de mantener la puerta abierta. He ahí la solución: cambie dicha política. Cierre la puerta por lo menos parte del día cuando quiera que lo dejen solo para concentrarse en su próximo proyecto importante. Si eso no funciona podría poner un letrero que dijera: "No molestar. ¡Cualquier intruso será despedido!"

El consultor de negocios californiano y autor de grandes éxitos, Danny Cox, usa esta analogía cuando se trata de concentrarse en las prioridades. Él dice: "Si tienes que saltar sobre una rana, no la mires mucho tiempo. Si tienes que saltar sobre más de una rana, salta primero sobre la más grande". En otras palabras, trabaje en sus prioridades más importantes de inmediato.

No sea como la mayoría de la gente que tiene seis cosas en la lista de quehaceres diarios y empieza por hacer las labores más fáciles de menor prioridad. Al final del día, la prioridad número uno, el obstáculo más grande, sigue sin ser atendida.

Aquí va una idea: cómprese una rana grande de plástico y colóquela sobre su escritorio cuando esté trabajando en un proyecto de prioridad alta. Alerte a su personal que la rana verde significa que no lo interrumpan para nada. Quién sabe, tal vez se extienda al resto de su equipo y tendrá una oficina más productiva.

3. El teléfono

Quizá la intrusión más insidiosa de todas es el teléfono. ¿No le sorprende cómo la gente permite que este pequeño equipo controle su día? Si requiere dos horas de tiempo sin que le interrumpan, desconecte el teléfono y apague su celular o cualquier otro dispositivo que pueda distraerle. El correo electrónico, el correo de voz y las contestadoras pueden ayudar a evitar las interrupciones molestas. Úselas con prudencia; desde luego, hay ocasiones en que tiene que estar disponible. Programe sus citas como si fuera un médico: 2 p.m. a 5 p.m. los lunes; 9 a.m. a 12 p.m. los martes. Luego elija el momento más productivo para hacer sus llamadas telefónicas, por ejemplo 8 a.m. a 10 a.m. Si desea disfrutar mayores resultados hay veces en que necesita aislarse del mundo exterior. Renuncie al hábito de contestar el teléfono cada vez que suena. Diga "no" y hágalo también en casa.

Nuestro amigo experto en administración del tiempo, Harold Taylor, recuerda un incidente de los días en que era "adicto" al teléfono. Al llegar a casa, escuchó que el teléfono sonaba. En su prisa por llegar antes de que colgaran, rompió la puerta y se hirió una pierna. Sin amedrentarse, siguió su curso y saltó sobre varios muebles en su lucha desesperada por averiguar quién estaba llamando. Justo antes de que colgaran, levantó el auricular, jadeando, y dijo "¿Bueno?" Y una voz le contestó: "¿Desea suscribirse a la revista *Globe and Mail*?"

Aquí va otra sugerencia: para evitar ese tipo de llamadas, desconecte el teléfono de la casa en las horas de los alimentos. ¿No es cuando más llaman? Su familia apreciará la oportunidad de tratar algo real en vez de tener estas intrusiones molestas. No permita que su mejor futuro y su paz espiritual se pongan en espera por culpa de interrupciones constantes. Deténgase de manera consciente cuando empiece a hacer cosas que no son de su interés. A partir de ahora esas actividades que le hacen perder tiempo están fuera de los límites. No los traspase nunca más.

Fijar nuevos LÍMITES

Esta sección trata sobre cómo establecer nuevos límites. Requiere un cambio de pensamiento y, lo que es más importante, requiere acción, así que empiece de inmediato. Aquí tenemos un buen ejemplo que le ayudará. Los médicos han aprendido muy bien a definir límites. Debido al gran número de pacientes, muchos de ellos necesitan actualizar sus actividades. Uno de los mejores expertos en concentración es el doctor Kent Remington. Kent es dermatólogo especializado en terapia láser. Con los años su práctica tuvo un crecimiento sostenido gracias a los resultados excelentes que disfrutan sus pacientes. En consecuencia, son vitales las estrategias de administración eficiente del tiempo y la habilidad para concentrarse en áreas en las que él es brillante.

El doctor Remington ve a su primer paciente a las 7:30 a.m. (Sí, la gente de éxito por lo general se levanta temprano.) Al llegar, los pacientes se registran y luego se dirigen a una de varias salas de espera. Un asistente médico revisa el expediente y luego hace preguntas al paciente para actualizar su estado actual. Se les dan instrucciones de estar listos para cuando llegue el doctor Remington. Él aparece unos minutos después, cuando ya leyó el expediente que su asistente puso en la puerta.

El trabajo en equipo permite al doctor Remington concentrarse en tratar al paciente. Los preliminares se manejan desde antes. Después de su visita, personal capacitado lleva a cabo más instrucciones. De esta manera, puede ver a muchos más pacientes y el tiempo de espera es mínimo. Cada persona en el equipo está concentrada en las pocas cosas que hace muy bien, lo cual resulta en un proceso muy eficiente. ¿Cómo se compara esto con otras oficinas? Bueno, es probable que sí conozca la respuesta a esa pregunta.

¿Qué más puede hacer para saltar al siguiente nivel de eficiencia y mejor concentración? Aquí hay una clave importante:

Tenga conciencia de los hábitos del pasado que quizá le hacen perder la concentración.

Por ejemplo, ver demasiada televisión. Si está acostumbrado a recostarse en el sofá durante tres horas cada noche y el único ejercicio que hace es apretar el control remoto, tal vez le interese lo que sigue. Algunos padres comprenden las consecuencias y limitan a sus hijos el tiempo de televisión a unas pocas horas el fin de semana. ¿Por qué no hace lo mismo con usted? Aquí le tenemos un reto. Pase una semana completa sin ver televisión y vea cuántas otras cosas puede hacer. Se sorprenderá.

Un estudio de Nielsen Company, que se especializa en registrar cuántas personas ven televisión, qué ven y con qué frecuencia lo hacen, ofrece algunas estadísticas interesantes. En promedio, la gente ve televisión 6.5 horas al día. La palabra clave en la última oración es *promedio*. Eso significa que algunas personas la ven todavía más. A ese ritmo, en una situación normal, ¡usted pasará once años de su vida viendo televisión! A propósito, si dejara de ver los comerciales, se ahorraría tres años. Sí, sabemos que es difícil deshacerse de los viejos hábitos, pero esta vida no es una sesión de práctica, es lo real. Si quiere aprovecharla al máximo, empiece a renunciar a sus viejos hábitos. Desarrolle una serie nueva de estrategias que le ayudarán a crear un estilo de vida rico en toda dimensión.

JACK:
Cuando trabajé con W. Clement Stone en 1969, hizo que me sentara para tener una entrevista de una hora. Su primera pregunta fue: "¿Ves televisión?" Luego me preguntó: "¿Cuántas horas al día crees que pasas frente

a la televisión?" Después de un pequeño cálculo contesté: "Cerca de tres horas".

El señor Stone me miró directo a los ojos y dijo: "Quiero que reduzcas una hora al día; reduce tu tiempo de ver televisión a dos horas al día. Con eso ahorrarás 365 horas al año. Si lo divides entre una semana de cuarenta horas, verás que tienes nueve y media semanas adicionales de productividad en la vida. Es como tener dos meses más al año".

Estuve de acuerdo con que era un concepto muy impresionante y entonces pregunté al señor Stone qué pensaba que debía hacer yo con esa hora extra al día. Me sugirió que leyera libros que me motivaran, de psicología, educación, capacitación, autoestima. También sugirió que escuchara cintas educativas y motivacionales, que tomara clases y estudiara una lengua extranjera.

Seguí su consejo y eso hizo una gran diferencia en mi vida.

No existen fórmulas mágicas.

Esperamos que esté comprendiendo que lograr lo que desea en la vida no requiere fórmulas mágicas o ingredientes secretos. Tan sólo se trata de concentrarse en lo que funciona en vez de en lo que no funciona. Muchas personas se concentran en las cosas equivocadas. Aquellos que viven de un sueldo mensual no han estudiado cómo adquirir inteligencia financiera. Se han enfocado más en gastar en vez de adquirir una base sólida de activos para el futuro.

Mucha gente se encuentra atrapada en un empleo o carrera que no disfrutan porque no se concentran en las áreas en las que son más brillantes. Hay una falta similar de conciencia en lo que respecta a la salud. La Asociación Médica Estadounidense recién anunció que el 63 por ciento de los hombres estadounidenses y el 55 por ciento de las mujeres (mayores de 25 años de edad) tienen sobrepeso. Es obvio que hay mucha gente que está concentrada en comer demasiado y hacer poco ejercicio.

Éste es el punto. Estudie con detenimiento qué funciona y qué no funciona en su vida. ¿Qué crea sus victorias más grandes? ¿En qué se está concentrando que le da resultados mediocres? Esto requiere pensar con claridad.

En el siguiente capítulo le mostraremos, paso a paso, cómo desarrollar lo que llamamos *claridad poco común*. También aprenderá a fijarse grandes metas. Luego le equiparemos con un sistema único de concentración para asegurar que las alcance. Estas estrategias nos han funcionado de maravilla. Funcionarán de igual modo para usted.

EL ÉXITO NO CONSISTE EN HACER MAGIA O EN SEGUIR RECETAS SECRETAS

Sólo hay que aprender a concentrarse.

CONCLUSIÓN

En este capítulo cubrimos mucho. Lea este material varias veces hasta que se sienta familiarizado con los conceptos. Adapte estas ideas a su situación personal y luego actúe. De nuevo, hacemos hincapié en la importancia de seguir los PASOS DE ACCIÓN que se presentan a continuación. Son herramientas vitales para ayudarle a tener el hábito de concentrarse en las prioridades. En unas cuantas semanas notará la diferencia. Obtendrá productividad y sus relaciones personales estarán enriquecidas. Se sentirá más saludable y, por supuesto, hará una contribución significativa a otras personas. También, tendrá más diversión y la oportunidad de lograr algunos objetivos personales para los que antes no tenía tiempo.

Como un bono, el nuevo enfoque aumentará el monto de su cuenta bancaria. Descubrirá que los beneficios y las recompensas son enormes cuando elige concentrarse en las prioridades. ¡Comience hoy mismo!

PASOS DE ACCIÓN

El taller para
concentrarse en
las prioridades

El taller para concentrarse en las prioridades

Una práctica guía de seis pasos para optimizar su tiempo y productividad.

A. Anote todas las actividades de negocios que consumen su tiempo.
Por ejemplo: llamadas telefónicas, juntas, papeleo, proyectos, ventas, procedimientos para dar seguimiento. Subdivida las categorías más importantes, tales como llamadas telefónicas y juntas. Incluya todo, incluso las labores de cinco minutos. Sea específico, claro y breve. Use papel adicional si tiene más de diez.

1._____   6._____

2._____   7._____

3._____   8._____

4._____   9._____

5._____   10._____

B. Describa tres cosas en las que es brillante en los negocios.

1. _____

2. _____

3. _____

C. Nombre las tres actividades más importantes que producen ingresos para su negocio.

1. _____

2. _____

3. _____

D. Mencione las tres actividades más importantes que no le gusta hacer o en las que se siente débil.

1. _____

2. _____

3. _____

E. ¿Quién podría hacerlas por usted?

1. _____

2. _____

3. _____

F. ¿A qué actividad que le consume tiempo va a decir "no" o delegar de inmediato?

_____

¿Qué beneficio inmediato resultará de dicha decisión?

_____

_____

Vivir con un propósito

Actuar de manera decisiva

Persistencia consistente

Pida lo que desea

El factor de la confianza en uno mismo

Cómo establecer relaciones excelentes

Cómo crear un equilibrio óptimo

¿Ve el panorama completo?

No se trata de magia ni de ilusión, sino de mera concentración

Sus hábitos determinarán el futuro

Lo mejor vendrá al continuar con la estrategia número tres.

¿Ve el panorama completo?

"No vale la pena vivir la vida que no se analiza"

— Sócrates

Peter Daniels es un hombre poco común cuya vida se asemeja a una historia escrita por Horacio Alger.
Nació en Australia; sus padres fueron la tercera generación que recibió ayuda por parte del gobierno y, por tanto, estaban acostumbrados a ser pobres. Peter asistió a la escuela primaria en Adelaide. Debido a una discapacidad para aprender, le era difícil entender y juntar las palabras. En consecuencia, los maestros, que estaban muy ocupados o no les importaba lo suficiente para averiguar por qué tenía ese problema, lo etiquetaron como estúpido. Una maestra en particular, la señorita Phillips, hacía que Peter se parara frente a la clase y le decía "Peter Daniels, eres un niño malo y nunca llegarás a ninguna parte".

Desde luego, lo anterior no fue de gran ayuda para la autoestima de Peter. Como resultado, reprobó todo. Lo primero que eligió como ocupación fue ser albañil. Unos años después, ya casado y con una familia joven, decidió tener un negocio propio. El primer intento falló dejándolo en bancarrota en un año. Sin arredrarse, encontró otra oportunidad y canalizó toda su energía en hacer de ella un éxito. De igual manera, en dieciocho meses, se encontraba en bancarrota. Gracias a una determinación de acero para superar los obstáculos, Peter se lanzó de nuevo al competitivo mundo de los negocios, para terminar en bancarrota por tercera vez. Para entonces ya había estado en bancarrota tres veces, ni más ni menos, en cinco años.

La mayoría de la gente se hubiera rendido en ese momento. No así Peter Daniels. Su actitud era pensar "estoy aprendiendo y no he cometido el mismo error dos veces. Ésta es una experiencia excelente". Le pidió a su esposa Robena que lo apoyara de nuevo y decidió vender bienes raíces. Una habilidad que había adquirido con los años era un poder de persuasión. Por naturaleza, era un promotor muy bueno, un talento que cultivó gracias a la necesidad de lidiar con una serie interminable de acreedores. Durante los siguientes diez años, el nombre de Peter Daniels se convirtió en sinónimo de excelencia en el área de bienes raíces. Por medio de una selección cuidadosa y de negociaciones inteligentes formó una cartera de clientes que valía varios millones de dólares.

Hoy en día, Peter Daniels es un hombre de negocios reconocido en varias partes del mundo, quien ha formado empresas exitosas en muchos países. Entre sus amigos se incluyen miembros de la realeza, jefes de estado y magnates del comercio. También es un filántropo cuya pasión y generosidad al ayudar a otros ha financiado muchos proyectos cristianos.

Cuando se le preguntó qué había llevado su vida de tres bancarrotas al éxito sin precedentes, respondió: "Dediqué tiempo a pensar. De hecho, dedico un día a la semana a pensar nada más. Las mejores ideas, oportunidades y empresas que me han hecho ganar dinero, surgieron en los días que me tomé para pensar. Acostumbraba encerrarme en el estudio y daba instrucciones estrictas a mi familia de que, bajo ninguna circunstancia, podían interrumpirme". La misma estrategia le funcionaba a Einstein, a quien se le ocurrieron sus mejores ideas sentándose a pensar en su sillón favorito.

Dicha costumbre transformó la vida de Peter Daniels desde ser un fracaso total en la escuela, hasta llegar a ser un multimillonario. A propósito, Peter ha escrito varios libros exitosos, uno de los cuales se titula *¡Señorita Phillips, usted estaba equivocada!*, el cual es una forma de recordarle a su antigua maestra que no debe darse por vencida con respecto a sus alumnos antes de tiempo.

Cómo contar con una CLARIDAD poco común

Otra razón por la que Peter Daniels disfruta de éxitos continuos es la habilidad que tiene para imaginarse un futuro brillante. La mayoría de la gente no tiene una idea clara de lo que quiere. ¿Y usted la tiene?

¿Usted dedica tiempo a planear un futuro mejor? Usted puede argumentar: "A Peter Daniels le funciona, pero yo nunca contaré con un día a la semana para dedicarme sólo a pensar. Ya de por sí necesito un día más a la semana para cumplir con todos mis compromisos".

Bueno, ¿cree usted que le sería posible comenzar con cinco minutos y, poco a poco llegar a una hora? ¿No cree usted que sería productivo invertir sesenta minutos a la semana en planear un futuro brillante? La mayoría de las personas dedica más tiempo a planear unas vacaciones de dos semanas que su vida, en especial el futuro económico.

Le prometemos lo que sigue: si adquiere el hábito de pensar con claridad poco común, los resultados finales serán de lo mejor. Si lo que desea es no tener deudas, ser independiente desde el punto de vista económico, disfrutar de más tiempo libre para divertirse o formar relaciones maravillosas llenas de amor, puede lograrlo, si tiene una idea clara de lo que quiere.

En las siguientes páginas encontrará una estrategia amplia que le ayudará a tener un panorama completo de los años por venir. En los siguientes capítulos también aprenderá a fortalecer y apoyar dicho panorama, utilizando planes semanales de estrategias, grupos de control mental y tutores específicos. De hecho, se fortalecerá de tal manera que será impenetrable a la negatividad y a la duda. Así que, empecemos.

A propósito, ¿ha notado que los niños tienen una claridad poco común? He aquí algunos ejemplos:

"Me di cuenta de que puedes estar enamorado de cuatro niñas al mismo tiempo".

— Nueve años

"Justo cuando tengo mi cuarto como a mí me gusta, mamá me hace limpiarlo".

— Trece años

"Aprendí que no se puede esconder un pedazo de brócoli en un vaso de leche".

— Siete años

FUENTE: *Vivir, aprender y compartir*, de H. Jackson Brown Jr.

La finalidad de tener METAS

¿Se establece metas de manera consciente? Si lo hace, perfecto. Sin embargo, por favor lea la información que vamos a compartir con usted. Es probable que le sirva de refuerzo; además, el panorama más amplio que vamos a proporcionarle para establecer metas, puede hacer que descubra cosas nuevas.

Si no establece metas de manera consciente, es decir, no planea por escrito o se fija objetivos para cada semana, mes o año por venir, entonces ponga mucha atención a esta información, ya que puede mejorar su vida por completo.

Primero, ¿cuál es la definición de meta? Si no lo tiene claro, puede perder el camino antes de empezar. Hemos escuchado muchas respuestas con los años. Aquí presentamos una de las mejores:

UNA META ES LA PERSECUCIÓN CONTINUA DE UN OBJETIVO VALIOSO HASTA QUE ÉSTE SE ALCANZA.

Reflexione sobre cada una de las palabras que conforman este enunciado. "Continua" significa que es un proceso, porque las metas toman tiempo. "Persecución" indica que se está persiguiendo algo; es probable que haya obstáculos y barreras que superar. "Valioso" muestra que la persecución vale la pena, que hay una enorme recompensa al final por soportar los tiempos difíciles. "Hasta que éste se alcanza" quiere decir que hará lo que sea necesario para completar el proceso. No siempre es fácil, pero es de suma importancia si quiere una vida llena de logros extraordinarios.

Establecer y alcanzar metas es una de las mejores maneras de medir el progreso en su vida y adquirir una claridad poco común. Considere la alternativa de ir por el mundo sin dirección, esperando que un día la buena fortuna caiga en sus manos sin esfuerzo alguno de su parte. ¡Despierte! Es más fácil encontrar una aguja en un pajar.

LISTA PARA VERIFICAR las 10 metas principales

David Letterman, comentarista de televisión, tiene listas absurdas por las cuales la gente paga. Aquí hay una lista que tiene mucho más valor, una lista para verificar que está partiendo de lo correcto para establecer metas. Hay muchas opciones, así que elija la que mejor se adecue a usted y póngala en práctica.

1. Establezca usted mismo las metas más importantes.

Lo anterior suena obvio. Sin embargo, un error común es permitir que otros establezcan las metas principales. Quizá lo haga la compañía para la cual usted trabaja, la industria a la que pertenece, el jefe, el banco, la compañía de crédito hipotecario, o los amigos y vecinos.

En nuestros talleres, enseñamos a la gente a preguntarse "¿Qué quiero en realidad?" Al final de una de estas sesiones un hombre se acercó a nosotros y dijo "Soy dentista. Estoy en esta profesión sólo porque mi madre así lo quería. La odio. Un día taladré la mejilla de un paciente y terminé pagándole 475,000 dólares".

Éste es el punto: cuando deja que otra persona o grupo de personas definan qué es el éxito, usted está saboteando el futuro propio. Así que no lo permita.

Piense en esto un momento. Los medios de comunicación tienen una de las influencias más fuertes en usted en lo que respecta a tomar decisiones, y la mayoría de la gente cae en ello todos los días. De hecho, si vive en una ciudad grande lo bombardean con al menos veintisiete mensajes publicitarios al día. Hay comerciales constantes de radio y televisión, carteles, diarios y revistas que contribuyen. Nuestra manera de pensar recibe influencia constante y subliminal. Los medios definen el éxito a partir de la ropa que vestimos, los automóviles que conducimos, los hogares donde vivimos así como las vacaciones que tomamos. Dependiendo de qué tanto se ajuste a dichas categorías, se determina si usted es un éxito o un fracaso.

¿Quiere más pruebas? ¿Qué aparece en la portada de la mayoría de las revistas? Una joven modelo, alguien cuya figura y corte de cabello sofisticado son perfectos; ella no tiene una sola arruga. También puede ser que se presente a un hombre cuyo torso musculoso no se formó con un ejercicio de 5 minutos al día en un aparato para hacer abdominales. ¿Cuál es el mensaje? Si no se ve así usted es un fracaso. No hay duda de que muchas adolescentes luchan contra desórdenes alimentarios como la bulimia y la anorexia, pues la sociedad no tolera a alguien que no esté en buena forma o que tenga una apariencia promedio. ¡Es absurdo!

Decídase ahora a dar *su* definición de éxito y deje de preocuparse por lo que piense el resto del mundo. Durante años, Sam Walton, el fundador de Wal-Mart, en el presente la cadena de tiendas con mayor éxito en la historia, disfrutaba al conducir una camioneta Ford vieja, aunque era uno de los hombres más ricos en Estados Unidos. Cuando se le preguntó por qué no traía un auto que estuviera más de acuerdo con su posición, contestó: "Bueno, me gusta mi camioneta". Así que olvídese de la imagen y establezca metas adecuadas a usted.

Además, si en realidad quiere conducir un automóvil de lujo, vivir en una casa hermosa o tener un estilo de vida emocionante, ¡luche por ello! Sólo asegúrese de que se trata de lo que *usted* quiere y de que lo está haciendo por las razones correctas.

2. Las metas deben ser importantes.

El reconocido orador Charlie "el tremendo" Jones recuerda el inicio de su carrera de la siguiente manera: "Recuerdo cuando luchaba por hacer despegar mi negocio. Me pasaba noches muy largas en la oficina, me quitaba el saco, lo enrollaba en forma de almohada y me dormía un rato sobre el escritorio". Las metas de Charlie eran tan importantes que hizo todo lo necesario para que su negocio creciera. Si para lograrlo tenía que dormir algunas noches en la oficina, lo hacía. Se trata de un compromiso total, un ingrediente indispensable para ser el mejor. A los treinta años, Charlie logró que su agencia de seguros creciera, lo cual produjo más de 100 millones de dólares en ingresos anuales. Lo anterior sucedió a principios de los años 60, cuando 100 millones de dólares eran todavía mucho dinero. (¿Se ha dado cuenta de que los grandes ingresos de las compañías ahora se miden en miles de millones?)

Antes de escribir las metas futuras, pregúntese: "¿Qué es importante para mí? ¿Cuál es el objetivo de hacer esto? ¿A qué estoy dispuesto a renunciar para que esto suceda?" Pensar de tal manera aumentará la claridad. Es muy importante que lo haga. Las razones para iniciar un nuevo curso de acción son lo que le impulsa y le llena de energía para levantarse en la mañana, incluso en los días en que no desea hacerlo.

Pregúntese: "¿Cuáles son las recompensas y los beneficios al adquirir la nueva disciplina?" Concéntrese en el estilo de vida nuevo y emocionante que puede disfrutar si se compromete a actuar ahora.

Si esto no aumenta su adrenalina, vea la alternativa. Si sigue haciendo lo mismo de siempre, ¿cómo será su estilo de vida en cinco años, en diez, en veinte? ¿Qué palabras describirán su panorama financiero futuro si no hace algunos cambios? ¿Qué hay de su salud, sus relaciones y la cantidad de tiempo que tiene libre para diversiones? ¿Va a disfrutar de mucha más libertad o seguirá trabajando muchas más horas a la semana?

EVITE DECIR "SI HUBIERA".

Como bien observa el maestro en filosofía Jim Rohn, existen dos dolores importantes en la vida. Uno es el dolor de la disciplina, el otro es el dolor del arrepentimiento. La disciplina pesa kilos enteros, pero el arrepentimiento pesa toneladas cuando usted permite que la vida pase sin logros. En unos años no querrá ver al pasado y decir: "Si hubiera aprovechado esa oportunidad de negocios; si hubiera ahorrado e invertido con regularidad; si hubiera dedicado más tiempo a mi familia; si hubiera cuidado mi salud..." Recuerde, es su elección. Por último, usted es responsable de toda elección que haga, así que elija con sabiduría. Comprométase ahora a establecer metas que le garanticen la libertad y éxito futuros.

3. Las metas deben ser específicas y cuantificables.

Es en este punto donde la mayoría de la gente se pierde. Ésta es una de las razones por las cuales las personas nunca logran aquello de lo que son capaces. Nunca definen con precisión lo que quieren. Las generalizaciones vagas y los enunciados a la ligera no son suficientes. Por ejemplo, si alguien dice "mi meta es ser independiente desde el punto de vista económico", ¿qué quiere decir? Para algunas personas la independencia económica consiste en tener 50 millones de dólares ahorrados e invertidos. Para otros es ganar 100 mil dólares al año. Para otros es no tener deudas. ¿Qué es para usted? ¿Cuál es su cifra? Si ésta es una meta importante para usted, dedique tiempo ahora a averiguarlo.

Cómo defina la felicidad requiere el mismo escrutinio. No basta con decir "quiero pasar más tiempo con mi familia". ¿Cuánto tiempo quiere pasar con ellos, cuándo, con qué frecuencia, qué hará con ellos, con quién? Aquí hay tres palabras que le ayudarán en gran medida: **sea más específico.**

> LES:
> Uno de nuestros clientes en el Programa de entrenamiento para alcanzar logros indicó que su meta para tener mejor salud era empezar a hacer ejercicio. Se sentía siempre cansado y quería tener más energía. "Empezar a hacer ejercicio" es una definición muy pobre para alcanzar esta meta. Es demasiado general. No hay forma de medirla. Entonces le dijimos: "Sea más específico". Agregó: "Quiero hacer ejercicio treinta minutos al día, cuatro veces a la semana".
> ¿Adivinan qué le contestamos? Exacto. "Sea más específico". Al repetir varias veces esta aseveración volvió a definir la meta para mejorar su salud como sigue: hacer ejercicio treinta minutos diarios, cuatro veces a la semana, lunes, miércoles, viernes y sábado, de 7 a.m. a 7:30 a.m. Su rutina consiste en diez minutos de estiramiento y veinte minutos de bicicleta. ¡Qué diferencia! Ahora podemos vigilar su progreso con facilidad. Si nos presentamos en horas programadas a observar, él estará haciendo lo que dice, o no. Él es el responsable de los resultados.

Éste es el punto: cuando se fije una meta, desafíese con las palabras "sea más específico". Repítalas hasta que la meta sea clara y cuantificable. Al hacerlo aumentará en gran medida las posibilidades de conseguir los resultados deseados.

RECUERDE, UNA META SIN UN NÚMERO ES NADA MÁS UN LEMA

Es importante que tenga un sistema para medir su progreso. El Sistema para concentrarse en los logros es un plan único que usamos para facilitarle el camino. Este sistema se explica con detalle en los PASOS DE ACCIÓN al final del presente capítulo.

4. Las metas deben ser flexibles.

¿Por qué es esto tan importante? Hay un par de razones. Primero, usted no quiere un sistema que sea tan rígido que le sofoque. Por ejemplo, en un programa de ejercicio para mejorar su salud, puede desear variar los horarios durante la semana y el tipo de ejercicio, para que no se vuelva algo aburrido. Un entrenador personal con experiencia puede ayudarle a adoptar un programa ameno, con gran variedad y que garantice los resultados que usted busca.

La segunda razón: un plan flexible le ofrece la libertad suficiente como para cambiar de planes si se presenta una buena oportunidad que usted no puede ni debe desaprovechar. Tenga cuidado; lo anterior no significa que deba seguir cualquier idea. Los empresarios tienen fama de distraerse y perder la concentración. Recuérdelo: no tiene que consagrarse de lleno a cada nueva idea; sólo concéntrese en una o dos que le satisfagan y beneficien.

5. Las metas deben representar un reto y ser emocionantes.

Muchos empresarios parecen "nivelarse" unos cuantos años después de haber iniciado la nueva empresa. Dejan de sentir la emoción generada en principio, por la incertidumbre y los riesgos que implica el poner un producto o servicio en el mercado. Se convierten en operadores y administradores, y mucho del trabajo parece repetitivo y falto de inspiración.

Cuando usted establece metas emocionantes y que representan un reto, genera un estímulo que le impide caer en una vida aburrida. Para lograrlo debe forzarse a salir de lo que le resulta cómodo. Tal vez le parezca un poco aterrador porque nunca sabrá cómo ni a dónde llegará. Aquí hay una razón para motivarse: siempre aprenderá más de la vida y de la capacidad que tiene para triunfar cuando se sienta incómodo. Con frecuencia, cuando uno se encuentra acorralado, ocurren los cambios más importantes.

John Goddard, el famoso explorador y aventurero, el hombre que el *Reader's Digest* llama "el verdadero Indiana Jones", es un ejemplo perfecto de ello. A los quince años de edad se sentó a hacer una lista de las 127 metas que representaban un desafío y quería en la vida. Aquí tenemos algunas de ellas: explorar ocho de los ríos principales del mundo, los cuales incluyen el Nilo, el Amazonas y el Congo; escalar dieciséis de las montañas más altas: el Everest, el monte Kenia y el Matterhorn; aprender a volar en avión, navegar alrededor de la tierra (lo ha hecho cuatro veces); visitar el Polo Norte y el Polo Sur; leer la *Biblia* de principio a fin; tocar la flauta y el violín; y estudiar las culturas primitivas en doce países que incluyen a Burneo, el Sudán y Brasil. Para cuando cumplió cincuenta años había logrado con éxito más de cien de las metas de su lista.

Cuando se le preguntó qué le hizo crear esta lista tan fascinante desde un principio, contestó: "Dos razones: la primera, estaba harto de que los adultos me dijeran qué hacer y qué no hacer con mi vida. Segunda, no quería llegar a los cincuenta años y darme cuenta que no había logrado nada."[1]

Quizá usted no quiera tener retos tan grandes como los de John Goddard, pero no sea mediocre. Piense en grande. Establezca metas que le emocionen tanto que casi no pueda conciliar el sueño. La vida tiene mucho que ofrecer; ¿por qué no disfruta de lo que le toca?

6. Las metas deben estar de acuerdo con sus valores.
Sinergia y flujo son dos palabras que describen cualquier proceso que avanza sin esfuerzo hacia el cumplimiento. Cuando sus metas están en sintonía con sus valores fundamentales, el mecanismo para alcanzar la armonía se pone en movimiento. ¿Cuáles son sus valores fundamentales? Cualquier cosa de la que se sienta seguro que haga vibrar las fibras más profundas de su ser. Son las creencias fundamentales, aquéllas con las cuales ha crecido y han moldeado su carácter. La honestidad y la integridad, por

---

[1] Mark realizó una grabación extensa y a profundidad sobre cómo John Goddard logró lo imposible. Para más detalles llame sin costo al 800-433-2314.

ejemplo. (Puede hacer su lista en la página 85.) Cuando haga algo que contradiga estos valores, su intuición o una sensación en el estómago, le servirán como recordatorio de que algo no anda bien.

Imagínese que debe mucho dinero, razón por la cual siente una presión increíble. De hecho, la situación es casi insoportable. Un día un amigo se le acerca y le dice: "Acabo de descubrir una manera de ganar mucho dinero fácilmente. ¡Todo lo que tenemos que hacer es robar un banco! Los depósitos mensuales más grandes se harán mañana. Tengo un plan infalible: entraremos y saldremos en veinte minutos". En ese momento usted se enfrenta a un dilema interesante. Por una parte se encuentra el deseo muy fuerte de liberarse de preocupaciones financieras, por lo que tener tanto dinero en las manos le parece muy atractivo. Sin embargo, si su honestidad es más grande que su deseo por el dinero, no robará el banco, porque sabe que no es correcto.

Incluso si su "amigo" hiciera una muy buena labor de venta y en realidad lo convenciera de llevar a cabo el robo, después usted sentiría que se quema por dentro. En tal caso, su honestidad sería la que está reaccionando. La culpa siempre lo perseguiría.

Cuando aprovecha los valores fundamentales que usted tiene para alcanzar metas positivas, emocionantes e importantes, la toma de decisiones se vuelve fácil. No existe conflicto interno que le detenga, lo cual genera energía que le impulsa a llegar a niveles mucho más altos de éxito.

7. Sus metas deben estar bien equilibradas.

Si tuviera que vivir de nuevo, ¿qué haría de manera diferente? Cuando se hace esta pregunta a personas con ochenta años de edad, nunca dicen: "Pasaría más tiempo en la oficina" o "iría a más juntas de consejo".

No, en vez de ello indican con claridad que viajarían más, dedicarían más tiempo a su familia y se divertirían más. Entonces, cuando se fije metas asegúrese de incluir áreas que le den tiempo para relajarse y disfrutar las mejores cosas de la vida. Trabajar al máximo cada semana es una manera segura de agotarse y caer enfermo. La vida es demasiado corta como para perderse de todo lo bueno.

En el capítulo 4, "Cómo crear un equilibrio óptimo", encontrará una estrategia excelente que le hará fácil disfrutar una forma de vida bien equilibrada.

8. Las metas deben ser realistas.

Al principio lo anterior parece contradecir lo que se ha propuesto con anterioridad: pensar en grande. No obstante, tener en cuenta la realidad asegurará que los resultados sean mejores. Donde la mayoría de la gente no es realista sobre sus metas es al determinar el tiempo que le tomará alcanzarlas. Oblíguese a recordar este enunciado:

NO EXISTEN LAS METAS NO REALISTAS, SÓLO TIEMPOS NO REALISTAS.

Si gana treinta mil dólares al año y su meta es ser millonario en tres meses, no es realista. Cuando se trata de empresas nuevas, una buena regla consiste en duplicar el tiempo que piensa le llevará arrancar. Por lo general, se presentan obstáculos legales, papeleo gubernamental, retos financieros y una multitud de cosas que le detienen.

En ocasiones las personas se fijan metas que son puras fantasías. Si usted mide un metro sesenta y cinco centímetros, tal vez nunca jugará baloncesto profesional. Así que, pase lo que pase piense en grande y trate de tener un panorama emocionante del futuro, pero asegúrese de que el plan no sea irreal y de que se dio un tiempo razonable para realizarlo.

9. Sus metas deben incluir la contribución a causas ajenas.

Hay una frase bíblica muy conocida que dice: "Cosecharás lo que siembres" (Gálatas 6,7). La frase constituye una verdad fundamental. Parece que si reparte cosas buenas y siembra cosas buenas, las recompensas, a su vez buenas, están garantizadas. Es un buen trato, ¿no le parece?

Por desgracia, muchas personas que quieren tener éxito (cuya definición por lo general se limita al dinero y los objetos) lo olvidan. No hay tiempo o espacio en su vida para dar algo a la sociedad. En pocas palabras, toman pero no saben dar. Si siempre toma, llegará el momento en que pierda.

Contribuir se puede hacer de muchas formas. Puede donar su tiempo, su experiencia o, desde luego, proporcionar ayuda económica. Así que incluya el hacer contribuciones en su programa de metas, pero hágalo de manera incondicional. No espere una retribución inmediata; ésta llegará a su debido tiempo, a menudo de la manera más inesperada.

10. Sus metas deben tener apoyo.

Esta última parte de su lista de metas es controvertida. Hay tres puntos de vista. Algunas personas se abocan a decir al mundo entero qué van a hacer. Creen que hacerlo los vuelve más responsables. Es muy difícil dar marcha atrás cuando todo el mundo está observando para verificar si usted, en verdad, hace lo que dijo. Se presenta demasiada presión cuando se elige esta estrategia, y algunos individuos la eligen.

El doctor Robert H. Schuller es un buen ejemplo. Dijo al mundo que iba a construir una catedral de cristal hermosa, con un costo de más de veinte millones de dólares, en Garden Grove, California. Muchos observadores se rieron, se burlaron de la idea, y opinaron que el médico no sería capaz de hacerlo. Él siguió adelante y lo logró; la catedral de cristal no dejó deudas. ¿El costo? Poco menos de treinta millones de dólares.

Uno de los comentarios de Schuller lo decía todo: "Creo que cuando se tienen grandes sueños se atrae a otros grandes soñadores". Y así fue. De hecho, varias personas donaron más de un millón de dólares para ayudar a la realización del proyecto.

Aquí presentamos una segunda opinión. Establezca sus metas, manténgalas en secreto y póngase a trabajar. Las acciones son más palpables que las palabras, y con las primeras sorprenderá a mucha gente.

La tercera estrategia, la cual quizá sea la más sabia, consiste en compartir de manera selectiva sus sueños con personas en quienes confíe. Éstas se eligen con detenimiento y son personas que le apoyarán, a la vez que le darán aliento cuando las cosas se pongan difíciles. Además, si tiene grandes planes necesitará la ayuda que ellas puedan proporcionarle, pues tal vez se encuentre con algunos obstáculos en el camino.

El PLAN maestro

Ahora que ya tiene las bases, es el momento de empezar un plan maestro propio. Ésta puede ser la parte emocionante: planear un futuro en realidad mejor, así como tener la claridad para llevarlo a cabo. Éste es el gran panorama. Tiene seis pasos principales. Le sugerimos que los lea todos primero y luego dedique tiempo para poner en práctica cada estrategia. Use como guía los PASOS DE ACCIÓN al final de este capítulo. Los pasos cinco y seis se verán más a fondo en los capítulos 4 y 5.

1. Revise las 10 metas principales en la lista de verificación.

Emplee esta lista de verificación como marco de referencia cuando se siente a establecer sus metas reales. Le ayudará a tener un panorama claro. El mismo se encuentra resumido en la página 85.

2. Hágalo por placer: 101 metas.

Para que sea emocionante, haga una lista de 101 cosas que desee lograr en los siguientes diez años. Diviértase haciéndolo y abra la mente a todas las posibilidades. Trate de tener un entusiasmo infantil; no limite el pensamiento. Sea específico y personalice su lista comenzando cada enunciado con "yo deseo" o "yo voy a". Por ejemplo: "Yo voy a tomar seis semanas de vacaciones en Europa" o "Yo deseo ahorrar o invertir el diez por ciento de mis ingresos netos cada mes". Aquí presentamos algunas preguntas importantes que le ayudarán a concentrarse:

1. ¿Qué quiero hacer?
2. ¿Qué quiero tener?
3. ¿Adónde quiero ir?
4. ¿Qué contribución deseo hacer?
5. ¿Qué quiero llegar a ser?
6. ¿Qué quiero aprender?
7. ¿Con quién quiero estar el resto de mi vida?
8. ¿Cuánto quiero ganar, ahorrar e invertir?
9. ¿Cuánto tiempo libre quiero para diversiones?
10. ¿Qué haré para tener condiciones óptimas de salud?

Para asegurarse de que disfruta de un equilibrio excelente en la vida, elija algunas metas en cualquiera de las siguientes áreas: profesión y negocios, economía, tiempo libre, salud y acondicionamiento físico, relaciones, personal y contribuciones, más cualquiera otra que sea importante para usted.

Establezca prioridades en su lista

Ahora que ya echó a volar la imaginación, el siguiente paso será establecer prioridades. Observe las 101 metas que incluyó y fije un tiempo realista para alcanzarlas.

Anote un número junto a cada meta: uno, tres, cinco o diez años. Hacerlo le dará un marco general a partir del cual puede empezar a trabajar. En la gran obra *La perso-*

na con objetivos, el autor Kevin W. McCarthy describe una técnica excelente para establecer prioridades. Él la llama la tabla del torneo. Se trata de un formato que se utiliza en todas las competiciones, desde concursos de ortografía, hasta torneos de tenis o los *playoffs* en el Supertazón. Establezca las prioridades de sus elecciones haciendo cuadros en hojas separadas para las metas de uno, tres, cinco y diez años, respectivamente.

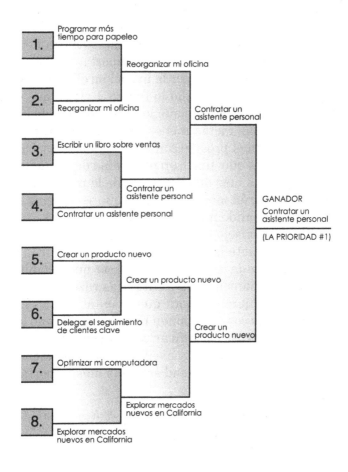

El cuadro principal[2]

Haga una lista de todas las metas de un año en el lado izquierdo de la hoja. Haga la hoja lo bastante grande para que quepan todos los puntos de la lista: dieciséis, treinta y dos o sesenta y cuatro líneas. (Suponemos que tendrá más de ocho metas que se deben alcanzar en un año.) Éste es su cuadro preliminar.

Ahora decida cuáles metas son las más importantes; es decir, cuáles se incluirán en el cuadro siguiente. Repita el proceso hasta que termine con las ocho finales. Ése será el Cuadro principal. De nuevo, debe elegir cuáles de las ocho son más importantes, e ir descartando metas hasta llegar a una final. Ésta será la prioridad más importante. Para ayudarle a decidir, déjese llevar por la intuición; ella rara vez se equivoca. Este sistema sencillo lo fuerza a elegir qué es lo más importante para usted y qué lo es menos. Desde luego, puede completar las metas menos importantes después si así lo desea. Repita el proceso con las metas de tres, cinco y diez años. Sabemos que tener un panorama de las metas de cinco y diez años es más difícil , pero vale la pena el esfuerzo. Esos años pasarán más rápido de lo que se imagina. Asegúrese de tener cuando menos un plan de tres años.

Aquí hay otro consejo muy importante: antes de establecer prioridades, anote la razón más importante por la cual quiere alcanzar cada meta y el beneficio que recibirá al hacerlo. Como lo mencionamos antes, las razones más importantes son la fuerza motora que le mantiene en movimiento cuando las cosas se ponen difíciles. Es bueno aprovechar el tiempo para identificar con claridad las razones antes de empezar. Si lo hace, asegurará que las metas en el Cuadro principal en realidad sean las más importantes en la lista.

[2] El concepto de Cuadro principal: *La persona con objetivos*, Kevin McCarthy, 1992, utilizado con la autorización de Nav Press. Derechos reservados. 1-800-366-7788.

3. Elabore un álbum con fotografías de sus metas.

Para aumentar su concentración en la nueva forma de vida que desea, elabore un álbum con fotografías de sus metas más importantes. Es un proceso divertido y toda la familia puede participar.

Compre un álbum para fotografías grande y empiece a coleccionar fotos. Por ejemplo, si una de sus metas es ir de vacaciones a Londres, Inglaterra, consiga folletos y recorte tres o cuatro fotografías de lugares que quiere ver. Si son vacaciones familiares, ponga un encabezado arriba de la página que diga: "Voy a disfrutar tres semanas de vacaciones con mi familia en Londres, Inglaterra" e incluya la fecha en que desea ir.

Puede dividir el álbum en secciones que abarquen aspectos diferentes de la forma de vida que desea. Asegúrese de incluir todas las áreas que mencionamos en el paso 2. Nuestra amiga Glenna Salsbury aplica esta estrategia con gran éxito. Al principio de su carrera, era madre soltera con tres hijas, debía un préstamo hipotecario, el crédito de su automóvil y necesitaba reavivar sus sueños. Ésta es su historia:

Una noche asistí a un seminario sobre el principio I x A = R (Imaginación multiplicada con Alegría se convierte en Realidad.) El orador señaló que la mente piensa con imágenes, no con palabras, y si visualizamos en la mente lo que deseamos, se volverá una realidad.

Él despertó la creatividad en mi corazón. Conocía la verdad bíblica de que el Señor nos da "lo que deseamos de corazón" (Salmo 37:4) y que "lo que un hombre piensa en el corazón, será realidad" (Proverbios 23:7).

Estaba decidida a convertir mi lista de deseos escritos en imágenes, así que recorte de revistas viejas fotografías que mostraban los 'deseos de mi corazón'. Luego las arreglé en un álbum atractivo y esperé con ansias.

Las fotografías eran específicas; incluían: 1. Una mujer vestida de novia y un apuesto hombre a su lado vestido con smoking. 2. Ramos de flores. 3. Una isla en el Caribe cálido y azul. 4. Diplomas universitarios para mis hijas. 5. Una mujer vicepresidente de una compañía. (Yo trabajaba para una compañía que no tenía directoras. Quería ser la primera mujer vicepresidente.) 6. Una toga y un birrete que representaban mi deseo de hacer una maestría en el Seminario Teológico de Fuller para poder proporcionar ayuda espiritual a otras personas.

Ocho semanas después estaba conduciendo en una carretera de California; mientras admiraba el hermoso auto rojo y blanco que corría junto al mío, el conductor me miró y sonrió. Yo también sonreí. Después me di cuenta que estaba siguiéndome; yo fingí ignorarlo, pero me siguió más de veinte kilómetros. ¡Me sentía asustada! Seguí unos cuantos kilómetros más, y él me seguía. Me detuve; él se detuvo... ¡acabé casada con él!

Después de nuestra primera cita, Jim me envió una docena de rosas. Salimos casi dos años; todos los lunes me enviaba una rosa roja y una nota de amor. Antes de casarnos Jim dijo: "Encontré el lugar perfecto para nuestra luna de miel: la isla San Juan en el Caribe". No confesé que yo tenía un álbum hasta que nos mudamos a la casa nueva, la cual también tenía representada en el álbum.

Poco tiempo después me hicieron vicepresidente de recursos humanos en la compañía donde trabajaba. Luego de terminar la maestría, fui una de las primeras mujeres aceptada como candidato a doctorado en el Seminario Fuller. Mis hijas no sólo obtuvieron sus certificados universitarios, sino que también crearon álbumes de fotografías propios y he visto cómo Dios influye en nuestras vidas a través de este principio.

Parece un cuento de hadas, pero es cierto. Desde entonces, Jim y yo hemos hecho muchos libros de fotografías. Descubrí que no hay sueños imposibles; en realidad, los deseos del corazón se pueden hacer realidad.

FUENTE: *Caldo de pollo para el alma*

En la actualidad, Glenna Salsbury es una de las conferencistas profesionales más importantes del país; además, fue presidenta de la Asociación Nacional de Oradores.

Cuanto más claras, (a la vez que específicas), sean las fotografías, es más probable que se mantenga concentrado en ellas y atraiga los resultados que desea. Así que sea creativo. Explore maneras diferentes de reforzar lo que visualiza. Un álbum con fotografías de sus metas es una excelente forma de empezar.

En el capítulo 4, "Cómo crear un equilibrio óptimo", aprenderá a elaborar un plan de acción específico que transformará las fotografías en realidades. Antes de llegar ahí, le presentamos las estrategias restantes que le ayudarán a contar con una claridad poco común.

4. Escriba las ideas en un cuaderno.

En un cuaderno sencillo, anote sus observaciones y reflexiones diarias. Es una herramienta muy útil para aumentar la conciencia. ¿Alguna vez ha tenido una gran idea a media noche? Se sienta en la cama y su mente está corriendo. Por lo general sólo tiene unos cuantos segundos para captar la idea antes de perderla o su cuerpo le dice "vuelve a dormir; son las tres de la mañana". De hecho, lo más seguro es que se vuelva a dormir; despertará varias horas después y habrá olvidado por completo cuál fue la gran idea.

¡Una idea brillante sin acción es como Mark McGwire sin bat![3]

Por eso es tan importante anotar las ideas. Al hacerlo, nunca tendrá que confiar en la memoria. Puede revisar sus ideas en cualquier momento. Emplee el libro para escribir ideas relacionadas con los negocios, las claves de ventas, habilidades de presentación, los proyectos para ganar dinero, frases o historias que haya leído, las cuales le servirán para explicar algo mejor. Mantenga los oídos y los ojos alerta todo el día y escuche a la intuición.

Por ejemplo, si acaba de terminar una presentación muy importante de ventas donde todo salió justo como se planeó, por lo que cerró un trato muy bueno, escriba todo en el libro de ideas. ¿Qué dijo que funcionó tan bien? Tal vez hizo una pregunta específica que motivó la decisión de compra o presentó una explicación mejor de los beneficios y servicios que ofrece. Repase en la mente toda la presentación y anote lo que funcionó.

También es bueno grabar la presentación. Invite a alguien a quien respete para que la revise con usted y luego le dé una lluvia de ideas sobre cómo mejorarla. Siga practicando. La estrella de cine Robin Williams realiza un promedio de treinta tomas por escena, hasta que tanto él como el director están satisfechos con la actuación.

¿Alguna vez echó a perder una presentación importante? Ése también es un buen momento para abrir su libro de ideas y registrar lo que hizo mal. Podría subrayar con rojo y poner "Nunca decir esto de nuevo". En ambos ejemplos, al anotar sus pensamientos mientras los tiene frescos refuerza lo que funcionó y lo que no. Esto le da una claridad increíble.

[3] Mark McGwire obtuvo el título del jugador con más carreras en la Liga Mayor de Béisbol en 1998 y 1999, años en los que alcanzó setenta y sesenta y cinco carreras respectivamente.

Otra sugerencia valiosa: lo primero que debe hacer cada mañana, durante diez minutos, es registrar lo que siente. Las palabras que describen cómo se siente incluyen ansioso, triste, feliz, emocionado, aburrido, enojado, entusiasta, frustrado, con energía. Anote en tiempo presente como si estuviera conversando consigo mismo. Use la primera persona del singular: "Yo me siento ansioso hoy porque mi hija se va a llevar el auto por primera vez", o "Yo me siento emocionado porque voy a empezar un trabajo nuevo esta mañana". Cuando se pone en contacto constante con lo que siente está más conectado con las situaciones diarias, a la vez que más consciente de lo que está sucediendo en su vida.

5. Visualice, piense, reflexione y revise.
El poder de la visualización a menudo se ve en los deportes. Los atletas olímpicos repasan la prueba con la mente varias veces antes de que ésta tenga lugar. Se concentran por completo en un resultado positivo. Mark Tewksbury, atleta olímpico canadiense ganador de medallas de oro, ganó los 200 metros en natación en los Juegos Olímpicos de 1992 en Barcelona, España; llegó al podio porque visualizó la carrera como un evento en el cual él ganaba. Escuchó a la multitud y vio a su familia aplaudirle mientras él aceptaba triunfante la medalla de oro. Al día siguiente nadó como se lo había imaginado, razón por la cual ganó la carrera.

Recuerde: si imita las técnicas de los campeones también puede convertirse en uno. Recurra a la imaginación positiva para crear imágenes en las que tiene éxito.

Cuanto más precisas sean las imágenes y las sienta con más intensidad, tiene mayores probabilidades de obtener el resultado deseado. En el capítulo 4, "Cómo crear un equilibrio óptimo", aprenderá a pensar con más profundidad, así como a reflexionar, a la vez que a revisar el progreso diario. Todas estas técnicas ayudan a contar con una claridad poco común, la cual le distinguirá en el mercado.

6. Adopte tutores y constituya grupos de control mental.
Otra forma muy efectiva de asegurar que haya mejoras importantes en su productividad y visión es hacer una lista de personas con mucha experiencia en áreas donde usted necesita más ayuda. Cuando se rodea con un equipo de expertos elegidos con cuidado, su curva de aprendizaje aumenta con rapidez. Muy pocas personas lo hacen. De nuevo, si se atreve a ser diferente cosechará las recompensas en el camino. La alternativa es averiguar todo usando la prueba y el error. Es una forma lenta de avanzar porque encuentra muchos obstáculos y distracciones. Por otra parte, cultivar el consejo y la sabiduría de tutores específicos le impulsa a obtener resultados más rápido.

Un grupo de control mental consta de cuatro o seis personas, quienes se reúnen con regularidad para compartir ideas y apoyarse entre sí. Son alianzas poderosas. Están diseñadas para fomentar relaciones duraderas. Aprenderá todo sobre ellas en el capítulo 5, "Cómo establecer relaciones excelentes".

Ahora que ya cuenta con un marco completo para establecer metas a largo plazo, le proporcionamos la pieza final del rompecabezas; la llamamos Sistema para Concentrarse en los logros.

El Sistema para concentrarse en los logros
Este método sencillo pero efectivo le facilita medir su progreso, así como mantenerse en el camino correcto. Recurren a él la mayoría de nuestros clientes más exitosos. En esencia, divide las metas en siete categorías y lo fuerza a tener un equilibrio perfecto.

Usted puede decidir el tiempo que le llevará lograr estos resultados. Un ciclo de dos meses es bueno; no es demasiado largo y, sin embargo, le da tiempo suficiente para fijarse objetivos importantes.

Las siete categorías de metas son las que siguen:

- ECONÓMICAS
- NEGOCIOS/ PROFESIÓN

- ¡TIEMPO PARA DIVERSIÓN!
- SALUD Y ACONDICIONAMIENTO FÍSICO
- RELACIONES
- PERSONAL
- CONTRIBUCIONES

Cuando dedique parte de su tiempo a lograr una meta significativa de cada una de estas áreas cada sesenta días, empezará a disfrutar lo que la mayoría de la gente busca con desesperación: equilibrio; con el cual se logra la paz espiritual. Todos los detalles al respecto se encuentran en los PASOS DE ACCIÓN al final del capítulo. El sistema de concentración en los logros es la espina dorsal del plan estratégico global. Al principio, parece un poco irreal alcanzar siete metas en sesenta días, pero con práctica puede hacerlo. Comience con incrementos pequeños y poco a poco aumentará el tamaño de sus metas. Al empezar este proceso es más importante tener siete victorias pequeñas que tener objetivos demasiado altos. Para tener siempre en mente cuáles son sus metas, revíselas a diario. La mayoría no lo hace; es más, la mayoría ni siquiera tiene un plan de acción para alcanzar las metas. Sea más inteligente y entre en la competencia. Recibirá beneficios increíbles.

CONCLUSIÓN

Como todos los hábitos para alcanzar el éxito, adoptar el hábito de contar con una claridad poco común requiere esfuerzo y disciplina diaria. Recuerde, es un proceso continuo. Los puntos clave son:

1. Usar la lista de verificación con las 10 metas principales como marco de referencia.
2. Diseñar un plan maestro para establecer prioridades en sus metas.
3. Crear un álbum con fotografías de las metas.
4. Usar el libro de ideas.
5. Visualizar, pensar, reflexionar y revisar. *(El capítulo 4 cubrirá esto con mayor detalle.)*
6. Adoptar tutores y formar Grupos de Control Mental. *(En el capítulo 5 le mostraremos cómo hacerlo)*
7. Usar el sistema de concentración en los logros para medir el progreso semanal.

HAGA ESTO Y CONTARÁ CON UNA CLARIDAD EXCEPCIONAL; ¡ SE LO GARANTIZAMOS!

Si se siente un poco agobiado por el momento, no se preocupe, es normal. Dé un paso a la vez. Programe tiempo suficiente para trabajar en cada una de estas estrategias. Comprométase a empezar. Dé el primer paso, luego concéntrese en lograr sus metas de corto plazo. Crear un futuro exitoso requiere energía, esfuerzo y concentración. Ésa es la razón por la que la mayoría de la gente no lo hace, pero al decidirse a leer este libro ha dado el primer paso para sobresalir de la multitud. Acepte el desafío. Concéntrese. Las recompensas valen la pena. ¡Haga el esfuerzo ahora!

PASOS DE ACCIÓN

El plan maestro personal

El sistema de concentración en los logros

A continuación puede ver una revisión completa que le ayudará a implementar el plan maestro personal de "a largo plazo," así como el plan de acción a corto plazo.

A fin de optimizar los resultados, le recomendamos que programe cuando menos un día completo para hacer lo que sigue.

Lista de verificación con las 10 metas principales
Para optimizar sus resultados recuerde que las metas deben ser:

1. Suyas.
2. Importantes.
3. Específicas y cuantificables.
4. Flexibles.
5. Representar un reto y ser emocionantes.
6. Estar de acuerdo con sus valores fundamentales.
7. Bien equilibradas.
8. Contribuir a la sociedad.
9. Realistas.
10. Apoyadas.

A CONTINUACIÓN ANOTE SUS VALORES FUNDAMENTALES:

Ejemplo: Honestidad, integridad, vivir una filosofía según la cual siempre se gana, experimentar alegría y amor.

_____

_____

Las 101 metas

Escríbalas en su cuaderno. Antes de hacer la lista de todas las cosas que quiere lograr, vuelva al paso dos en la página 74. Lea esta sección de nuevo. Anote los pensamientos anteriores a las preguntas, lo cual le ayudará a tener un marco de referencia. Tome todo el tiempo que necesite; luego haga su lista real de 101 metas. Después establezca prioridades en su lista con un cuadro para competiciones similar al de la página 75.

El plan maestro personal

Use como muestra la hoja de trabajo en la página 88. Hágala más grande, dependiendo del número de metas que tiene en cada área. Asegúrese de llenar la columna de razones y beneficios. Sus razones son la fuerza que le impulsa a alcanzar las metas. También elija una fecha de término específica. Aquí se aplica el marco de metas esenciales, siete áreas clave que dan pie a una forma de vida equilibrada y excelente. Si lo desea, puede agregar otras áreas importantes para usted. Utilice una hoja similar para las metas de tres, cinco y diez años.

Creación de un álbum con fotografías de las metas

Revise el paso tres (página 77). La clave aquí es divertirse y ser creativo. Cuanto más impactantes sean las fotografías, mejor. Elija unas grandes y con colores brillantes. Si una de sus metas es tener un auto nuevo, visite al distribuidor local y pida que le tomen una fotografía sentado en el auto. Uno de nuestros clientes varones quería tener buen cuerpo, entonces, recortó la fotografía de un atleta, le quitó la cabeza y le puso en su lugar una fotografía suya.

Use un libro de ideas

Revise el paso cuatro (página 79). Puede elegir cualquier cosa, desde un cuaderno sencillo hasta un diario elaborado. Hay mucho de donde elegir; visite las tiendas cercanas.

Numere cada página si no están ya numeradas. Cuando el libro esté casi terminado, puede crear un índice en la parte final para ayudarle a encontrar cosas específicas más adelante. Adopte el hábito de plasmar sus mejores ideas, pensamientos y discernimientos. Éste no es un "querido diario". Úselo para estrategias de negocios, ideas para ganar dinero, historias que ilustran un punto, conceptos de mercadotecnia y cualquier otra cosa que piense sea importante. Si disfruta haciendo trabajos manuales, elabore separadores para temas específicos. Sin embargo, lo más importante es entrenarse para empezar a escribir. Empiece esta misma semana.

MI PLAN MAESTRO PERSONAL

Hoja muestra de metas para un año. Elabore una hoja de trabajo similar para sus metas más grandes.

De _____ Para _____

	META ESPECÍFICA	RAZÓN PARA LOGRAR ESTA META	FECHA DE LOGRO
FINANCIERAS Ingresos totales $150,000 Ahorros/inversiones $20,000 Eliminación de deudas $25,000	1. Terminaré de pagar la casa el 1° de enero de 2002. 2. Ganaré $150,000 dólares (sin descontar los impuestos) para el 31 de agosto de 2002. 3. Encontraré un tutor que me aconseje para el 30 de noviembre de 2001.	1. No tener deudas después de veinte años de pagar préstamos/intereses. 2. Un ingreso de seis cifras aumentará mi confianza/reforzará mi negocio. 3. Planeo ser rico en seis años a partir de ahora y tener un tutor que me guíe.	
PROFESIÓN Y NEGOCIOS Nuevos proyectos, sociedades, expansión, nuevos productos/servicios, ventas, nuevas alianzas, relaciones.	1. Empezaré mi propia compañía de software para el 31 de agosto de 2002. 2. Encontraré un socio financiero que invierta 1 millón de dólares para el 30 de mayo de 2002. 3. Desarrollaré dos productos nuevos de software para el 30 de julio de 2002.	1. Quiero la libertad de ser mi propio jefe en vez de trabajar por un salario. 2. Estar bien capitalizado me dará un fundamento sólido. 3. Probar que mi habilidad creativa puede producir soluciones únicas.	
¡TIEMPO PARA DIVERTIRSE! Vacaciones, viajes, deportes, reuniones, eventos especiales. Número de semanas libres ___4___	1. Tomaré una semana de vacaciones en Colorado, del 22 al 29 de julio de 2002. 2. Voy a organizar y asistir al aniversario 25 de la reunión familiar. 3. Haré un viaje de dos semanas a las montañas Rocallosas, del 1° al 14 de junio de 2002.	1. La oportunidad de pasar tiempo importante con mis dos mejores amigos. 2. Agradecer a mis padres su apoyo y su guía. 3. Conocer gente nueva, dedicar tiempo a reflexionar y disfrutar la naturaleza.	

© El programa de Entrenamiento para logros.

Categoría		
SALUD Y ACONDICIONAMIENTO FÍSICO Perder/ganar peso, programas de ejercicio, hábitos alimenticios, cuestiones médicas, deportes, artes marciales.	1. Estaré en mi peso ideal de 85 kilos para el 21 de febrero de 2002. 2. Voy a correr cuarenta minutos diarios, cuatro veces a la semana. 3. Empezaré Tai Chi el 15 de noviembre de 2002.	1. Disfrutaré mejor salud, me veré y me sentiré mejor. 2. Tendré más energía y estamina, y disfrutaré del aire fresco. 3. Me sentiré más relajado, concentrado y consciente.
RELACIONES 1. Familia: cónyuge, hijos, padres, parientes. 2. Personales: amigos (locales y de larga distancia), tutores. 3. Negocios: alianzas estratégicas, tutores, socios, clientes, personal, colegas.	1. Llamaré a mi hermana Gloria cada semana. 2. Voy a tener seis clientes para mi nuevo negocio para el 31 de agosto de 2002. 3. Formaré un Grupo personal de expertos (seis personas) para el 1° de marzo de 2002.	1. Apoyarla y ayudarla con su divorcio. 2. Establecer un fundamento sólido para mi nuevo negocio. 3. Rodearme de gente ambiciosa, divertida, cariñosa y positiva.
PERSONAL 1. Cualquier cosa que quiero tener, ser o hacer. 2. Educación: cursos, orador profesional, consultoría, lectura, etcétera. 3. Espiritual: cursos, estudio de la Biblia, iglesia, relaciones, retiros.	1. Asistiré a tres conciertos importantes para el 30 de junio de 2002. 2. Terminaré un curso de oratoria de diez semanas el 1° de abril de 2002. 3. Leeré cuatro libros que aumentarán mi conciencia espiritual para el 31 de agosto de 2002.	1. Apreciar y disfrutar la buena música. 2. Mejorar mis habilidades de presentación. 3. Ser más consciente de mi objetivo en la vida.
CONTRIBUCIONES Caridades, comunidad, tutoría, iglesia.	1. Seré tutor de un estudiante de secundaria una hora a la semana, empezando el 14 de octubre de 2002. 2. Donaré el diez por ciento de mis ingresos a dos de mis caridades favoritas y a la iglesia. 3. Seré voluntario para ayudar con la campaña anual de ayuda a la comunidad.	1. Ayudar y alentar a alguien que está luchando. 2. Experimentar continuamente la alegría de dar sin condiciones. 3. Ayudar a la gente menos afortunada.

© El programa de Entrenamiento para logros.

El sistema de concentración en los logros

Éste es el plan estratégico semanal que le asegura dar en el blanco de los objetivos más grandes que anotó en su plan maestro de largo plazo. Las categorías son idénticas. Consulte las hojas muestra de las páginas 88 y 89. El primer paso es escribir su meta más importante en cada una de las siete áreas.

1. ECONÓMICAS. Se divide en ingresos totales y la cantidad que quiere ahorrar o invertir durante este periodo. Si está pagando una deuda, puede registrar aquí la cantidad.

2. NEGOCIO/PROFESIÓN. Tal vez tenga varias metas en esta categoría. Sin embargo, elija la que le ayudará a progresar más y concéntrese en ella. Quizá sea un objetivo de ventas, un nuevo proyecto, una alianza estratégica o contratar (o despedir) a una persona clave.

3. ¡TIEMPO PARA DIVERSIÓN! Ésta es la meta que atañe tiempo libre, lejos del trabajo. Registre el número de días y recuerde que se los merece.

4. SALUD Y ACONDICIONAMIENTO FÍSICO. Hay tres componentes principales a considerar aquí: físico, mental y espiritual. ¿Qué hará para mejorar su salud general? Considere el ejercicio, tener mejores hábitos alimenticios, adquirir conocimientos y conciencia espiritual nuevos.

5. RELACIONES. ¿En qué relación importante trabajará durante este periodo? Tal vez más tiempo con un miembro de la familia, tutor, empleado clave o cliente. Es obvio que va a interactuar con mucha gente cada semana, pero concéntrese en enriquecer sólo una de estas relaciones.

6. PERSONAL. Ésta es una elección abierta que implica algo que le da satisfacción personal. Podría incluir comprar algo, adquirir una nueva habilidad como tocar guitarra o planear unas vacaciones especiales.

7. CONTRIBUCIONES. ¿Con qué va a contribuir a la sociedad durante este tiempo? Quizá se trate de una contribución financiera a una organización de caridad o iglesia. Tal vez contribuirá con tiempo a la comunidad o con el equipo deportivo local, o simplemente ayudará a alguien escuchándolo.

Cuando haya terminado de anotar las siete metas principales concéntrese en la semana siguiente; esta estrategia recibe el nombre de concentración de siete días. He aquí cómo funciona: al principio de cada semana elija las tres cosas más importantes que desea lograr. Asegúrese de elegir actividades que lo lleven a conseguir las siete metas.

Por ejemplo, si la meta en cuanto a salud y acondicionamiento físico es establecer un programa de ejercicio, el primer paso podría consistir en inscribirse en un gimnasio. Si su meta con respecto a la relación principal es pasar más tiempo con sus hijos los fines de semana, el primer paso podría ser programar tiempo en el planificador semanal. Si su meta general de negocios es llegar a un volumen específico de ventas, podría programar un cierto número de citas en los siguientes siete días.

Por supuesto, hará otras cosas cada semana. Este plan de acción le ayudará a concentrarse en las actividades más importantes. Asegúrese de vigilar su progreso. ¡Cualquier cosa que se mide, se logra! Es divertido verificar la lista cada semana, lo cual aumentará su confianza mientras se acerca al logro de sus objetivos más grandes. Le recomendamos tener un compañero que sea responsable de sus resultados. Éste podría ser un colega de negocios, quien también disfruta de usar el Sistema de concentración en los logros.

Llame a su compañero al principio de la semana y comparta con él las tres actividades más importantes. Siete días después discuta los resultados, las victorias y los retos, y empiece el proceso para la siguiente semana. Al apoyarse, a la vez que desafiarse entre sí es menos probable que se retrasen durante la semana. Existen expectativas cuando uno se conecta con el progreso que otro está logrando. También pueden crear algunos incentivos para ambos que los estimularán a mantenerse concentrados. Por ejemplo, uno de nuestros clientes es un esquiador ávido. Programó un día libre para ir a su montaña favorita como recompensa por lograr su meta semanal. Como un incentivo extra, si no completaba sus tres objetivos más importantes, prometió regalar sus pases para esquiar a su compañero. Otro cliente dijo que llamaría a su mayor competidor y le daría tres claves de su negocio si no alcanzaba las metas de la semana. ¡Era toda la motivación que necesitaba!

EL SISTEMA DE CONCENTRACIÓN EN LOS LOGROS

De _____ Para _____

Metas: elija una meta en cada una de las siete áreas.
Para mayor claridad, exprésese con sencillez y sea específico.

LA CONCENTRACIÓN DE SIETE DÍAS: al principio de cada semana elija las tres cosas más importantes que quiere lograr. Elija actividades que le llevarán hacia el logro de las siete metas principales. Póngase en contacto con su compañero para revisar su progreso.

Compañero :
Nombre: Linda Martin
Teléfono: 5555-4000
Fax: 5555-9045

ECONÓMICAS

Tengo ingresos totales de $12,000
Ahorro o invierto $2,000
Reduzco mi deuda en $1,000

SEMANA 1 — Contacto con compañero ☒ sí ☐ no
1. Plan de estrategias específico para concurso de ventas.
2. Comenzar programa de caminata.
3. Comunicarse a la escuela; ref: ayudar a un estudiante.

SEMANA 7 — Contacto con compañero ☒ sí ☐ no
1. Formar el grupo que se concentrará en los clientes.
2. Extender un mes el programa de tutoría.
3. Recoger regalo sorpresa para Fran.

NEGOCIOS

(Ej.: proyectos, ventas o nuevas empresas)

Voy a celebrar el lanzamiento de nuestro nuevo producto el viernes 22 de febrero.

SEMANA 2 — Contacto con compañero ☒ sí ☐ no
1. Hacer diez citas de ventas.
2. Finalizar el folleto del producto nuevo.
3. Llamar a clientes clave.

SEMANA 8 — Contacto con compañero ☒ sí ☐ no
1. Verificación final del lanzamiento del producto el viernes.
2. Hacer ocho citas de ventas.
3. Llamar a clientes clave.

¡TIEMPO PARA DIVERTIRSE!

(Total de días libres para relajación, vacaciones y rejuvenecimiento.)

Disfrutaré diecisiete días para divertirme.

SEMANA 3 — Contacto con compañero ☒ sí ☐ no
1. Bosquejar el capítulo uno del libro.
2. Realizar la primera cita de tutoría.
3. Hacer presentaciones a medios sobre el nuevo producto.

SEMANA 9 — Contacto con compañero ☒ sí ☐ no
1. Bosquejar el capítulo tres del libro.
2. Llamar a asesor financiero; invertir $2,000.
3. Hacer ocho citas de ventas.

SALUD

(Ej.: física, mental o espiritual.)

Disfrutar caminar treinta minutos al día, cuatro días a la semana.

© El programa de Entrenamiento para logros.

	SEMANA 4	Contacto con compañero ☒ sí ☐ no	SEMANA 10	Contacto con compañero ☐ sí ☐ no
RELACIONES Ej.: (familiar, personal o negocios.) Me concentro en mis tres clientes clave; mínimo dos contactos personales cada quince días.	1. Llamar a clientes clave. 2. Mantener programa de caminata, aumentar tiempo. 3. Hacer ocho citas de ventas.			
	SEMANA 5	Contacto con compañero ☒ sí ☐ no	SEMANA 11	Contacto con compañero ☐ sí ☐ no
PERSONAL (Ej.: proyectos, compras o aprendizaje.) Voy a bosquejar los tres primeros capítulos de mi nuevo libro.	1. Planear fin de semana largo del 23 al 25 de febrero. 2. Confirmar fecha de entrega del nuevo producto. 3. Pagar $1,000 a la tarjeta de crédito.			
	SEMANA 6	Contacto con compañero ☒ sí ☐ no	SEMANA 12	Contacto con compañero ☐ sí ☐ no
CONTRIBUCIONES (Ej.: caridad, comunidad o donativos.) Voy a dar tutoría a un estudiante de secundaria una hora a la semana durante seis semanas.	1. Llamar a clientes clave. 2. Hacer ocho citas de ventas. 3. Bosquejar el capítulo dos del libro.			
Tiempo sugerido, sesenta o noventa días.				

© El programa de Entrenamiento para logros.

Vivir con un propósito

Actuar de manera decisiva

Persistencia consistente

Pida lo que desea

El factor de la confianza en uno mismo

Cómo establecer relaciones excelentes

Cómo crear un equilibrio óptimo

¿Ve el panorama completo?

No se trata de magia ni de ilusión,
sino de mera concentración

Sus hábitos determinarán el futuro

Ha construido un fundamento sólido, ¡bien hecho!

Cómo crear un equilibrio óptimo

"Cuando trabaja, trabaja, y cuando juega, juega; no
permita que se mezclen."

— Jim Rohns

Gerry es arquitecto y está muy ocupado.
Al ser socio de la empresa en la que labora, Gerry
trabaja muchas horas. Cada mañana se levanta
temprano, a más tardar a las 6 de la mañana. Desayuna una taza de café aprisa en el auto. De vez en
cuando se las arregla para acompañarlo con una
dónut pegajosa.

Jane, su esposa, también trabaja tiempo completo, así que sus dos hijos, Paul, de cuatro años y Sarah de dos, llegan a la guardería muy temprano.
Gerry no ve a sus hijos muy seguido. Cuando ellos
despiertan Gerry ya salió para la oficina y, por lo
general, no vuelve a casa hasta después de las
7:30 p.m.; para entonces, los niños ya están dormidos. Incluso los fines de semana el negocio consume
mucho del tiempo de Gerry. Siempre hay algo que
hacer en la oficina y cuando Jane le reclama por
"vivir" ahí, reúne papeles que lleva a casa, para re-
visarlos hasta después de la media noche, cuando
todos ya están dormidos.

Sus hijos tienen una forma muy efectiva de comunicarse con él. Le dejan pequeños dibujos o notitas en el espejo del baño. Él se siente culpable cuando las ve, sobre todo cuando lee las que dicen cuánto lo extrañan. Pero ¿qué puede hacer? El negocio está en un punto crítico. Después de tres años de largas horas, él y sus dos socios están iniciando un crecimiento importante. Al ser el socio más joven, mucho del trabajo extra recae sobre sus hombros.

Incluso con dos ingresos, el presupuesto es apretado. Jane quiere llevar a los niños a Disneylandia, pero sin ahorros no es probable que ello suceda pronto.

¿Se relaciona usted de algún modo con la situación familiar que acabamos de describir? La misma se vuelve cada vez más común, ya que la gente lucha por crear un equilibrio sano entre la profesión, la vida personal así como la familia. Con frecuencia, las presiones más grandes caen sobre las mujeres que trabajan tiempo completo para tener una carrera y de las que además se espera cocinen, limpien, a la vez que de algún modo satisfagan la mayoría de las necesidades de los hijos. De hecho, estas presiones múltiples se han convertido en la causa preponderante de divorcio, al igual que rompimientos familiares en la actualidad. ¿Cuánto tiempo pueden continuar Gerry, Jane, Paul y Sarah con una rutina así? Al final, algo malo sucederá y es probable que sea pronto.

Si tiene tensión o se preocupa por la calidad de vida que tiene, entonces estudie este capítulo con detalle. En las siguientes páginas encontrará respuestas a sus preocupaciones. Lo que es más, compartiremos con usted un sistema único que le garantizará un estilo de vida sano y bien equilibrado. Existe una forma mejor. Estar atrapado como Gerry no es vivir. Así que siga adelante, lea y vuelva a leer la siguiente información, y esté preparado para hacer cambios.

Primero, vamos a destacar que algunas personas sí disfrutan de un equilibrio óptimo en la vida diaria. Aquí hay un ejemplo. Se llaman John y Jennifer. Al igual que Gerry en la historia anterior, John tiene treinta y ocho años, además de que tiene un matrimonio feliz con Jennifer desde hace quince años. Tienen tres hijos: David, de tres años de edad, Joane, de siete, y Charlene, de nueve. John trabaja en una compañía propia de electricidad, la cual empezó hace seis años. A diferencia de Gerry, John y su familia disfrutan de vacaciones anuales. De hecho, toman seis semanas libres para divertirse cada año. Tanto John como Jennifer tenían padres con valores sólidos, lo cual, sin duda, los influyó. Uno de esos valores era una ética de trabajo excelente: "Si vas a realizar un trabajo, hazlo con tus mejores habilidades". Otro era el valor de ahorrar e invertir dinero. Para cuando se casaron, ambos tenían un plan de ahorros, y juntos optimizaron la capacidad de ahorro que tenían durante esos primeros años para contar con capital que pudiera satisfacer necesidades diversas. Con la ayuda de un asesor financiero elegido con cuidado, el plan de inversiones que iniciaron ha producido hasta ahora doscientos mil dólares. También tienen un fondo separado para la educación de sus hijos, con el cual pagarán los gastos universitarios de los mismos.

En el trabajo, John tiene un asistente personal de primera clase que le permite concentrarse en lo que él hace mejor. En consecuencia, no tiene que realizar papeleo innecesario o distraerse con cosas que hacen perder el tiempo. Debido a la habilidad de organizarse bien, John tiene la mayoría de los fines de semana libres. Aunque empieza temprano todos los días, es raro que llegue a casa después de las 6 de la tarde, lo cual le deja tiempo para su familia.

Al principio de cada año, John y Jennifer se sientan a planear tanto las metas personales como las familiares, lo cual incluye programar tiempo específico para vacaciones, los días festivos en familia, así como pequeños descansos de tres o cuatro días para él y ella, sin niños. Dos veces al año, John disfruta un fin de semana largo con el grupo de golf al que pertenece. Jennifer también planea unos viajes para esquiar con sus amigas.

RECUERDE, SI QUIERE UN RESULTADO DIFERENTE

Haga algo diferente.

A través de la disciplina y los buenos consejos, John y Jennifer crearon un buen equilibrio en sus vidas. No han sucumbido ante la adicción al trabajo que deteriora tantas relaciones. John no siente culpa por tomarse tiempo libre; su actitud es: "Trabajo duro y bien en mi negocio, así que merezco tiempo para divertirme". Como resultado, sus ingresos son altos. Lo anterior, combinado con el hábito de hacer inversiones constantes, disminuye al mínimo cualquier presión financiera. Es interesante ver que John y su familia no son consumidores compulsivos. No gastan mucho dinero en cosas que todo el mundo compra. En vez de ello, prefieren ahorrar para tener unas vacaciones memorables. Sus hijos no tienen todo lo que quieren, pero no sufren tampoco. John es feliz con su auto de modelo anterior, a diferencia de Gerry, que prefiere comprar un modelo nuevo cada dos años, aunque en realidad no pueda darse el lujo de hacerlo.

Al comparar el estilo de vida de John con el de Gerry, ¿con cuál de los dos encaja el suyo? No es difícil ver quién tiene la vida más sana. Ahora, quizá usted no tenga un negocio propio o pertenezca al mismo grupo de edad. Incluso tal vez ni siquiera esté casado ni tenga familia. Ése no es el punto. La cuestión aquí es: "¿Disfruta de un estilo de vida sano y bien equilibrado, trabaja en lo que más le gusta, lo cual le proporciona una remuneración económica excelente y le permite contar con tiempo libre para dedicarse a otros intereses?" La respuesta es "sí" o "no".

El SISTEMA para estar Alerta

Si su respuesta es "no", vamos a darle un sistema que le mantendrá concentrado y en equilibrio. Incluso si contestó "sí", este sistema único aumentará su conciencia. Se llama el **Sistema para estar Alerta** y alcanzar un equilibrio óptimo. Con éste estará más alerta cada día para descubrir aquellas presiones sutiles que pueden distraerle de su objetivo.

Si busca el significado de la palabra "Alerta" en el diccionario, éste dice: "Con vigilancia y atención, estar listo, en guardia, consciente y preparado".

Estar listo todos los días y usar la inteligencia le mantendrá dentro de sus prioridades y en equilibrio. Cuando está en verdad alerta está más consciente de lo que sucede. ¿Qué es lo opuesto de alerta? Distraído, no preparado, inconsciente y estúpido. Si pudiera elegir, ¿a qué categoría le gustaría pertenecer, a la de alerta o a la de estúpido? Usted *decide* y puede hacerlo todos los días. Estar alerta es una elección obvia. ¿Por qué entonces si es tan fácil elegir, la mayoría de la gente prefiere la segunda opción? La verdad es que los viejos hábitos son difíciles de erradicar. Es incómodo hacer cambios y parece que nunca hay tiempo suficiente para ello. Es más fácil hacer las cosas a la manera antigua, aunque las consecuencias a largo plazo puedan ser desastrosas. Para disfrutar un equilibrio perfecto en la vida, la mayoría de la gente no está preparada: se encuentra distraída y no es muy inteligente.

Ahora vamos a descubrir cuál es la realidad de usted, lector. Vamos a analizar, en detalle, cómo se comporta a diario. Este sistema es una fórmula poderosa que le ayudará a constituir un día bien balanceado. Repita el proceso siete veces y obtendrá una semana bien equilibrada. Persevere tan sólo cuatro semanas y tendrá un gran mes.

Conviértalo en un hábito y antes de darse cuenta tendrá un año maravilloso, con más tiempo libre y mucho más dinero. Al andar por cada uno de los seis pasos, vigile sus emociones. Esté consciente de cualquier resistencia que sienta. Piense en las razones de dicha resistencia. Deshacerse de cualquier bloqueo mental le ayudará a adquirir el nuevo hábito de tener un equilibrio óptimo.

TODA CASA BIEN CONSTRUIDA EMPEZÓ CON PLANOS DEFINITIVOS IMPRESOS EN PAPEL.

— Napoleon Hill

Plan de acción

Así es como se prepara para el día. Porque se prepara, ¿verdad? Un plan de acción es una guía para el día. Le ayuda a dar prioridad a las actividades importantes en su agenda. Para ilustrarlo, imagine un edificio alto y hermoso en una gran ciudad, con una arquitectura impresionante. Hay mármol y cristal por todas partes con detalles opulentos para complementar el diseño único. Antes de que se pusiera la primera piedra, se preparó y se aprobó un plan de acción detallado. Los propietarios del edificio no dijeron al contratista: "Queremos un edificio alto y grande con mucho cristal y mármol, aquí está el dinero. Vean qué pueden hacer por nosotros". No, todo detalle se planeó meticulosamente y se visualizó con anticipación.

Si solicita a una imprenta que le impriman un folleto, debe aprobar el plan antes de que el trabajo se ponga en la prensa. Esto le permite revisar todo con detenimiento antes de empezar el trabajo, en caso de que hubiera algún error u omisión. Es la última verificación antes de actuar.

Hay dos opciones para preparar el plan de acción diario. Puede hacerlo la noche anterior o en la mañana antes de empezar el día. Sólo necesita diez o quince minutos para hacerlo.

Investigaciones recientes indican que si hace un plan de acción la noche anterior en vez de en la mañana, su subconsciente trabajará durante la noche pensando en cómo cumplir con el plan del día siguiente, es decir, preparar la mejor presentación de ventas, manejar posibles objeciones o resolver cualquier conflicto o problema. Así que si puede hágalo la noche anterior y revise el plan antes de dormir. Esta revisión deberá concentrarse en sus actividades más importantes, como con quién se quiere reunir y la finalidad y objetivo de cada cita. Fije límites de tiempo específicos para las citas. También revise en qué proyectos debe trabajar y determine si reservó tiempo suficiente para hacerlo.

Es importante que cuente con un sistema propio para registrar los planes de acción. Puede hacerlo en un diario estándar o en un planificador de tiempo, o tal vez prefiera un organizador electrónico o un programa de software de computadora. Sólo elija un sistema que le funcione bien. Para mejores resultados elija el más sencillo. Adáptelo para que encaje con su estilo propio.

¿Alguna vez ha observado a personas que no tienen el hábito de diseñar un plan de acción para el día? Encontrará unas cuantas en organizaciones de ventas. Suelen reunirse alrededor de la cafetera a primera hora de la mañana, y para muchos de estos no planeadores "lo primero" viene después de las 9 a.m. Socializar y revisar el diario son de muy alta prioridad en su agenda. Tal vez la primera llamada de ventas suceda alrededor de las 11 a.m., así que podrá imaginarse lo productivos que serán el resto del día.

Un plan de acción bien pensado le permite enfrentar el día; controlar todo desde el principio, de preferencia muy temprano. Esto le da una sensación tremenda de confianza y es probable que logre mucho más.

LO QUE DISTINGUE A LOS GANADORES DE LOS PERDEDORES ES QUE ¡LOS GANADORES ACTÚAN!

— Anthony Robbins

Acción

No es por accidente que pusimos con mayúscula la letra A de Alerta. Cuando se trata de evaluar los resultados, qué tanto actúe en un día determina la puntuación que obtenga. Por favor observe que hay una diferencia importante entre estar ocupado y actuar de manera específica, al igual que bien planeada. Puede tener un día ocupado en el que no haga nada que se note. Ni siquiera se acercó un poco para lograr las metas más importantes. El día pareció evaporarse. Quizá resolvió pequeñas emergencias o permitió que le interrumpieran demasiadas veces. Como lo mencionamos en el capítulo 3, ¿ve el panorama completo? Es mejor invertir el tiempo en lo que hace mejor. Concéntrese en actividades que le producen los mejores resultados. Fije límites en lo que hará y no hará. Delegue con efectividad y esté alerta para no salirse de sus límites.

En el capítulo 9, "Actuar de manera decisiva", le mostraremos algunas estrategias maravillosas que le ayudarán a eliminar demoras y a volverse efectivo.

Un último comentario: cuando esté de vacaciones o en un día libre divirtiéndose, lo único que tiene que hacer es disfrutar. No es necesario revisar metas o hacer nada relacionado con el trabajo. De hecho, para cargarse de energía es vital relajarse al 100 por ciento. Recuerde: usted merece tiempo libre, así que tómeselo.

> HAY DOS COSAS QUE LE HARÁN MÁS SABIO: LOS LIBROS QUE LEA Y LA GENTE QUE CONOZCA.
>
> — Charles "el tremendo" Jones

Aprendizaje

Otra característica de un día bien balanceado es la de invertir tiempo para incrementar sus conocimientos, lo cual no requiere varias horas de estudio. Hay muchas maneras de aprender conforme pasa el día. Sólo se necesita que sea curioso. Qué tan curioso sea sobre cómo funcionan la vida y los negocios es de suma importancia para ayudarle a tener dinero, así que veamos algunas opciones de aprendizaje. Puede aprender de libros, cintas de audio, vídeos y medios de comunicación bien elegidos. Como se mencionó antes, adoptar el hábito de leer cuando menos veinte o treinta minutos en la mañana es una manera excelente de comenzar el día.

¿Qué debe leer? Cualquier cosa que sea estimulante, le desafíe o que le dé ventajas en su industria o profesión. Hay mucho de donde escoger, las biografías y autobiografías son en especial inspiradoras. Leerlas le llenará de más energía positiva. Sin importar qué elija, evite absorber las partes negativas de los diarios cargadas de guerras, asesinatos, peleas y desastres, que sólo le quitan energía antes de que el día empiece; ése no es un buen plan.

Miles de libros muestran la vida de personas interesantes y exitosas, desde estrellas del deporte y celebridades, hasta aventureros, empresarios, así como grandes líderes. Hay una riqueza de ideas en estos volúmenes a la espera de que alguien, con un poco de curiosidad y deseos de mejorar, las absorba. Ni siquiera tiene que pagar por ellas. Este gran cúmulo de conocimientos está disponible en la mayoría de las bibliotecas del país y, por supuesto, tiene Internet a su disposición. Muchos de los mejores libros ya pueden obtenerse resumidos. En vez de necesitar una semana o un mes para leerlos, puede extraer los puntos sobresalientes y más importantes. Por supuesto, asegúrese de que quien haga el resumen sea una persona bien acreditada.

Una última observación sobre la lectura. Considere tomar un curso de lectura rápida, el cual reducirá en mucho el tiempo que dedica a leer. Como todo, requiere práctica ser un experto, pero, en este punto, usted ya entiende eso.

Vea documentales especiales y series como *Biografías, Discovery,* y varios más en la televisión, que ofrece una programación excelente. Puede incluso aprender mucho de películas, así como obras de teatro fuertes que le conmuevan, no sólo desde el punto de vista intelectual sino también emocional. Cuando estamos en contacto con nuestras emociones discernimos, a la vez que comprendemos de manera más profunda. Recuerde: está bien derramar algunas lágrimas de vez en cuando.

Aprovechar toda fuente de aprendizaje

Ya mencionamos lo que sigue antes pero vale la pena reforzarlo. ¿Sabía usted que puede obtener el equivalente a un diploma universitario con sólo conducir al trabajo de ida y vuelta todos los días? Así es como se logra: en vez de escuchar música alocada en el radio o muchas noticias negativas, convierta su automóvil en un centro de aprendizaje. Las cintas de audio son una de las formas más productivas de enriquecer la conciencia. Sintonizarse veinte minutos al día le darán más de cien horas al año para aprender más. Y cuando aplique lo que aprenda, ganará mucho más.

Hay miles de cintas de dónde elegir. La mayoría de las librerías venden versiones en audio de los mejores libros sobre negocios y superación personal. También puede rentar libros en casetes, por medio de tiendas especializadas, así como vídeos excelentes sobre una amplia gama de temas. Con frecuencia los presentan grandes oradores del mundo.

También aprenda de usted mismo. Puede obtener mucho de las experiencias cotidianas. ¿Cómo superó el último reto? Cada vez que se arriesgue, tiene la gran oportunidad de aprender más sobre usted mismo y sus capacidades. Hablaremos más al respecto en la sección Pensar.

Aprenda de los demás. Puede aprender mucho observando y analizando a otras personas. ¿Qué hace la gente rica? ¿Cómo se volvieron ricos? ¿Por qué algunas personas luchan toda la vida? ¿Por qué hay sólo un porcentaje pequeño de personas con independencia económica? ¿Por qué algunas personas tienen relaciones amorosas muy buenas? Aprovechar la experiencia de otra gente para aprender le ayudará mucho. Sólo necesita prestar oídos y tener los ojos abiertos, así como hacer algunas preguntas.

JACK:
Recién llevé a cabo un seminario de motivación en ventas para una compañía que fabrica lentes en California. Participaron casi 200 vendedores. Pedí a los integrantes del público que levantaran la mano si sabían quiénes eran los dos o tres productores principales de la compañía. Casi todas las manos estaban arriba. Luego les pedí que levantaran la mano si se habían acercado a alguna de estas dos o tres personas para preguntarles sus secretos para tener éxito. Nadie levantó la mano. Qué tragedia. Todos conocemos a personas con éxito, pero nos da miedo acercarnos a ellas para pedirles información, dirección y guía. No deje que el temor al rechazo le detenga. Lo peor que puede pasar es que no quieran decirle nada; terminará sin saber lo que ellos saben, pero usted ya está así, entonces no quedará peor, ¿verdad? ¡Arriésguese! ¡Pregunte!

Haga de ello un hábito. Aquí hay otra idea: cobre valor e invite a una persona con éxito a comer cada mes, alguien a quien respete y admire. Que sea una comida larga. Haga preguntas. Descubrirá una mina de oro de información y, enterradas por ahí, hay gemas de sabiduría que pueden transformar su negocio, su economía o su vida personal. ¿No es posible? Claro que sí lo es, pero la mayoría de la gente no lo hace. Está demasiado ocupada para detenerse a aprender de personas más sabias y con mayor experiencia, lo cual aumenta las oportunidades para usted.

JACK:
Al principio de su carrera, mi padrastro, que era un importante vendedor de NCR, adquirió el hábito de llevar a los productores y gerentes muy importantes a tomar una copa y hacerles preguntas sobre cómo podía hacer mejor su trabajo. Todos los consejos que recibió le redituaron. Llegó a ser presidente de NCR Brasil.

A propósito, aprender todos los días no tiene que cambiar su vida por completo o alcanzar dimensiones desproporcionadas. Con frecuencia, los pequeños detalles son los que hacen una diferencia. La constancia es el camino verdadero a la sabiduría, así que aprenda un poco todos los días.

MARK:
Llevábamos los esquíes de nuevo al auto después de disfrutar un día entero en la montaña. Pasado un rato, empecé a tener dificultad para cargarlos. Uno de mis amigos me señaló a la instructora que iba frente a nosotros quien cargaba su equipo sin esfuerzo. Noté que ella tenía la parte del centro de los esquíes sobre el hombro derecho y la mano derecha estaba suelta hacia el extremo del frente, lo cual le daba un equilibrio excelente. Copiamos la técnica. ¡Qué diferencia! Casi nadie usaba ese método sencillo, todos luchaban igual que lo habíamos hecho nosotros. La moraleja de la historia es que la vida nos enseña algo todos los días si tenemos los ojos abiertos y estamos conscientes de lo que sucede a nuestro alrededor.

Charles "el tremendo" Jones tuvo razón cuando dijo: "Hay dos cosas que le harán más sabio: los libros que lee y la gente que conoce". Asegúrese de tener ambos. Además, las cintas que escucha y la capacitación personal que recibe desempeñarán un papel prominente.

Si en realidad desea llegar a la cima, invierta una hora al día en aprender más sobre usted mismo y su industria. Si adopta este hábito se convertirá en un experto en el ámbito mundial en cinco años. Recuerde: usar el conocimiento le da poder, y la gente con poder atrae grandes oportunidades. Se requiere disciplina, ¿pero no cree que las recompensas valen la pena?

TENER TODO EL DINERO DEL MUNDO NO ES MUY BUENO SI DIFÍCILMENTE PUEDE SALIR DE LA CAMA EN LAS MAÑANAS PARA DISFRUTARLO.

Anónimo

El ejercicio

No deje escapar un gran suspiro y diga "ay, no". Por favor, primero lea esta sección con detenimiento; valdrá mucho la pena. A la mayoría de la gente no le gusta pensar en hacer algún ejercicio regular, lo cual es un gran error. Ésta es una pregunta importante. ¿Quiere ser rico en salud? De nuevo, la respuesta es "sí" o "no", pero no "lo voy a pensar".

En la actualidad, el negocio del acondicionamiento físico y la salud está en auge. Es una industria multimillonaria y la razón es que la gente al fin entiende que se produce un beneficio directo al cuidar el cuerpo. Es probable que viva más tiempo, pero lo importante es que disfrutará de mayor vitalidad y la calidad de su vida será mejor. Aceptémoslo, ¿qué caso tiene ganar mucho dinero si no tendrá una salud óptima para disfrutarlo en sus últimos años? ¿No sería muy triste?

Lograr un equilibrio perfecto en la vida implica que no toma su salud a la ligera. Un poco de ejercicio diario es parte de la receta. Aquí tiene las buenas noticias. No necesita correr maratones o asistir a un gimnasio tres horas al día. Veinte minutos es todo lo necesario y hay muchas formas de hacerlo.

¿Recuerda a George Burns, el famoso comediante que tuvo una muy buena vida hasta la edad de cien años? Cuando tenía noventa, todavía disfrutaba salir con mujeres mucho más jóvenes que él. Una vez un amigo le preguntó: "George, ¿por qué no sales con mujeres más de tu edad?" Con brillo en los ojos rápido le contestó: "¡No hay ni una!" Tenía una vitalidad tremenda. En una entrevista muy interesante con Barbara Walters, se le preguntó su secreto para ser longevo. Mencionó que siempre hacía un poco de estiramiento todos los días, por lo general, quince minutos. Era un hábito de mucho tiempo. Aquí tiene una clave. Cuanto más envejecemos, menos flexibles somos, en especial si dejamos de hacer ejercicio. Hay muchas rutinas buenas de estiramiento. Cualquier quiropráctico, fisioterapeuta o institución de acondicionamiento físico podrá ayudarle; o puede adquirir un libro sobre el tema. Notará la diferencia en su movilidad en un par de semanas, sobre todo si tiene más de cuarenta años.

Una de las formas más fáciles de hacer ejercicio es disfrutar una caminata. Si camina durante quince minutos, su cuerpo se lo agradecerá. Note esto: si camina cuarenta y cinco minutos cuatro veces a la semana, puede perder treinta kilos de peso en un año, sin hacer dieta. Caminar tiene otros beneficios. Le expone al aire fresco y le proporciona la oportunidad de mejorar la comunicación, al igual que las relaciones. Camine con su cónyuge, un miembro de la familia o un amigo. Para lograr los mejores resultados, haga ejercicio treinta minutos al día incluyendo estiramientos. Juegue algún deporte, haga ejercicio aeróbico, haga bicicleta estacionaria o emplee una caminadora, inscríbase a un gimnasio o diseñe una rutina propia.

Hacer ejercicio no tiene que ser aburrido. Hay innumerables formas de variar. Si se trata de algo nuevo para usted, entienda una cosa: como cualquier hábito, será difícil al principio. Póngase una meta de treinta días. Haga lo necesario para superar este periodo crítico. No haga excepciones; prémiese por no fallar un solo día. Le garantizamos que se sentirá mucho mejor al final de los treinta días. Recuerde no exagerar durante las primeras etapas. Si tiene algún problema de salud, primero consulte a su médico.

Si todavía no está convencido, aquí le presentamos una lista de ocho beneficios específicos que recibirá de un programa de ejercicio regular. El ejercicio:

- Mejora los hábitos de dormir.

- Aumenta los niveles de energía.

- Libera tensión y ansiedad.

- Le protege de lesiones.

- Genera una buena postura.

- Alivia desórdenes digestivos.

- Mejora la imagen.

- Aumenta la longevidad.

Con todos estos beneficios, ¿por qué *no habría* de querer hacer ejercicio?

LES:
Hace años empecé una rutina diaria de ejercicio. Me gusta hacerlo temprano en la mañana. Comienzo con cinco minutos de estiramiento, seguidos de veinticinco minutos de carrera, y otros diez minutos de estiramiento. Ahora ya es un hábito; es parte de lo que hago cada día. Cuando empecé me dolía el cuerpo y me faltaba el aliento, pero poco a poco aumenté la capacidad aeróbica y ahora disfruto mucho estar al aire fresco. Rafferty, mi perro, me acompaña, por lo que puedo realizar otra de mis labores al mismo tiempo. También aprovecho ese tiempo para pensar, dar gracias y a la vez reflexionar sobre las prioridades del día.

> Los inviernos en Calgary son muy fríos. En ocasiones, la temperatura llega a varios grados bajo cero. ¡Es muy frío! Algunas personas me dicen "no corres con esas temperaturas, ¿verdad?" La respuesta es: "¡Claro que sí!" Obtengo tantos beneficios de mi ejercicio diario que si no lo hago me afectaría psicológicamente el resto del día. Es fácil ponerse un poco más de ropa caliente para que no me dé tanto frío. Cuando viajo no llevo mucha ropa; eso me da la oportunidad de ser creativo. En vez de correr en el exterior, lo hago en pasillos dentro del hotel o uso los estacionamientos, si no hay un gimnasio disponible. Siempre hay una forma de hacerlo. El punto es que si descubre algo que mejore su vida, siga haciéndolo. Las recompensas superan la incomodidad inicial. Apéguese hasta que su nuevo hábito se vuelva parte de la conducta diaria.

Un par de ideas finales sobre la buena salud. Haga un estudio. Averigüe más sobre el metabolismo único que tiene y cómo optimizar el maravilloso vehículo que se le dio. Incluso gente discapacitada disfruta de buena salud física. ¿Alguna vez ha visto a un esquiador con una sola pierna bajar la montaña esquiando, tan bien y a menudo tan rápido o más que los que tienen dos piernas? Es sorprendente. Encontraron otra forma de desempeñarse con la ayuda de esquíes cortos diseñados en especial para ellos. También estudie nutrición. Hay mucho que aprender. Su cuerpo responde mejor a ciertas combinaciones de alimentos. Busque la ayuda de un nutriólogo o médico naturista con experiencia. Hacerlo aumentará sus conocimientos así como sus niveles de energía.

Si lucha con la disciplina para iniciar un buen programa de ejercicio, aquí hay una forma. Contrate a un entrenador personal que se haga responsable. Como siempre, haga su tarea. Averigüe quién es el mejor en la zona donde vive. Hable con entrenadores diferentes y elija al que mejor comprenda su situación. Esta persona puede diseñar un programa exclusivo para usted.

Un buen entrenador variará el tipo de ejercicios para que no se aburra. Es dinero bien gastado, además de que cuesta mucho menos de lo que cree. Usted aprenderá la técnica más adecuada para ejercitarse y obtener los mayores beneficios. La mayoría de la gente que diseña rutinas propias de ejercicio lo hacen mal. Aprender de un profesional acelerará el progreso. Su cuerpo es el vehículo que se le dio para moverse. No lo descuide o podría no funcionar más, igual que un automóvil cuando no se le da servicio. Podría terminar obteniendo lo peor de la vida y siendo un observador nada más, en vez de disfrutar la alegría de ser el conductor. Usted elige. El mensaje es muy sencillo. Si quiere ser rico en salud, coma bien y haga ejercicio.

En caso de que tenga dudas, no hemos olvidado la importancia de la salud mental, así como de la espiritual. Eso vendrá en el capítulo 6, "El factor de la confianza en uno mismo".

> PARA LIBERARME DE LAS PRESIONES APABULLANTES DE LA VIDA, DEBO DESCANSAR Y DORMIR EN PAZ, LO CUAL ME REJUVENECERÁ EL ALMA.
>
> — Les Hewitt

Relajarse

Llegó el momento de recargar las baterías durante el día. Hace años, la gente pensaba que la computadora nos permitiría disfrutar de más tiempo libre para divertirnos. Que estaríamos en el campo de golf tres días a la semana mientras toda la tecnología nueva se ocupaba de la carga de trabajo en la oficina. ¡Qué fiasco! En la mayoría de los casos las personas de negocios trabajan más tiempo que antes. La carga de trabajo es mayor y, a causa del recorte de personal, el apoyo se ha reducido en gran medida.

¿Acaba cansado durante un día de trabajo promedio? Si es así, ¿hay algún momento en particular en el cual parece hundirse? Si se levanta muy temprano (5:30 a 6:30 a.m.), su hora de hundimiento es probablemente entre la 1:30 y las 3:00 p.m. Si no desayuna, puede ser antes. Algunas personas se fortifican con seis o siete tazas de café durante el día para superar la pérdida de energía. Esto puede conducir a la adicción a la cafeína, la hipertensión y otros efectos secundarios que en realidad no le ayudarán a relajarse.

Le presentamos aquí una forma excelente de conservar su energía para poder disfrutar de un día productivo. ¡Tome una siesta! La llamamos "veinticinco minutos pacíficos" (VMP). En climas cálidos, una siesta es parte normal del día. Cuando era pequeño, su madre tal vez le ponía a dormir después del almuerzo. ¿Por qué no hacer lo mismo ya como adulto? Es bueno para usted y no se sentirá tan agotado el resto del día. En caso de que esté pensando: "¿Están locos? No tengo tiempo para dormir en la tarde. Y además, ¿de dónde saco veinticinco minutos con toda esa gente a mi alrededor? No tengo cama en la oficina, ni siquiera un sofá. ¿Pretenden que me acueste en el piso?" ¡Exacto!

LES:
Todos en su oficina tienen derecho a VMP cada día. Yo pongo una nota en la puerta de mi oficina que sólo dice VMP. Esto significa no molestar. Entonces apago las luces, me quito los zapatos y me aflojo la camisa y la corbata. Tomo un cojín que tengo en una de las gavetas y me estiro en el piso. Antes de eso desconecto el teléfono y pongo algo de música relajante. Pongo la alarma del reloj veinticinco minutos más tarde, respiro profundo un par de veces, cierro los ojos y me relajo. No hay interrupciones. Mi asistente personal conoce la rutina igual que el resto de mi personal. Es maravilloso. Esta pequeña siesta regenera mis energías. Estoy concentrado y productivo toda la tarde en vez de desplomarme sobre el sofá y sentirme cansado el resto del día. Esta energía extra me permite disfrutar de tiempo de calidad real con mi familia.

Si no tiene oficina, sea creativo. Relájese en el auto. Si está en un viaje de negocios, tal vez necesite cambiar el horario de algún modo, pero puede encontrar la forma de encontrar esos veinticinco minutos para descansar. Si es dueño de su negocio, no sea un dinosaurio. La antigua idea de "sólo en tu tiempo libre" está pasada de moda. Las organizaciones más rentables, al igual que con mayor progreso, saben que una fuerza de trabajo productiva no se logra presionando a la gente hasta agotarla. Esto no significa que necesite bajar sus estándares de desempeño. Es sólo reconocer que la productividad alta requiere mucha energía.

Otro de nuestros clientes, Ralph Puertas, presidente de Zep Manufacturing Company en Canadá, tiene un sillón reclinable en su oficina para rejuvenecimiento y alienta a los gerentes a que tomen su VMP cuando sea necesario. Los VMP son una buena manera de elevar la energía al máximo. Si tiene una familia, otro momento importante para considerar un VMP es cuando llega a casa de la oficina. Su mente está todavía llena de negocios y no se ha desconectado de las tensiones del día; entonces de repente, los niños se le echan encima. Si puede planear un VMP antes de cambiar de función, tendrá la oportunidad de recuperar el aliento, relajarse y estar listo para concentrarse en la familia. Para obtener mejores resultados, relájese con su música favorita. Cualquiera que sea el método que elija, se requiere buena comunicación para que resulte efectivo.

Al hacer una evaluación de qué tanto se relaja ¿cuánto tiempo libre toma cada semana? ¿Y cuántas semanas al año programa para diversión? Primero definamos qué es tiempo libre. Si planea tomar un día libre por semana, asegúrese de que sean veinticuatro horas completas. Lo llamamos tiempo para divertirse. Eso significa que en el periodo completo de veinticuatro horas no hará nada relacionado con los negocios. Ni una llamada telefónica, ni abrir un expediente siquiera por unos cuantos segundos. Muchas personas de negocios se confunden con el tiempo libre, en especial los empresarios. Para ellos un día libre significa empacar su teléfono celular, contestar llamadas de negocios, al igual que hacer unas ellos mismos. "Tengo que estar disponible" es su excusa apasionada. Tienen facsímil y correo electrónico en casa para poder recibir mensajes urgentes, la mayoría de los cuales, por supuesto, no son urgentes.

El punto es que si trabajó muy duro toda la semana, merece un descanso para volver a tener energía. ¿Se sentirá más rejuvenecido si toma un descanso completo de veinticuatro horas, que si se toma una o dos horas cuando pueda? No se cuestione, un descanso completo le servirá mejor. Esto es difícil para mucha gente de negocios. La culpa los deshace por dentro. Por ejemplo, un padre de familia llevará a su hijo a una clase de natación el sábado y está pensando: " Tengo que estar en la oficina para terminar ese proyecto". Y cuando está en la oficina el fin de semana se siente culpable por rechazar a su hijo, pues prometió llevarlo al juego de fútbol. El ciclo continuo de culpa aumenta los niveles de tensión y frustración. Cuando el trabajo gana la batalla a disfrutar tiempo con su familia, las relaciones se polarizan. Otras consecuencias a largo plazo incluyen agotamiento, divorcio y problemas de salud.

Para evitar cualquier posible riesgo, programe tiempo con su familia cada semana. Al principio del año, decida cuándo quiere tomar descansos mayores y reserve esos días en su calendario. Puede elegir tres escapes de siete días, o dos vacaciones de tres semanas, cualquier opción que le funcione mejor. Si no le es posible hacerlo en este momento, asegúrese de tener cuando menos un día libre por semana y fijarse la meta de aumentar su tiempo libre el próximo año. Lo importante es adoptar el hábito de contar con tiempo real para relajarse por completo. Cuando regrese de una semana libre, bien descansado así como refrescado, será más creativo, estará mejor concentrado a la vez que será más productivo.

Uno de nuestros colegas trabajó con miles de empresarios muy exitosos durante los últimos veinte años. Observó que cuanto más tiempo libre tenía la gente, más dinero ganaba.

PARA OPTIMIZAR SU PROGRESO

Tome descansos regulares y vuelva a tener energía.

Él comprobó lo anterior con el crecimiento de su compañía. Cada mes toma una semana libre. Siempre y cuando salga de la ciudad, no le importa a dónde vaya. No recibe llamadas de la oficina ni las hace tampoco. Aunque toma tres meses de vacaciones anuales, el negocio ha logrado un crecimiento anual extraordinario durante los últimos once años.

No le estamos sugiriendo que imite esa estrategia; sólo asegúrese de disfrutar de tiempo libre con regularidad para recargar su energía y disminuir el nivel de tensión. Por favor, hágalo sin culpa. La vida es demasiado corta para preocuparse a cada rato por todo. Está bien divertirse un poco.

SI SE DIERA CUENTA DE LO PODEROSOS QUE SON SUS PENSAMIENTOS, NUNCA VOLVERÍA A TENER UN PENSAMIENTO NEGATIVO.

— Peregrino de la Paz

Pensar

Sí, ya sabemos que piensa todo el día. Sin embargo, ésta es una clase diferente de pensamiento. Se llama pensamiento reflexivo. Como se mencionó antes, si quiere tener una claridad poco común sobre qué está funcionando y qué no,

115

dedique tiempo al pensamiento reflexivo. El mismo constituye la parte final del sistema para **estar Alerta** que lo ayudará a crear un equilibrio perfecto todos los días. He aquí cómo funciona. Al final de su día de trabajo o justo antes de irse a la cama, tome unos minutos para hacerse una imagen mental del día. Guarde cada día como una película diminuta donde usted es la estrella. ¿Cómo lo hizo? Recorra la cinta y vea de nuevo. ¿Qué hizo bien? ¿Hay algunos ajustes que le gustaría hacer para obtener un resultado mejor? Concéntrese diario en el progreso que hizo. Esté alerta a cualquier error, pero no se culpe. Aprenda de sus equivocaciones. Después de todo, mañana será otro día, otra oportunidad de desempeñarse mejor. Haga de la reflexión un hábito diario. Sólo lleva unos cuantos minutos y le hará más fuerte y más sabio en las semanas y meses por venir.

Al principio, el sistema para **estar Alerta** y obtener un equilibrio óptimo parece agobiante. Uno de nuestros clientes en realidad pensó que tenía que hacer todo en secuencia: empezar con un plan de acción y terminar con un pensamiento reflexivo. ¡No, no, no! El sistema es mucho más flexible. Encontrará que el mismo no requiere mucho tiempo extra; de hecho, un plan de acción le ahorrará tiempo porque tendrá un panorama claro de cuáles son sus prioridades. Al concentrarse en sus actividades más importantes durante el día será más productivo y conseguirá mejores resultados.

Aprender tal vez requiera treinta minutos si elige leer o escuchar una cinta de desarrollo personal. Pero puede combinarlo con su tiempo de ejercicio. Sea creativo. Por otra parte, el aprendizaje a partir de la experiencia no demanda tiempo en absoluto. Consiste en observar lo que pasa cada día conforme trabaja en su negocio. El tiempo para relajarse y reflexionar es una oportunidad para recargarse de energía y tener más claridad.

CONCLUSIÓN

Considere esta pregunta importante: ¿disfrutaría un mejor equilibrio si tuviera un plan de acción claro para el día, si pudiera concentrarse en sus actividades más importantes, si optimizara su energía y claridad con un poco de ejercicio a la vez que pensamiento reflexivo, y tuviera algo de tiempo libre para divertirse? La respuesta es obvia. ¡Por supuesto que sí!

Entonces, haga el esfuerzo ahora. Use el sistema para verificar que está Alerta. (Ver PASOS DE ACCIÓN.) Éste es un recordatorio diario que le mantendrá en el camino correcto. Saque una fotocopia y póngala en su planificador, o incorpórelo en su computadora u organizador electrónico. Recuerde que el equilibrio perfecto enriquecerá en gran medida su mente, cuerpo y espíritu, sin mencionar las relaciones más importantes, así como la cuenta bancaria.

PASOS DE ACCIÓN

El sistema para verificar que está Alerta

El sistema para verificar que está Alerta

El sistema es una forma sencilla de vigilar su progreso. Sólo requiere un minuto. Al final de cada día, pregúntese si realizó las seis partes del Sistema para estar Alerta. Por ejemplo, si tuvo un plan de acción organizado, ponga una marca en el lugar correspondiente. Si dedicó la mayor parte del día a trabajar en sus actividades más importantes, ponga una marca ahí. Repita lo anterior con todo el sistema. Sea honesto con su evaluación. Notará patrones diferentes cada semana que harán sobresalir lo que está haciendo bien y qué necesita corregirse. Use tinta roja para encerrar en un círculo las cosas donde su desempeño es mediocre. Por ejemplo, si planea hacer treinta minutos de ejercicio al día, y nota que esa parte del sistema tiene cinco círculos rojos la primera semana, ¡necesita hacer algunos cambios! Como siempre, recuerde que es un hábito nuevo. No se presione al principio. Cuanto más practique, mejores resultados tendrá.

Estar Alerta:

UN SISTEMA COMPROBADO PARA CREAR UN EQUILIBRIO ÓPTIMO

Plan de acción
Mi plan estratégico del día. Prioridades, citas, proyectos. Revisarlo la noche anterior o temprano en la mañana.

Acción
Concentrarse en la mayoría de las actividades importantes que le llevarán hacia el logro de sus metas de sesenta días.

Aprendizaje
Incrementar su conocimiento por medio de la lectura, cintas de audio, vídeos, tutores y cursos.

Ejercicio
Recuperar energía durante treinta minutos.

Relajación
Eliminar la tensión diaria. Tomar una siesta, meditar, escuchar música, tiempo con la familia.

Pensar
Dedicar tiempo a reflexionar sobre el día. Revisar metas, visualizar, aportar nuevas ideas, usar un diario.

Rastree su progreso cada semana. Haga una gráfica propia para llevar un registro como la del ejemplo. Al final de cada día, tome un momento para registrar su puntuación. Encierre en un círculo cualquier área que no haya cumplido.

LUN	MAR	MIÉR	JUE	VIE	SÁB	DOM
✓ P	✓ P	✓ P	✓ P	✓ P	✓ P	✓ P
✓ A	Ⓐ	✓ A	✓ A	✓ A	✓ A	✓ A
✓ J	✓ J	Ⓙ	✓ J	✓ J	✓ J	✓ J
Ⓔ	✓ E	Ⓔ	Ⓔ	✓ E	Ⓔ	✓ E
✓ R	✓ R	✓ R	✓ R	✓ R	✓ R	✓ R
✓ S	✓ S	✓ S	✓ S	✓ S	✓ S	✓ S

Vivir con un propósito

Actuar de manera decisiva

Persistencia consistente

Pida lo que desea

El factor de la confianza en uno mismo

Cómo establecer relaciones excelentes

Cómo crear un equilibrio óptimo

¿Ve el panorama completo?

No se trata de magia ni de ilusión,
sino de mera concentración

Sus hábitos determinarán el futuro

Ya casi está a la mitad del camino; ¡siga concentrado!

Estrategia de Concentración #5

Cómo establecer relaciones excelentes

"Algunas personas entran en nuestra vida y se van casi al instante. Otras se quedan y nos crean tal impresión en el corazón y el alma que nos cambian para siempre."

— Anónimo

LES:
En ese momento mi madre tenía ochenta y cinco años. Vivía sola en Belfast, al norte de Irlanda y había sufrido un ataque cardiaco. Mi padre había muerto dieciséis años antes; al ser hijo único, estaba muy preocupado. Mi gran temor era no saber la seriedad de la situación. Como vivía en Canadá no era fácil trasladarme si la salud de mi madre se deterioraba.

Mi buen amigo Denis, quien trabajaba en el hospital de Belfast, me mantenía informado con llamadas regulares. Sin embargo, él y su familia iban a salir de vacaciones a Chipre en unos cuantos días y estaban muy emocionados con el viaje.

La siguiente llamada fue una que siempre recordaré. Era Denis. Las buenas noticias eran que habían dado de alta a mi madre, por lo que ella abandonó el hospital, aunque todavía estaba muy débil. Me dijo: "Voy a cancelar mi viaje a Chipre. Beenie (su esposa que era enfermera profesional) y yo queremos que tu mamá se que-

121

de con nosotros hasta que esté recuperada. Así sabrás
que tiene el cuidado y la atención adecuados". Sentí un
nudo en la garganta, se me llenaron los ojos de lágrimas
y no pude hablar por un momento. Él me preguntó: "¿Te
encuentras bien?"

"Sí", contesté. "No sé qué decir; estoy impresionado".
Su último comentario fue: "Ni siquiera pienses en ello. Para eso son los amigos, ¿no crees?"

Nuestra relación pasó a otro nivel después de eso. Es
un sentimiento maravilloso tener gente especial en la vida que puede enriquecernos y nutrirnos de muchas formas. De hecho, cuando su tiempo casi se termine en este planeta y reflexione un poco sobre cómo funcionó, tal
vez recordará las relaciones que cultivó, al igual que los
recuerdos y las experiencias únicas asociadas con esas
personas, en especial su familia y amigos. Éstas son cosas
más importantes en la vida, que consumirse en la oficina.

En este capítulo descubrirá varias estrategias que asegu-
rarán que disfrute de relaciones extraordinarias tanto en
la vida personal como en la profesional. Establecer relaciones excelentes es un hábito y produce recompensas maravillosas.

La ESPIRAL doble

Las relaciones pueden ser muy frágiles. Muchos matrimonios no sobreviven, las familias se separan y con frecuencia los hijos crecen con sólo un padre que los apoye. ¿Qué
ocasiona que estas relaciones se rompan cuando hay tanta
alegría y amor al principio?

Es útil contemplar su vida como si fuera una espiral. En
ocasiones, usted se encuentra en una espiral ascendente;
cuando las cosas van bien, su confianza es alta y la vida está llena de recompensas. Sus relaciones más importantes
son saludables y florecen. Lo opuesto es la espiral descen-

dente, que se da cuando las cosas empiezan a deteriorarse; hay falta de comunicación, la tensión aumenta y la vida se vuelve una lucha constante. Las relaciones se polarizan durante la espiral descendente.

La naturaleza nos muestra versiones impresionantes de dichas espirales. Un tornado es un buen ejemplo. Bajando en espiral desde el cielo, estos embudos oscuros llegan a la tierra para succionar todo lo que encuentran a su paso con resultados devastadores. La película de Michael Crichton y Steven Spielberg, *Tornado*, presenta un acercamiento a esas espirales, así como la energía increíble que contienen.

Otro ejemplo de una espiral descendente es un remolino. En los extremos del remolino el agua no parece demasiado peligrosa. Sin embargo, si uno no está consciente de las fuerzas poderosas del centro, el remolino puede jalarlo muy rápido.

CÓMO COMPRENDER LA ESPIRAL DESCENDENTE

Veamos cómo se ve la espiral descendente en la vida real. Para entender con claridad el posible impacto que la espiral puede tener en sus relaciones actuales, a la vez que futuras, piense en una relación que haya tenido y no funcionó. Necesita recrear en la mente todos los pasos que ocasionaron que la relación terminara. Visualice con claridad lo que sucedió. Retroceda lo más posible y vuelva a vivirla. ¿Qué fue lo primero que pasó? ¿Qué sucedió después de eso? ¿Luego qué pasó? Para entender el impacto total, asegúrese de completar los PASOS DE ACCIÓN al final de este capítulo. Registrar cada paso de la espiral descendente hasta el punto más bajo le ayudará a entender el patrón.

Por ejemplo, en un matrimonio, el esposo se vuelve egoísta, razón por la cual ya no ayuda en la casa. Pasa más tiempo en la oficina, sale temprano antes de que los niños despierten y regresa a casa tarde. La comunicación se limita a los negocios y las finanzas. Tal vez el dinero es escaso, por lo que no habrá suficiente para cubrir la hipoteca, los pagos del automóvil, las clases de baile de las niñas y las facturas del dentista. Poco a poco, la tensión aumenta, hay discusiones con mayor frecuencia y cada cónyuge culpa al otro por la situación en que se encuentran. La espiral descendente está cobrando ímpetu, como si a usted le arrastraran al centro del remolino. Uno de los dos cónyuges, o ambos, quizá busque consuelo en la bebida, salir con los amigos (o amigas), jugar o, en el peor de los casos, abusar del otro física y mentalmente. En este punto, la relación es seca y la espiral descendente está en el punto más bajo. Con frecuencia, ocurre una separación que termina en divorcio y se añade una familia a la lista de hogares destruidos, una estadística que parece crecer cada año.

Cuando reflexiona con detenimiento sobre qué hace que las relaciones se destruyan, puede estar dando los primeros pasos para sanarlas. Incluso si la relación ya se terminó hace tiempo, estará mejor preparado para la siguiente, a la vez que será más capaz de evitar que se reproduzca el mismo patrón. Estar consciente siempre es el primer paso hacia el progreso. También puede aplicar esta técnica de la espiral para revisar las relaciones de negocios más importantes. Aquí hay una situación común:

Dos personas forman una sociedad. Tienen una gran idea para un nuevo producto o servicio, razón por la cual dedican mucho tiempo, así como energía a la nueva, a la vez que emocionante, aventura. Como están tan ocupados haciendo que las cosas sucedan, nunca se prepara ni se firma un documento que legalice la sociedad. Son buenos amigos e intentan serlo siempre. Tampoco existen descripciones claras de los puestos o las formas de compensaciones y participación de las utilidades.

Adelantemos la película unos cuantos años. La sociedad lucha porque una persona controla todo y no permite que su compañero tome decisiones sin su permiso. Las finanzas están apretadas y los socios tienen altercados semanales sobre la forma en que se gastan los ingresos. Una persona quiere reinvertir sus utilidades en la compañía para poder crecer, mientras que la otra tiene la actitud de "págame primero". Al paso del tiempo, el resto del personal entra en conflicto y surgen dos bandos políticos distintos. Se presenta una crisis y uno de los socios quiere salirse del negocio, pero no hay una cláusula que regule el retiro; por supuesto, tampoco existe un acuerdo que lo haga más fácil. Ambos socios están desgastados y por último contratan equipos legales. La batalla comienza. A menudo, los abogados terminan con la mayor parte del dinero, el negocio se termina y se oye a dos personas más decir: "¡Las sociedades no funcionan!" Sí, la espiral descendente puede ser de igual modo devastadora en el mundo corporativo.

Le damos un consejo: si es parte de una sociedad con uno o más socios, o está considerando serlo en el futuro, siempre planee con anticipación la estrategia para salir de la sociedad, antes de involucrarse demasiado. Asegúrese de hacerlo por escrito y tenga cuidado con los lazos emocionales. El hecho indiscutible de que su nuevo socio sea una persona amable o su mejor amigo, no es razón para no tener un acuerdo por escrito. La falta de visión y preparación arruina más negocios que cualquier otra cosa.

Ahora que ya observó de cerca cómo se puede presentar la espiral descendente en la vida, aprenda de ello. Como somos criaturas de hábitos, es muy probable que repetirá la misma conducta en la siguiente relación importante que tenga. Entiéndalo: las relaciones son muy importantes para su salud y riqueza futuras. Si se descubre cayendo en la misma espiral descendente, de inmediato, deténgase. Interrumpa el patrón con pensamientos claros y decida hacer ajustes positivos. Cambiar su conducta es la única forma en que obtendrá un resultado diferente. Use un modelo, es decir, sobreponga una espiral ascendente para tener relaciones excelentes en la parte superior de la espiral descendente, la cual le ocasionó tantos problemas.

Cómo comprender la espiral ascendente

Analicemos cómo funciona la espiral ascendente para que rápido pueda cosechar las recompensas. Repita el proceso anterior, sólo que esta vez se va a concentrar en una relación que alimentó, hizo crecer y enriqueció, hasta que la hizo florecer y convertirse en una amistad maravillosa, a la vez que duradera o en una excelente relación de negocios. Retroceda con la mente, para ver de nuevo todas las cosas significativas que sucedieron desde el momento cuando conoció a la persona hasta que la relación maduró por completo. La mayoría de la gente no hace lo anterior, así que tendrá una ventaja tremenda en el mercado cuando elabore un plan de acción preciso que pueda reproducir muchas veces en el futuro. Las relaciones muy buenas aseguran resultados, a su vez, muy buenos.

Le presentamos ahora un ejemplo positivo que le será de ayuda... Dave tiene un negocio de ingeniería. Adapta ideas de los clientes y los ayuda a crear productos nuevos. El diseño innovador y la mano de obra eficiente son las áreas en que Dave es brillante. En los veintidós años anteriores desarrolló estas habilidades hasta alcanzar un nivel muy alto. También aprendió a tratar a la gente de manera adecuada. Cuenta con una cartera de clientes fieles y pone atención a cosas sencillas como devolver rápido las llamadas y dar seguimiento a las peticiones de los clientes.

Cuando un cliente nuevo se le acercó con una idea para un producto de eyección de hule, estuvo encantado de ayudar. El joven tenía grandes planes; soñaba con una fábrica propia que sería proveedora de los usuarios más grandes del mundo de este producto exclusivo. Dave proporcionó su experiencia e hizo cambios sutiles al prototipo. Estos refinamientos hicieron la producción menos costosa y mayor. La nueva alianza entre el joven empresario y el ingeniero experto floreció durante los años subsecuentes hasta convertirse en una amistad agradable y llena de recompensas para ambos. Cada uno a su manera ayudó al otro a alcanzar niveles más altos de creatividad, y de productividad. El sueño del joven empresario se hizo realidad. Gracias a su gran visión y persistencia, consiguió varios contratos exclusivos multimillonarios. Todo el tiempo estuvo en contacto con Dave para que lo aconsejara.

Conforme su negocio creció, también creció el de Dave. Un día, reflexionando sobre el increíble éxito que había alcanzado, hizo una llamada importante que enriquecería la relación entre ambos todavía más. Le ofreció a Dave un porcentaje de todas sus ganancias futuras. Era una forma de decir "gracias por creer en mí, por ayudarme a empezar y por apoyarme en tiempos difíciles".

Todas las relaciones excelentes tienen un punto inicial. Con frecuencia las primeras interacciones no son memorables, pero pronto se adquiere un sentimiento positivo sobre la otra persona. Tal vez sea su integridad, entusiasmo, actitud positiva o es sólo que hace lo que dice que va a hacer. Surge un vínculo y cada paso nuevo fortalece más la unión al mismo tiempo que la hace cada vez más especial.

¿Entiende bien? Cuando revisa con detalle cómo se desarrollaron las mejores relaciones con que cuenta, hacerlo le deja ver un proceso único para crear relaciones futuras más fuertes y mejores. Diferenciar lo que funciona de lo que no, le ayudará a evitar errores costosos, los cuales producen una espiral descendente. Lo bueno es que puede aplicar el modelo para las relaciones excelentes en cualquier ámbito de su vida. Funciona tanto para relaciones personales y familiares, como para alianzas profesionales y de negocios.

Adopte el hábito de revisar con regularidad las espirales dobles, que debe utilizar para protegerse de cualquier cuestión negativa y para que le guíen en el mundo positivo de las relaciones en verdad especiales y llenas de amor.

Diga "no" a las personas NOCIVAS

Antes de continuar, por favor, tome este importante consejo: evite a la gente nociva. Por desgracia, hay algunas personas que ven el mundo como un gran problema y ante sus ojos usted es parte de él. Ya conoce a ese tipo de individuos. No importa lo bien que vayan las cosas, se concentran en los pequeños detalles negativos y lo hacen siempre. Es un hábito que destruye por completo las relaciones; una descarga de energía negativa de sus labios puede borrar para siempre la sonrisa de su cara. Estas personas son nocivas para la salud. Necesita tener una antena de largo alcance a fin de mantenerlos siempre fuera de su ámbito.

En este punto, tal vez esté pensando "es más fácil decirlo que hacerlo; ¿quieren decir que si mi amigo, a quien conozco hace años, se queja siempre de su trabajo, al igual que de lo horrible que está la situación económica, y nadie quiere ayudarlo, yo debo darle la espalda cuando habla así?" No: ¡corra! Lo más rápido que pueda y lo más lejos posible. La negatividad constante terminará por absorber la vida que hay en usted.

Por favor entienda, no estamos hablando de alguien que se enfrenta a un desafío genuino, por lo que necesita ayuda verdadera. Nos referimos a las personas que siempre se quejan, que sienten placer al ver todo como basura. También le informan, con un cinismo burdo, que usted no puede hacer esto o aquello, en especial cuando tiene una gran idea. Se deleitan aplastando las ideas positivas que usted tiene, lo cual constituye el momento más importante del día para ellos. No tenga contacto con esas personas.

Aquí es donde radica el poder verdadero: usted siempre puede elegir el tipo de personas que quiere en su vida. Y decidir tener nuevas oportunidades. Tal vez todo lo que necesita es elegir mejor. Es así de sencillo. Si hacerlo implica separarse de algunas personas, bueno, usted ya lo superará. De hecho, observe de cerca sus relaciones presentes. Si alguien le está criticando todo el tiempo, tome una decisión. Apártelo del camino y siga adelante.

JACK:
Una de las primeras cosas que sugirió mi tutor para alcanzar el éxito, W. Clement Stone, fue que hiciera una lista de mis amigos. Luego me pidió poner la letra N junto a cada persona que me nutría y alentaba a ser mejor: la gente positiva, optimista, orientada a soluciones, y con una actitud de poder hacer las cosas. Luego me pidió que pusiera la letra n junto a toda persona nociva: gente negativa, amargada, que se queja de todo, que destruye a otra gente y a sus sueños, y quien por lo general tiene una visión pesimista. Después me pidió que dejara de pasar tiempo con la gente que tenía una n en su nombre. Ésta es una lección que usted debe aprender: rodearse de gente positiva. El señor Stone me enseñó que uno se vuelve como la gente que frecuenta. Si quiere tener éxito, debe frecuentar a personas con éxito.

Las tres grandes
PREGUNTAS

Ahora que ya tuvo la oportunidad de entender la espiral doble así como de limpiar la casa de la gente negativa en su vida, aquí hay otra gran estrategia que le producirá beneficios inmensos. Se llama las tres grandes preguntas.

El gran hombre de negocios Warren Buffet es uno de los inversionistas mejor conocidos a la vez que más exitosos en el mundo actual. Su compañía, Berkshire-Hathaway, creció de unos cuantos clientes privados con inversiones modestas, hasta una empresa multimillonaria. El señor Buffet es famoso por hacer análisis cuidadosos y por invertir en oportunidades a largo plazo. Rara vez vende sus acciones después de hacer una inversión. Su preparación intensiva incluye un análisis detallado de los números, sobre todo de los estados financieros de la compañía. Si lo que resulta es de su agrado, dedica un tiempo considerable a reunirse con personas en la organización, tratando de conocer cómo manejan el negocio. Observa su filosofía y cómo tratan a su personal, proveedores y clientes. Al terminar, Buffet se hace tres preguntas respecto a la gente clave: "¿Me gustan? ¿Confío en ellos? ¿Los respeto?"

Si cualquiera de estas preguntas resulta en un "no", el trato no se hace. No importa lo atractivos que parezcan los números o cuál sea el potencial de crecimiento. Estas tres preguntas sencillas, pero llenas de fuerza, son el fundamento de las relaciones que tiene Warren Buffet. Adóptelas y ellas determinarán lo rico que puede volverse.

Hace algunos años, Buffet era el hombre más rico en Estados Unidos. Bill Gates, fundador de Microsoft, recién le quitó el título. Es interesante notar que a pesar de la diferencia de edades, estos dos empresarios tan exitosos son amigos cercanos. A quién frecuente usted *hace* la diferencia.

La próxima vez que esté a punto de entrar en un negocio importante o formar una relación personal con gente que no conoce muy bien, primero haga su tarea. Busque claves que demuestren la integridad, honestidad así como experiencia de la misma. Observe cómo los individuos tratan a otras personas. Los pequeños detalles le ofrecerán mucha información: ¿Tienen el hábito de decir "por favor" y "gracias", en especial a las personas en posiciones de servicio, como meseros, maleteros y taxistas? ¿Se ponen a la par con otras personas o necesitan impresionar? Dedique tiempo suficiente a analizar la conducta general de dichas personas antes de hacer un compromiso y siempre refiérase a las tres grandes preguntas. Escuche a su intuición. Ese sentimiento le guiará. No deje que el corazón gobierne a la cabeza. Cuando involucramos demasiado las emociones, con frecuencia tomamos malas decisiones. Dése tiempo para pensar antes de formar una relación. Véalo de este otro modo: ¿por qué elige crear relaciones con personas en quienes no confía, respeta o le agradan? Seguir adelante cuando su instinto le está diciendo que no, es una fórmula infalible para obtener decepciones o incluso el desastre.

Hay muchas personas excelentes con quienes disfrutar tiempo valioso. Ya sea que se trate del matrimonio, un socio de negocios o contratar un equipo de ventas, elegir a la gente correcta es muy importante para la salud y riqueza futuras. Elija con cuidado.

Clientes clave y
LA GANANCIA DOBLE

El siguiente paso para adquirir el hábito de formar relaciones excelentes es aprender a alimentar las relaciones más valiosas con base en una dinámica en la que ambos ganen. Se ha escrito y dicho mucho sobre esa filosofía. Según nuestra experiencia, la mayoría son sólo palabras. Que los dos ganen es en esencia una filosofía para vivir la vida. En los negocios, ello significa preocuparse en serio por la otra persona; que ella gane tanto como usted, ya sea una venta, un contrato de empleado, una negociación o bien una alianza estratégica.

Es triste ver que la actitud de muchas personas en los negocios es sacar hasta el último centavo de cada situación. Estas tácticas llamadas "de guerrilla" ocasionan falta de confianza, cinismo, ética cuestionable y un alto nivel de ansiedad en el mercado. El resultado es que algunos ganan, mientras otros pierden. Por otra parte, que todos ganen no significa darse por vencido cada vez que haga un trato. Eso es que usted pierde y otros ganan, lo cual al final le sacará de los negocios.

También hay otra categoría según la cual todos pierden. Eso sucede cuando ambas partes son tan necias y egoístas que no pueden llegar a una solución exitosa. Un ejemplo común son las negociaciones entre la gerencia y los sindicatos. Si ocurre un estancamiento, el resultado puede ser una huelga larga a la vez que desgastante donde en realidad nadie gana.

En la vida personal, que todos ganen es el fundamento de relaciones cálidas y amorosas. Es un esposo que desea que su esposa y familia ganen. Está dispuesto a ceder a la vez que compartir por partes iguales las labores del hogar así como ayudar con las actividades extracurriculares de los niños, en especial cuando la esposa también trabaja tiempo completo. Que todos ganen es una esposa que da apoyo sólido a su esposo mientras él lucha por construir un nuevo negocio o empezar una carrera nueva, y está dispuesta a aceptar algunos sacrificios en el camino. Que todos ganen es dar a la comunidad, ser un vecino extraordinario y ser menos egoísta. Para que lo anterior funcione debe practicarlo todos los días. Requiere tiempo y le reta a hacer el compromiso serio de crear estas importantes alianzas. Ahora veamos otro elemento vital para hacer crecer su negocio: formar excelentes **relaciones con clientes clave.**

Los clientes clave son las personas que están en el corazón de su negocio. Le compran con regularidad, razón por la cual son las fuentes principales de ingresos. También están dispuestos a pasarle nuevos negocios porque en realidad les encantan los productos y servicios que usted ofrece.

Es sorprendente que muchas personas en la actualidad ni siquiera saben quiénes son sus clientes clave. Los clientes clave son el pasaporte al crecimiento futuro. Por desgracia, estas relaciones importantes a menudo se dan por un hecho. La actitud es: "Siempre pide dos mil unidades al mes. Necesitamos concentrarnos en negocios nuevos".

NO TODO TRATO VALE LA PENA

Los negocios nuevos son importantes. Estar en contacto con los mejores clientes es más importante. Es mucho más difícil encontrar clientes nuevos que mantener y dar servicio a los actuales.

También esté consciente del tiempo que dedica a personas que son clientes periféricos. Vale la pena notar la palabra *periférico*. Significa en el extremo exterior, no importante o que no vale la pena mencionar. Otro término es dispensable. ¿Usted tiene clientes periféricos? Si no está seguro, aquí le mostramos cómo puede detectarlos. Por lo general, requieren mucho de su tiempo y energía, y a cambio le dan poco. En ocasiones, no le ofrecen nada. Pero cuestionarán todo pequeño detalle y harán demandas absurdas de su tiempo. Por supuesto, usted puede no desear dejar ir una oportunidad de hacer negocios, pero ¿cuánto le está costando en tiempo y energía obtener esos resultados menores? Hay algunos tratos que no valen la pena.

Volvamos a los clientes clave. No hay un elemento crítico que necesite entender sobre estas personas: no desea perderlos. Ésta es la gran pregunta: ¿cuánto tiempo real dedica a los clientes clave más importantes?

Vale la pena estudiarlo. Nuestra investigación indica que se brinda poco tiempo a estos clientes. En consecuencia, las relaciones con ellos nunca maduran hasta alcanzar todo su potencial, lo cual resulta en un gasto excesivo de dinero.

Ahora que sabe quiénes son estas personas importantes, póngales más atención. Las recompensas a largo plazo bien valen la pena. Su negocio crecerá y también minimizará la probabilidad de perder a cualquiera de estos clientes importantes a manos de su competencia.

Lori Greer es la directora nacional de ventas de una organización exitosa llamada Company's Coming que se especializa en vender libros de cocina. A la fecha, Company's Coming ha vendido catorce millones de libros. Uno de sus clientes clave hace un pedido anual por un millón de dólares en libros. Para dar servicio a este cliente, Lori y su representante de cuenta se reúnen con el cliente al menos una vez al año. En uno de nuestros talleres de capacitación se le retó a llevar dicha relación a un nuevo nivel.

Aceptando el reto, reunió a su equipo interno y llevó a cabo una sesión especial de tormenta de ideas que duró cinco horas. El único propósito de esta reunión era llegar a ideas que fueran útiles para el cliente clave.

Cuando hicieron la siguiente presentación de ventas, se incluyeron muchas de las ideas nuevas. Para enriquecer aún más la relación, Lori pasó tiempo extra con el cliente para socializar en vez de correr de vuelta a la oficina. ¿El resultado? Un pedido por el 20 por ciento más de libros de cocina. Lo que es más importante, se estableció un nuevo nivel de aprecio y confianza que asegurará una relación de largo plazo, en la que ambos ganen. Más que otra cosa, lo anterior mantendrá a la competencia alejada.

Veamos ahora las relaciones más importantes, las cuales incluyen familia y amigos, tutores, consejeros espirituales al igual que cualquier persona que usted considere especial, fuera del mundo de los negocios. De nuevo, piense con cuidado sobre quién califica para estar en esta lista única de personas clave. Luego anote sus nombres. Si se siente tentado a brincarse este ejercicio, ¡deténgase! Posponerlo es su peor enemigo. No demore su futuro. Realice cada paso tan pronto como termine de leer este capítulo. Recuerde que este libro es una obra en progreso, para cuando lo termine habrá dado el primer paso para adquirir muchos de estos nuevos y emocionantes hábitos. Su vida será más rica y satisfactoria.

Observe de cerca esta lista y revise la cantidad de tiempo que pasa con esta gente. ¿Es suficiente? ¿Disfruta tiempo de calidad o sólo algunos segundos en el teléfono? ¿Con quién más pasa usted el tiempo? ¿Le están robando tiempo que se aprovecharía mejor si lo dedicara a sus relaciones clave? Si contestó "sí" a esta última pregunta, ¿qué va a hacer al respecto? Tal vez sea el momento de decir "no" a aquellas personas que le distraen todos los días. No están en la lista de lo más importante; entonces, ¿por qué le están robando el tiempo? De ahora en adelante, proteja el tiempo de su familia y el propio. Sea amable pero firme.

Mencionamos brevemente cómo se relaciona que todos ganen con las personas en su vida. Es importante que entienda qué significa esto. Stephen Covey, excelente autor, proporciona una buena analogía. Él dice que debe tratar a sus relaciones más importantes como a una cuenta de banco. Por ejemplo, cuanto más depósitos haga en la cuenta de banco de sus relaciones clave, más fuertes se volverán estas relaciones. En el proceso usted también se vuelve más valioso para ellas.

Lo que se deposita en el banco es dinero; sin embargo, en sus relaciones clave puede hacer una variedad de depósitos. A los clientes importantes en los negocios, es probable que les ofrecerá servicios especiales y todos esos pequeños extras que lo definen como único. Éstos pueden incluir artículos de golf, cenas o viajes especiales. Otros depósitos sanos incluyen dedicar tiempo para compartir ideas y aconsejar cómo manejar ciertos desafíos. Tal vez usted les pasa negocios a sus clientes, los cuales les ayudan a que sus empresas crezcan. A veces puede regalarles un muy buen libro o enviarles por fax un artículo sobre su pasatiempo favorito. Puede también conectarlos con personas que tienen un servicio o producto único. Cuanto más sepa de la gente en su lista de clientes clave y personas clave, más puede ayudarlos. El verdadero espíritu para que todos ganen implica que usted hace estos depósitos sin condiciones. En otras palabras, no dé para recibir algo a cambio. Sólo experimente la alegría de dar.

Si no tiene ya uno, elabore un expediente de información sobre cada uno de sus clientes y relaciones clave. Averigüe todo lo que pueda de estos individuos. Incluya sus gustos y disgustos, restaurantes favoritos, cumpleaños, aniversarios, nombres de hijos, pasatiempos favoritos, deportes y demás.

El gurú de los negocios, Harvey MacKay, dueño de la corporación MacKay Envelope en Minnesota, llama a su expediente de información el MacKay 66, porque en él hay sesenta y seis preguntas que su equipo de ventas hace para conocer a profundidad a todo cliente importante. La mayoría de la gente no lleva expedientes como éste porque no toman en serio el hecho de que todos ganen. Se requieren tiempo y esfuerzo considerables para cultivar relaciones muy exitosas. Ello significa que con frecuencia se le pedirá que haga un esfuerzo mayor. Esta forma de vida se va convirtiendo en una conducta normal. Lo hace sin pensarlo. Cuando que todos ganen se vuelve en verdad parte de la vida cotidiana, las puertas de la oportunidad se le abren como nunca antes. Será más rico por ello y no nos referimos sólo a la cuestión económica.

LES:
Ésta es una historia simpática sobre una situación en la que todos ganan. Dos trabajadores irlandeses, Big Paddy y Wee Jimmy, acababan de ganarse la lotería. Habían ganado cinco millones de dólares cada uno. Cómo habían recibido el dinero el día anterior, estaban más que dispuestos a celebrar. Los felices compañeros paseaban por el centro, todavía sorprendidos de su buena fortuna, cuando vieron un local de comida rápida donde vendían pescado y papas fritas. Big Paddy dijo "Tengo hambre... vamos a cenar como dioses un buen pescado con algo delicioso para beber". Y entraron al local. Big Paddy traía la gorra puesta y Wee Jimmy todavía calzaba las botas de hule negro para trabajar. Por su apariencia, la gente nunca habría adivinado que tenían millones en el banco. Big Paddy pagó la comida y ambos saborearon hasta el último bocado.

Con los apetitos satisfechos, continuaron caminando y unos minutos después llegaron a una distribuidora de Rolls Royce. Wee Jimmy se quedó mudo cuando vio los lujosos automóviles. "Siempre he fantaseado con tener un Rolls", murmuró.

"Vamos a verlos", rió Big Paddy, sosteniendo la puerta del salón de exhibiciones para que entrara su viejo amigo. Una vez dentro, Wee Jimmy se quedó mirando fijamente un automóvil color plata que brillaba de extremo a extremo.

"Paddy, ¿no te encantaría tener un auto así?", dijo.

"Sería maravilloso", contestó Paddy.

Wee Jimmy se acercó al muy bien vestido gerente de ventas y le preguntó: "Señor, ¿cuánto cuesta este hermoso automóvil?" La contestación de una cifra con seis dígitos no le hizo mella.

"Muy bien", dijo, "quiero dos... uno para mí y otro para mi amigo". Luego volteó a ver a Big Paddy y agregó: "Guarda tu cartera, Paddy, yo pago los autos. ¡Tú ya pagaste la cena!"

...Y entonces QUÉ

Sí, que todos ganen es una forma maravillosa de vivir y las verdaderas amistades son difíciles de conseguir. Valore a las que tiene y haga lo que sea necesario para hacerlas más ricas. Aquí hay una estrategia muy efectiva que lo hará fácil. Se llama la técnica ...Y entonces qué.

Supongamos que desea enriquecer una relación personal importante que tiene con su esposo o esposa. Si no está casado, puede aplicar esta técnica a casi cualquier relación significativa, así que adáptela conforme sea necesario. De hecho, elija a alguien con quien tenga una amistad profunda. Para demostrar cómo funciona, recurriremos al ejemplo del esposo y la esposa.

Imagine que es el fin de semana y que David, el buen esposo, llegó a casa del trabajo. Su también buena esposa Dianne tiene la cena lista y ambos disfrutan de un excelente platillo. David la felicita y luego hace la siguiente pregunta: "Dianne, en una escala del uno al diez, (donde uno es patético y diez, maravilloso), ¿cómo calificarías mi desempeño como esposo durante la última semana?" Es una pregunta seria. Dianne reflexiona por un momento y dice: "Te daría un ocho".

David acepta la respuesta sin comentarios y hace la pregunta de ...Y entonces qué: "¿Qué tendría que hacer para que me dieras un diez?"

Dianne responde: "Bueno, me hubiera gustado que ayudaras a John con su tarea el miércoles. Yo tenía mucha presión para llegar a mi clase de computación a las 7 p.m. y me sentí culpable por dejarlo sin que alguien pudiera ayudarle. También prometiste reparar la llave del baño esta semana. Todavía sigue goteando. Me encantaría que la arreglaras, por favor". David simplemente dice: "Gracias, tendré más cuidado la próxima vez".

Luego se cambian los papeles. Cuando Dianne le pregunta a David que la califique, David le da un nueve. Ahora es la oportunidad de ella para hacer la pregunta... Y entonces qué. "¿Qué hago para tener un diez?"

David le ofrece retroalimentación sincera. "Eres maravillosa, pero hubo una cosa pequeña. ¿Recuerdas que prometiste grabarme el juego de fútbol porque no pude verlo el lunes y el martes? Se que se te olvidó, pero moría de ganas por ver el juego cuando llegué a casa. Me sentí muy decepcionado". Dianne escucha, ofrece una disculpa y hace el compromiso de registrar por escrito en su planificador diario cualquier petición como ésta.

Antes de que diga "suena maravilloso, pero nunca me funcionaría" deténgase a pensar. Tiene razón, muy pocas personas recurren a la técnica ...Y entonces qué y todavía menos lo hacen en forma semanal. Las excusas más comunes son: "Estoy muy ocupado", "es una tontería", o "seamos realistas, mi esposo (o esposa o amigo) nunca estaría de acuerdo".

Esté por completo abierto
a la retroalimentación

Esto es lo que estas bien trilladas excusas dicen en realidad: "Mi compañero y yo no estamos abiertos a la retroalimentación porque nuestra relación no ha madurado hasta alcanzar ese nivel". Dar y recibir retroalimentación honesta con regularidad es una de las mejores maneras de enriquecer su matrimonio, amistades o relaciones de negocios. Es el sello distintivo de los seres humanos que tienen un nivel alto de conciencia y sensibilidad únicas a las necesidades de los demás. Gracias a esta madurez, disfrutan de alianzas honestas, abiertas y plenas con las personas más importantes en su vida. También puede utilizar esta técnica con sus hijos y otros miembros de la familia. Sus hijos le dirán la verdad; no ocultarán nada.

Con hacer algunas preguntas sencillas cada semana puede aprender más de usted mismo a partir de lo expresado por la gente que se preocupa lo suficiente como para ofrecer retroalimentación honesta. En vez de ponerse a la defensiva como muchas personas, acepte la información como un regalo; lo ayudará a ser más genuino y confiable.

...Y entonces qué significa que está dispuesto a aprender más, hacer más y poner más en la relación porque es importante para usted. En el proceso, se recompensan y se fortalecen ambas partes. Considere los beneficios de aplicar la técnica en su vida profesional. Si es propietario de la compañía, podría preguntar a la gente clave: "En una escala del uno al diez, ¿cómo me califica como jefe? ¿Qué puedo hacer para mejorar y llegar a un diez?" Los gerentes podrían hacer lo mismo con sus equipos de ventas y administrativos. ¿Qué tal sus clientes clave? Ésta es una gran oportunidad para entender las fortalezas así como las debilidades de su negocio, y cómo mejorar esas áreas que no tienen un buen desempeño. Recuerde: los clientes clave pueden también incluir proveedores o el equipo externo de apoyo.

Si esta técnica es nueva para usted, los primeros intentos pueden parecer extraños o incómodos. Es normal. Cualquier hábito nuevo requiere mucha práctica y perseverancia antes de que sea parte de su vida. También hay que acostumbrarse a escuchar la verdad de personas que respeta y quiere. A veces la verdad lastima; necesitará tragarse el orgullo algunas veces con el fin de disfrutar los beneficios futuros. Aquí va un comentario: si ofrece retroalimentación crítica, siempre hágalo en privado. Por otra parte, halague en público. La gente necesita y disfruta el reconocimiento bien merecido de cualquier tipo. Dicho de manera simple, critique en privado y halague en público.

RECUERDE, PARA QUE LAS COSAS CAMBIEN

Usted tiene que cambiar.

Cómo encontrar buenos
TUTORES

Rodearse de tutores bien elegidos puede cambiar su vida. Un tutor es alguien con vasta experiencia o talentos únicos, que está dispuesto a compartir ideas con usted en forma regular. Usted, como receptor de esta gran información, tiene la responsabilidad de emplearla con sabiduría para mejorar tanto su carrera como su situación económica, o para mejorar su vida personal o familiar. Es como una relación maestro alumno, excepto que tiene el beneficio de obtener tutoría exclusiva. El gran bono es que por lo general no paga las clases. ¡Un gran trato!

Aquí presentamos un método comprobado que consta de tres pasos para ayudarle a disfrutar las ventajas considerables de tener un tutor:

1. Identifique el objetivo.
Elija un área específica de la vida que quiera mejorar. Puede haber muchas, pero con el fin de empezar, elija sólo una. Aquí hay algunas ideas: hacer crecer su negocio, ventas,

mercadotecnia, contratar personal excelente, preparar estados financieros, aprender nueva tecnología, estrategias de inversión, acumular riqueza, eliminar deudas, comer y hacer ejercicio para tener salud óptima, ser un padre de familia excelente o hacer presentaciones efectivas.

2. Elija a los candidatos para ser su tutor.

Piense en alguien que tenga una experiencia excepcional o grandes talentos en el área que seleccionó para mejorar. Podría ser alguien que conoce en persona o un líder en su industria. Tal vez es alguien reconocido como una autoridad en el tema: un escritor u orador famosos o toda una celebridad. Quien quiera que sea, asegúrese de que tiene las capacidades necesarias y es en verdad exitoso.

3. Elabore un plan estratégico.

Si no sabe dónde se encuentra el tutor propuesto, ¿cómo va a localizar a esta persona única? y cuando lo haga, ¿cómo establecerá contacto? De lo primero que debe darse cuenta es de que tal vez sólo tenga que tratar con no más de seis personas para conocer a quien quiere, incluso el nuevo tutor. Es emocionante saberlo; figúrese que es un juego. Puede haber seis puertas que tendrá que abrir antes de tener toda la información que necesita. ¿Quién puede abrirle la primera puerta? Parta de ahí y siga preguntando. Le sorprenderá lo rápido que se abren las otras puertas una vez que usted expresa su intención de hacerlo.

Puede ver el nombre del tutor propuesto y pensar cosas como: "Ni siquiera conozco a esta persona y ella tampoco me conoce. Pero aunque así fuera, es probable que no me dedicara nada de tiempo". ¡Deténgase ahí! La siguiente historia es una buena prueba de que encontrar y ponerse en contacto con tutores es bastante posible.

LES:
Uno de nuestros clientes clave es un joven que tiene un pequeño negocio de camiones y estaba dispuesto a crecer. Después de asistir a nuestro taller sobre tutoría, eligió

a uno de los principales representantes en la industria de los camiones para que fuera su nuevo tutor. Este hombre había iniciado y creado un enorme negocio con los años; era muy respetado por sus compañeros y competidores.

Nuestro cliente, Neil, localizó la oficina principal en Texas. Hizo varias llamadas telefónicas y al fin estuvo en contacto con este exitoso empresario. (En unos minutos le diremos qué decir cuando haga una llamada como ésta, así que tenga paciencia.) Neil estaba un poco nervioso, pero tuvo valor para preguntar. El empresario acordó pasar veinte minutos con él cada mes en el teléfono, compartir su experiencia y sus mejores ideas. Fiel a su palabra, este arreglo se llevó a cabo y un día Neil recibió una oferta interesante. Su tutor lo invitó a visitar Texas durante cinco días para estudiar cada aspecto de su negocio. Podría ser una oportunidad única, hablar con el personal y observar de primera mano por qué la compañía había prosperado tanto.

Desde luego, no titubeó. ¿El resultado? No sólo pudo hacer crecer su negocio en muchas formas rentables, sino que también la relación con el empresario maduró hasta alcanzar otro nivel. En vez de una asociación tutor alumno, se desarrolló una gran amistad. Además pudo compartir algunas de las estrategias propias para alcanzar el éxito que no practicaba el tutor. Con el tiempo, se formó una verdadera relación en la que todos ganan y la confianza de Neil creció junto con las utilidades.

Todo comenzó con esa llamada telefónica. Vamos a analizar cómo puede usted tener un éxito similar. Lo más importante es ser sincero. La sinceridad es de mucha ayuda para lograr lo que desea en la vida. Esto es lo que Neil dijo la primera vez que habló por teléfono con su tutor: "Hola señor Johnston (nombre ficticio), mi nombre es Neil. No nos conocemos todavía y sé que es un hombre muy ocupado, así que seré breve. Yo tengo un pequeño negocio de camiones. Con el tiempo, usted ha hecho un trabajo fantástico construyendo su negocio hasta que éste se convirtió en una de las compañías más grandes de nuestra industria. Estoy seguro de que enfrentó algunos retos reales cuando estaba iniciando. Bueno, yo todavía estoy en esas primeras etapas, tratando de averiguarlo todo. Señor Johnston, en verdad me gustaría que considerara ser mi tutor. Esto sólo significa pasar diez minutos en el teléfono conmigo una vez al mes, para que yo pueda hacerle algunas preguntas. En realidad, se lo agradecería. ¿Estaría usted dispuesto a hacerlo?"

Cuando hace una pregunta cerrada, la respuesta por lo general es "sí" o "no". Si es "sí", controle su emoción y haga otra pregunta: "¿Cuándo sería un buen momento para llamarle en las próximas semanas?" Luego confirme una hora específica para su primera reunión telefónica. Dé seguimiento, con una nota escrita de agradecimiento de inmediato.

Si la respuesta es "no", con amabilidad dé las gracias a la persona por su tiempo. Dependiendo de qué tan firme sea el rechazo, podría preguntar si es oportuno volver a llamar en un momento más conveniente para reconsiderar su petición. De otro modo, utilice el plan B: llamar a la siguiente persona en su lista.

Vamos a revisar los elementos clave de la llamada telefónica. Primero, vaya directo al punto. La gente ocupada aprecia esto. No socialice. Apéguese a un guión bien preparado y que el tono de su voz sea relajado. Sólo se lleva un minuto. También es importante controlar la conversación. Diga lo que quiere decir, haga la pregunta cerrada y luego guarde silencio. En este punto permita hablar a su posible tutor. Si sigue esta secuencia, las posibilidades de éxito serán muchas, porque, primero que nada, cuando le pide a alguien que sea su tutor, es el máximo cumplido para él. Segundo, rara vez se lo piden. Y si usted lo hace con una total sinceridad, habiéndole recordado los retos anteriores que él o ella enfrentó, a menudo recibirá una respuesta positiva.

Antes de hacer la llamada es útil tener toda la información posible. Pida a la compañía que le envíe todo el material promocional que tenga, incluso el informe anual más reciente.

Recuerde que puede tener varios tutores. Es posible elegir personas pertenecientes a cada una de las áreas en su vida que desee mejorar. Pueden vivir en otra ciudad o país, o pueden estar a media hora en automóvil. Así que empiece y diviértase. Estas relaciones únicas pueden acelerar en gran medida su progreso. La prueba y el error son una forma de adquirir experiencia, pero es difícil trabajar averiguándolo todo usted solo. Tener acceso a las fórmulas de otras personas y adaptar sus ideas es mucho más inteligente. Por lo general, se trata de alguien que usted conoce, quien abre las puertas de oportunidades más grandes y mejores. Piense que es un juego en el que hay que "conectar los puntos". La gente con éxito está bien conectada. Sólo siga sus movimientos. Para mayor ayuda, encontrará un plan de acción paso a paso para establecer relaciones con el tutor al final de este capítulo.

Las relaciones con tutores son uno a uno, similares a las del maestro con el alumno. Otra forma única de acelerar su crecimiento es establecer una alianza con un grupo de control mental. Igual que con la tutoría, esto aportará una dimensión nueva a su vida la cual será una fuente poderosa de apoyo y fortaleza.

Grupos de CONTROL MENTAL

Un grupo de control mental, como su nombre lo implica, requiere la reunión de las mentes. Los orígenes van muy atrás, a los filósofos de la antigua Grecia como Sócrates, a quien le gustaba el debate en vivo así como la oportunidad de compartir sus ideas y discernimientos. Nuestro concepto de grupo de control mental se compone de cinco a seis personas que quieren formar relaciones duraderas excelentes. La finalidad principal del grupo es darse entre sí apoyo emocional, personal y profesional. También proporciona un foro único para compartir ideas e información, así como para discutir temas significativos y los desafíos diarios. Si elige a la gente adecuada, puede obtener los beneficios de este maravilloso sistema de apoyo durante muchos años.

Existen cuatro pasos de acción principales que le ayudarán a llevar a la práctica este concepto.

1. Elija a la gente adecuada.

Para tener una mejor interacción deberá limitar el grupo a seis personas: cinco y usted. No necesita seleccionar a todos al mismo tiempo. Puede empezar con uno o dos y con el tiempo aumentar el número hasta tener seis. Recuerde que el primer integrante del equipo puede ser el más difícil de encontrar, pero no permita que eso le detenga. ¿A quién debe elegir? Es una pregunta muy buena. Aquí hay algunos lineamientos para ayudarle. Elija a personas que sea probable que creen sinergia: gente ambiciosa, con amplio criterio, orientadas a metas que tengan una visión positiva y aporten energía sana y positiva a cada discusión. No quiere un montón de quejumbrosos en busca de una oportunidad para lanzar toda su basura negativa.

También es bueno incluir a personas que tengan experiencia y éxito en los negocios, o quienes hayan superado situaciones personales desafiantes. En el proceso de selección, decida si es importante tener gente de diferentes campos o no. Por ejemplo, puede querer cinco vendedores en el grupo. Una mezcla de diferentes experiencias y antecedentes agregará profundidad al igual que variedad a sus reuniones.

Considere si quiere un grupo mixto o un grupo de sólo mujeres o sólo hombres. Incluso, ¿qué grupo de edades prefiere? Un grupo de diversas edades con hombres y mujeres aporta una perspectiva diferente y un rango más amplio de opiniones. Si prefiere un enfoque más limitado, entonces elija personas del mismo género y cercanos a su edad. Depende de usted por completo. Pero piense muy en serio en el proceso de selección. Es muy importante para el éxito del grupo.

2. Todos deben hacer un compromiso.

Un grupo de control mental está diseñado como un sistema de apoyo a largo plazo. No es para personas informales que se presentan cuando quieren o cuando no tienen nada mejor qué hacer. Explique esto con claridad a cada candidato. También llegue a un acuerdo al principio sobre cómo se puede expulsar a alguien del grupo. Si una persona no funciona, por cualquier razón, es importante que usted cuente con un proceso para manejar la situación. Usted no quiere que en el grupo exista "una mosca en la sopa" por una persona controladora o negativa que domine el proceso de todo el grupo. El voto democrático a los noventa días de la junta de apertura es una forma fácil de evitar cualquier problema. Puede también seguir este curso de acción en cualquier fecha futura.

El nivel de compromiso determinará el éxito del grupo. El compromiso requiere asistencia regular, disponibilidad para participar cada vez que se reúnan y estar de acuerdo con que cualquier cosa que se comparta en el grupo sea confidencial. El código de confidencialidad es de suma importancia. Según nuestra experiencia, pasan varios meses antes de que la gente en realidad surja en un grupo así, en especial los varones. Ellos tienen que superar aquello relacionado con su imagen de machos. Las mujeres por lo general son mucho más abiertas a compartir sus pensamientos al igual que sentimientos verdaderos.

Los beneficios reales llegan sólo cuando hay un nivel alto de confianza entre todo el grupo. El ambiente que usted cree deberá ser en un lugar seguro, donde absolutamente todo pueda compartirse sin preocuparse por indiscreción alguna.

3. Decida cuándo, dónde, con qué frecuencia y por cuánto tiempo quieren reunirse.

Dos o tres horas al mes es una buena regla, o pueden reunirse con mayor frecuencia si así lo desea. Algunas personas prefieren un desayuno temprano en un lugar relajado y bien escogido. Otros preferirán reunirse en la tarde, cuando se haya terminado el día de trabajo. De nuevo, depende de usted. Algunos puntos clave son: elija un lugar donde no haya interrupciones de teléfonos, faxes u otras personas. Haga obligatorio apagar los teléfonos celulares cuando están en junta. No trate a su grupo como una junta típica de oficina; éste es un momento especial con personas especiales, así que obtenga el mayor provecho de la oportunidad para concentrarse en los asuntos inmediatos.

4. ¿De qué hablarán?

¡Buena pregunta! Lo que usted no quiere es un par de horas de conversación sobre las noticias locales y el clima. Las personas que logran objetivos y tienen una gran energía no desperdician el tiempo así. Aquí hay algunas sugerencias: elija un presidente cuya función principal sea que la conversación fluya y que otorgue a todos el mismo tiempo para hablar. Empiece cada junta con un comentario breve por parte de todos sobre lo mejor que sucedió desde la última junta. Hacerlo creará un ambiente positivo. Luego haga dos preguntas: "¿Qué está sucediendo en su vida de negocios (o trabajo)?, y ¿qué está sucediendo en su vida personal?" Recorra toda la mesa preguntando a una persona a la vez. Este proceso puede llevarse toda la junta y está bien. Le da la oportunidad de saber más cosas de ellos. Otra buena pregunta es: "¿Cuál es su reto más grande en este momento?" También discuta y apoye las metas individuales de los demás. Inspire a todos para lograr lo que quieren. Aliéntelos a pensar en grande y preséntelos con personas que puedan acelerar su progreso.

En ocasiones puede desear tratar un tema especial en la agenda. También es buena idea reservar tiempo para alguien con una necesidad particular (una crisis financiera o un problema de salud) que requiera su atención. Estas situaciones son lo que en realidad une a su grupo de control mental. Aproveche la oportunidad de ayudar en cualquier forma que pueda para resolver el asunto. Si surge una situación urgente, siempre puede convocar a una junta especial para manejarla con rapidez.

LES:
Nuestro grupo de control mental consta de cinco personas. Cada una tiene un negocio propio, lo cual hace un total de cinco industrias diferentes. Hasta el día de hoy, el grupo se ha reunido durante catorce años. No socializamos mucho fuera de las juntas mensuales. Durante nuestra asociación todos hemos enfrentado varias dificultades y disfrutado logros importantes. Los temas a discutir han cubierto una amplia gama que incluye retos actuales en los negocios y oportunidades; cómo crear presentaciones de alto impacto; dónde encontrar capital para una fusión, y cómo contratar a un empleado clave. También hemos enfrentado dificultades maritales, problemas con hijos adolescentes, problemas de salud, crisis financieras y cambios importantes de carrera. Varias de nuestras juntas han sido emotivas, con lágrimas derramadas sin tapujos. Ahora tenemos un lazo maravilloso y la riqueza de saber que cuando alguien necesita ayuda, hay cuatro personas listas y dispuestas a proporcionarla de inmediato. Es una situación muy buena. Valieron la pena el tiempo y el esfuerzo.

CÓMO HACERSE A PRUEBA DE BALAS

Ahora queremos compartir con usted cómo establecer otro fundamento importante para adquirir el hábito de formar relaciones excelentes. Se llama La construcción de la fortaleza. Los tutores y los grupos de control mental proporcionan un fundamento magnífico. Una fortaleza se define como una estructura impenetrable, un santuario o lugar de refugio. Dentro de ella usted está protegido de las tormentas en los negocios y la vida. He aquí cómo puede construir una.

Es como formar un equipo de fútbol o jockey de campeonato. Cada jugador tiene una función que desempeñar, por lo que el equipo es tan bueno como el integrante más débil. El entrenador moldea al equipo y está en el centro de la acción.

LA FORTALEZA

**El sistema
único de
apoyo total**

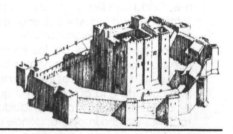

Use las siguientes categorías como guía en la construcción de la fortaleza. No se presentan en ningún orden específico.

1. La familia.

2. Tutores y capacitadores específicos.

3. Equipo de salud y acondicionamiento físico.

4. Equipo de apoyo en los negocios (interior),
   (es decir, personal administrativo, equipo de ventas y gerencia).

5. Equipo de apoyo en los negocios (exterior),
   (es decir, banquero, abogado, proveedores).

6. Clientes clave.

7. Grupo personal de control mental.

8. Biblioteca de superación personal.

9. Consejero espiritual.

10. Otras alianzas estratégicas,
    (es decir, grupos de redes de trabajo, vías de ingresos pasivos.)

11. El santuario.
    (Su retiro personal o puerta de escape.)

La combinación de jugadores dotados y un entrenador que puede crear e implementar un plan de juego exitoso produce jugadores triunfadoes que sí ganan.

Considérese el entrenador. Las dos preguntas principales que necesita contestar en este punto de su vida son: "¿Quién está en mi equipo?" y "¿Se desempeñan al nivel que yo requiero para lograr mis sueños y metas?" Asegúrese de seguir los PASOS DE ACCIÓN que le ayudarán a descubrir quién merece estar en su equipo y a quién necesita reemplazar. Es necesario establecer estándares muy altos para obtener una forma de vida que le dé libertad total, prosperidad continua y la sensación única de ser valioso. Cuando necesite ayuda tendrá a su lado a la mejor gente posible. Es un proceso continuo, no un remedio rápido.

He aquí cómo funciona: observe de cerca sus relaciones importantes, la gente que le apoya y le ayuda todo el año. Sepárelos en dos categorías principales: negocios/carrera y personal. Haga una lista de estas personas importantes. En su lista de negocios/carrera, los ejemplos pueden incluir al banquero, el abogado, el contador, el especialista fiscal, los proveedores, el asesor financiero, el personal administrativo, el equipo de ventas, el personal de la gerencia, el asistente personal y la secretaria/recepcionista. En la categoría personal, el rango es mucho más amplio: el médico, el quiropráctico, el especialista médico, el masajista/fisioterapeuta, el entrenador personal, el nutriólogo, el dentista, el dermatólogo, el consultor financiero, el estilista, el tintorero, el plomero, el electricista, el agente de viajes, el especialista en bienes raíces, el agente de seguros, el distribuidor de autos, el sastre, el jardinero, la ayuda en el hogar, la niñera y cualquier otra persona cuya habilidad pudiera necesitar.

Obviamente, usted no interactúa con todas estas personas cada semana. La pregunta es: cuando necesita su ayuda, ¿casi siempre realizan un trabajo brillante para usted?

En ocasiones, la persona que elige no hace un buen trabajo. Para evitar esto, dedique tiempo a verificar los antecedentes de la persona. La gente brillante realiza trabajos brillantes. Lo hace a tiempo y con constancia. Las personas así le hacen sentirse bien en el proceso y cobran un precio justo. Son personas en las que puede confiar .

¿Cuántos no merecen estar en su equipo debido a que su desempeño no es lo bastante bueno? Sea honesto. ¿Cuántas brechas hay en su equipo? Es fácil determinarlo. Las brechas son las ocasiones en que corre a la sección amarilla con la esperanza de encontrar a alguien en el último minuto. Con frecuencia la persona que elige no hace un buen trabajo porque usted no tuvo tiempo de verificar sus antecedentes.

De ahora en adelante, no tome decisiones "de prisa" y no tolere el trabajo mediocre, la impuntualidad, los precios exorbitantes, ni cualquier clase de conflicto que genere más tensión en su vida. No necesita eso. Pida a sus amigos referencias, haga su tarea, investigue, tenga paciencia y al paso del tiempo estará rodeado de un equipo de primera clase que hará su vida más alegre y rica. Comience ahora mismo. Le sorprenderá cómo esto puede transformar sus relaciones.

CONCLUSIÓN

Alan Hobson y Jamie Clarke son dos jóvenes empresarios "aventureros". Acuñaron este título de aventureros para describir su amor por combinar la aventura con los negocios. Una de sus metas compartidas era la de escalar el Monte Everest, la montaña más alta del mundo. En 1991, el primer intento de su equipo para llegar a la cima fracasó. En 1994 regresaron otra vez. Esta vez el equipo era más pequeño. Un miembro, John McIsaac llegó a los 8,670 m, pero no pudo continuar porque contrajo un agudo edema pulmonar. A sólo 200 metros de la cima, había tenido que regresar. Se requirió todo un equipo de rescate para bajarlo de la montaña a salvo, ya que no tenía la fuerza para descender por sí solo. Esto requirió el esfuerzo total por parte de un equipo en el cual todos contribuyeron con talentos únicos. Se reclutaron otros montañistas de diferentes equipos para que ayudaran.

Por último, en 1997, habiendo aprendido de las dos experiencias pasadas, Alan y Jamie ascendieron el Everest por tercera vez. Ambos llegaron a la cima, un logro en verdad impresionante. Dijeron: "Fueron las relaciones lo que hizo que nuestras experiencias en el Everest fueran lo que fueron. Aunque no hubiéramos llegado, tuvimos muy buenos momentos, muy buenos sentimientos, a pesar de los ratos difíciles. Salimos vivos de ésta, y queremos hacer más con esas personas. En una expedición, compartimos nuestras vidas. Sabemos todo lo que hay que saber de los demás".

Una de las razones por las que Alan y Jamie al fin lograron la victoria fue que se rodearon de personas brillantes. Estos equipos incluían un organizador profesional de expediciones, un equipo para recabar fondos, un equipo de apoyo, un equipo para fijar rutas y un equipo para la cumbre. Sin esa "fortaleza" única, la expedición no hubiera tenido éxito. Pero gracias a los equipos que los apoyaron, pudieron concentrarse por completo en prepararse física y mentalmente para la escalada.

Tome la decisión hoy de construir una fortaleza a su alrededor. Elija a la mejor gente. Hay mucho de donde escoger. Recuerde, la vida consiste en formar y disfrutar grandes relaciones. ¡Usted merece su parte! Requiere confianza ser asertivo y buscar personas excelentes. Aprenderá todo sobre este importante hábito en el siguiente capítulo.

LA PROSPERIDAD EN LA VIDA SE DERIVA MÁS DE A QUIÉN CONOCE, QUE DE QUÉ TANTO CONOCE.

PASOS DE ACCIÓN

La espiral doble

Cómo construir la fortaleza

Cómo formar relaciones con un tutor

Asegúrese de realizar estos ejercicios. Si no lo hace es probable que no hable en serio cuando dice que quiere formar relaciones excelentes. No se venda por menos. Haga el esfuerzo ahora para aprender de usted y del impacto que tiene en otras personas.

1. La espiral doble

RELACIONES FALLIDAS. Revise mentalmente una relación significativa que no funcionó. Empezando con el número uno, identifique cada paso en el proceso que ocasionó que la relación se deshiciera. Sea específico.

1. _____

2. _____

3. _____

4. _____

5. _____

Utilice una hoja separada si descubre más de cinco pasos.

RELACIONES EXCELENTES. Revise mentalmente una de sus mejores relaciones. Comenzando con el número uno, identifique cada paso en el proceso que hizo que se enriqueciera esta relación excelente.

5. _____

4. _____

3. _____

2. _____

1. _____

Utilice una hoja separada si descubre más de cinco pasos.

2. Identificar a clientes clave

Anote los nombres de sus relaciones de negocios más importantes. Son las personas que aportan más a sus ventas e ingresos, les encantan los productos y servicios que usted ofrece, le dan trabajo constante y están felices de pasarle negocios a usted. (Nota: si es gerente o supervisor, el equipo de gente que dirige sería parte de la lista de clientes clave.) Por favor dedique el tiempo suficiente para pensar en esto. Estas personas están construyendo un mejor futuro para usted. ¡Trátelas bien! Las personas más importantes son sus clientes clave. La palabra clave significa en el centro, el corazón o la esencia de algo valioso.

Ahora registre cuánto tiempo pasa con cada una de esas personas en un mes normal. ¿Qué le dice esto? ¿Qué ajustes necesita hacer?

1. _____ 6. _____

2. _____ 7. _____

3. _____ 8. _____

4. _____ 9. _____

5. _____ 10. _____

CÓMO CONSTRUIR LA FORTALEZA – Analizar fortalezas y debilidades

Éste es un ejemplo de cómo definir y evaluar su equipo de apoyo (Interior/Exterior) en los negocios y qué se requerirá para que pase al siguiente nivel. Sírvase de este modelo para construir las otras áreas de su fortaleza.

Equipo de apoyo en los negocios	Nombres	*Grado	Cambios requeridos	Pasos de acción	Inversión requerida
A	Administrativo (recepcionista, secretaria).					
B	Mercadotecnia y Promoción.					
C	Ventas					
D	Gerencia					
E	Proveedores					
F	Finanzas (banqueros, inversionistas, accionistas).					
G	Contabilidad					

Equipo de apoyo en los negocios	Nombres	*Grado	Cambios requeridos	Pasos de acción	Inversión requerida
H Contador					
I Especialista Fiscal					
J Consultor legal (abogado, negociador).					
K Personal (contratación, capacitación, coordinación).					
L Asistente personal / persona encargada del proyecto					
OTRO Por ejemplo: consejeros, tutores, entrenadores.					
OTRO					

* **Grado:** esto se evalúa como sigue: adaptabilidad para el puesto, nivel de habilidades, destreza para sincronizarse con otros miembros del equipo y desempeño general.

También considere cuánto confía, cuánto le agradan y cuánto respeta a estas personas. ¡Sea honesto!

B = brillante   G = bueno   A = arriba del promedio   D = debajo del promedio   N/A = no aplica   O = puesto vacante

Elabore e implemente un plan específico para mejorar con frecuencia el equipo de apoyo. Haga que se ocupe cualquier puesto que esté vacante.

FORMAR RELACIONES CON UN TUTOR

¿Qué áreas específicas de experiencia quiere mejorar?

1. Marque las más importantes

- ❑ Hacer crecer mi negocio
- ❑ Ventas y mercadotecnia
- ❑ Salud y acondicionamiento físico
- ❑ Contratar gente excelente
- ❑ Estilo de vida equilibrado
- ❑ Estrategias financieras
- ❑ Habilidades de comunicación
- ❑ Desarrollo de alianzas estratégicas
- ❑ Eliminar deudas
- ❑ Nueva tecnología
- ❑ Paternidad/maternidad
- ❑ Otra_____
- ❑ Otra_____

2. Anote las tres áreas principales de experiencia que quiere mejorar y nombre dos posibles tutores para cada una.

1. _____   _____
                              _____

2. _____   _____
                              _____

3. _____   _____
                              _____

3. De la lista de arriba, elija el área más importante en la que desea trabajar de inmediato, y el tutor al que prefiere.

4. Tome una hoja de papel en blanco y, empleando el ejemplo de la página 143, elabore un libreto propio para establecer el primer contacto. Practique en el teléfono con un amigo. Hágalo una y otra vez hasta que el discurso empiece a fluir.

Ahora elija una fecha y una hora, y haga la llamada.

Si no puede hablar con la persona en ese momento, siga llamando hasta que la encuentre. La persistencia tiene sus recompensas. Recuerde que sólo una relación excelente con su tutor puede ayudarle a subir a un nuevo nivel de confianza y conciencia.

Vivir con un propósito

Actuar de manera decisiva

Persistencia consistente

Pida lo que desea

El factor de la confianza en uno mismo

Cómo establecer relaciones excelentes

Cómo crear un equilibrio óptimo

¿Ve el panorama completo?

No se trata de magia ni de ilusión,
sino de mera concentración

Sus hábitos determinarán el futuro

Lo logró, ¡siga adelante!

ESTRATEGIA DE CONCENTRACIÓN #6

El factor de la confianza en uno mismo

"La experiencia le dice qué hacer; la confianza en sí mismo le permite hacerlo."

— Stan Smith

En 1999, el presidente sudafricano Nelson Mandela celebró su cumpleaños número ochenta.
Durante casi veintiséis de esos años estuvo confinado en una prisión porque expresó sus puntos de vista sobre la segregación racial. Durante ese tiempo, la confianza en sí mismo de Mandela se puso a prueba. Es un tributo a su fe así como a su convicción que al final haya triunfado y lo hayan elegido para ocupar el puesto oficial más importante en su país.

Tener confianza en sí mismo es un hábito que puede adoptarse y fortalecerse todos los días. Durante el proceso usted se verá desafiado por el temor, la preocupación al igual que por la incertidumbre. Dichos elementos constituyen la decadencia y el flujo de la vida. Es una lucha constante, un campo de batalla mental en el que debe ganarse si usted quiere que su vida esté llena de abundancia. Para empezar, lea con detenimiento las palabras que expresó Nelson Mandela en su discurso inaugural. Es un hombre que aceptó los desa-

161

fíos y ganó. Digiera cada oración. Úselas como cimientos para construir el nivel siguiente de logros.

> *Nuestro temor más profundo no es que seamos inadecuados.*
>
> *Nuestro temor más profundo es que nuestro poder sea inconmensurable.*
>
> *Es nuestra luz, no nuestra obscuridad la que nos asusta.*
>
> *Nos preguntamos ¿quién soy yo para ser tan brillante, hermoso, tener tanto talento y ser extraordinario?*
>
> *En realidad, ¿por qué no íbamos a serlo?*
>
> *Somos hijos de Dios.*
>
> *El ser pequeño no es útil al mundo.*
>
> *No hay nada iluminador en encogernos para que otros no se sientan inseguros a nuestro alrededor.*
>
> *Nacimos para hacer manifiesta la gloria de Dios que está dentro de nosotros.*
>
> *Esa gloria no está sólo en algunos, sino en todos.*
>
> *Y cuando sin estar conscientes permitimos que nuestra luz brille, damos pie a que los demás hagan lo mismo.*
>
> *Conforme nos liberamos de nuestros temores, nuestra presencia de inmediato libera a otros.*

FUENTE: *Regreso al amor* de Marianne Williamson (como la autora citó este fragmento del discurso inaugural que pronunció Nelson Mandela en 1994.)

Este capítulo contiene varias estrategias prácticas que fomentarán la confianza en sí mismo para que alcance un nivel alto. Es importante que las utilice a diario. La confianza en sí mismo es el factor primordial que necesita para protegerse de los resbalones y flechas producidos por la negatividad. Sin confianza en sí mismo, el temor y la preocupación asumen el control. El progreso y las oportunidades se detienen.

Así que vamos a estudiar con gusto este hábito y con el compromiso de derrotar las fuerzas negativas de una vez por todas. Primero, tiene que terminar cualquier asunto inconcluso que le esté deteniendo. Haga que ése sea el punto de inicio.

Cómo resolver ASUNTOS inconclusos

Asuntos inconclusos es un término que describe todas las situaciones problemáticas en la vida que no ha sabido manejar. Puede estar enfrentando problemas legales, económicos, de relaciones, organizacionales, de salud o en la carrera, sólo por nombrar algunos. Cuando permite que éstos se acumulen, los mismos pueden llegar a agobiarlo. La razón por la que mucha gente no maneja los asuntos inconclusos es el miedo. El temor alimenta la duda, la cual genera la pérdida de la confianza en sí mismo. Es un círculo vicioso. Si se deja sin atender, empieza una espiral descendente que pronto adquiere ímpetu. De repente, la vida está fuera de control. Este exceso de equipaje es como un peso muerto que se arrastra con el cuello y puede paralizarlo.

Lo que resulta es una pérdida tremenda de energía. Algunas personas han acumulado tantos asuntos inconclusos con los años, que sienten como si trajeran un elefante a cuestas. Hay tres formas de manejar lo anterior:

1. Puede jugar a la negación.

Algunas personas fingen que no pasa nada. Por ejemplo, un hombre preocupado por una deuda se niega a ver los números reales con la esperanza de que de algún modo desaparecerán. En vez de cambiar los malos hábitos, como gastar más de lo que gana, encuentra más fácil vivir en un mundo de fantasía. La negación, por lo general, tiene las peores consecuencias.

2. Puede vivir en el limbo.

La vida parece detenerse. Al parecer, usted no retrocede, pero tampoco hace ningún progreso. Es frustrante y, por supuesto, el asunto inconcluso está esperando a que se le atienda. Estar en el limbo le petrifica.

3. Puede enfrentar el asunto con la cabeza en alto.

Éste parece el curso de acción obvio, aunque mucha gente elige las dos opciones previas. ¿Por qué? Casi nunca nos gusta la confrontación; es incómoda y hay cierta cantidad de riesgo en ella. En ocasiones, puede ser dolorosa y tal vez no funcione como usted desea. Aquí hay una frase que le ayudará: **enfrente el temor.**

La mayoría de las veces el miedo sólo existe en la mente. Nuestra imaginación es poderosa; las pequeñeces a menudo salen de proporción, por lo que creamos imágenes mentales que son ridículas en comparación con los hechos. Un amigo en Arizona, George Addair, nos contó sobre un bombero que asistió a uno de los talleres de conocimiento de sí mismo. Él dijo: "Los bomberos se enfrentan al miedo cada vez que se preparan para entrar a un edificio en llamas. Justo antes de entrar en acción, experimentan la incertidumbre de no saber si sobrevivirán o no. Ocurre una increíble transformación en cuanto entran en el edificio. De verdad, se enfrentan a su temor y al hacerlo, éste desaparece. Están al 100 por ciento en el momento presente. Por tanto, pueden concentrarse en apagar el fuego, hacer salir a la gente y todo lo necesario. Al enfrentar el temor pueden concentrarse en la situación inmediata y cumplir con su deber".

Otro factor importante es la energía que consume cuando usted vive con miedo. No puede darse el lujo de perder toda esa vitalidad. Hacerlo restringe su capacidad. Si quiere tener confianza en sí mismo, acelerar el progreso a la vez que recobrar la máxima energía, debe enfrentar sus temores. Tome la decisión ahora de manejar cualquier asunto inconcluso de una vez por todas. Haga su mejor esfuerzo, déjelo atrás y siga adelante.

Haga de ello un hábito. Esté consciente de que los asuntos inconclusos son una realidad continua. Cada semana sucederá algo que necesita resolverse. No permita que esas heridas supuren. Manéjelas con oportunidad, con confianza en sí mismo. Su vida será más sencilla y fluirá con suavidad cuando lo haga.

El PARADIGMA del camino a la libertad

Acabamos de mencionar al empresario de Arizona George Addair, quien durante más de veinte años ha creado programas exclusivos de capacitación para superación personal. Uno de los componentes más fuertes en dichos talleres es El paradigma del camino a la libertad. La filosofía de Addair dice que todo lo que se quiere se encuentra más allá del miedo. Para superar el miedo hay que tener fe en el resultado. De hecho, la fe es necesaria para establecer un puente que vaya del miedo a la confianza en sí mismo. El doctor Robert H. Schuller, pastor de la Catedral de Cristal en Garden Grove, California, es alguien que entiende lo que significa tener fe. Él dice:

Tener fe a menudo necesita un " salto".

La fe consiste en saltar las brechas entre lo conocido y lo desconocido, lo comprobado y lo no comprobado, lo real y lo posible, lo asequible y lo alcanzado.

Siempre existe un abismo entre el lugar donde se encuentra y el lugar al que quiere llegar. ¡Con la fe dé un salto hacia adelante!

¿Qué hay adelante? ¿Mañana? ¿La siguiente semana? ¿El próximo mes? ¿El siguiente año? ¿Más allá de esta vida?

¡Tenga fe! ¡Crea en Dios!

¡Crea en el mañana! ¡Dé un salto con fe!

FUENTE: *¡ Cómo hacer actuar a la fe, hoy!*

Entonces, ¿cómo puede *usted* superar los temores e incertidumbres, para empezar a adoptar el hábito de tener confianza en sí mismo? Existen dos pasos iniciales: resolver los asuntos inconclusos e identificar los temores más profundos. El paso de acción llamado Cómo resolver asuntos inconclusos le mostrará de qué manera deshacerse de ellos. Este importante ejercicio le ayudará a encontrar una solución práctica para resolver los asuntos inconclusos. Haga el compromiso de seguir adelante para que pueda experimentar esa energía positiva maravillosa y sentir alivio. Sólo liberar la culpa vale la pena el esfuerzo.

Para derribar la barrera del miedo necesita identificar sus temores. Aquí hay un par de sugerencias. Programe tiempo en silencio para pensar. Es importante que no se le interrumpa. Hágase esta pregunta fundamental: ¿en realidad a qué le tengo miedo?

Siga repitiéndose la pregunta, con algunas variaciones si así lo desea. ¿A qué le tengo más miedo? ¿A qué le temo en el futuro? ¿A qué le temo ahora mismo? Anote sus respuestas. Siga agregando a la lista y esté abierto a cualquier cosa que surja. Las respuestas más significativas pueden no aparecer de inmediato. Puede obtener más provecho de este ejercicio si le pide a un amigo confiable que le haga las preguntas. Esta persona puede registrarlas mientras usted se sienta en silencio a pensar, con los ojos cerrados.

Antes de descartar esta actividad por vana o tonta, tome un momento para considerar los beneficios. La mejor manera de entender en realidad cómo y por qué sabotea sus resultados es conocerse mejor a sí mismo. la reflexión le da claridad; es una elección sabia. No sea como la mayoría de la gente que da la espalda a los asuntos reales y más tarde termina sintiéndose desesperado y vacío.

Una vez que identifique sus temores, tendrá una ventaja enorme. Ahora puede diseñar estrategias para combatirlos cuando se presenten. Controle cada temor con la pregunta *"¿Qué puedo hacer para superar esto?"* Al hacerlo, está preparándose como los oradores profesionales preparan un discurso, elaborando un bosquejo de los puntos clave. Cuando tenga un plan estratégico para contrarrestar el temor, cosechará las semillas de la confianza y la certidumbre.

El conocimiento de sí mismo es la clave. Adopte el hábito de aprender más sobre usted mismo: cómo piensa, siente, reacciona y se comporta. A continuación encontrará una lista de temores comunes así como de estrategias específicas para superarlos. Tome nota de los que se relacionan más con usted.

Temores comunes	Plan estratégico para contrarrestarlo
Mala salud	Aprenda más sobre hábitos para tener buena salud, nutrición, ejercicio y su configuración genética.
Perder el empleo	Vuélvase tan indispensable que no puedan despedirle. Y si le despiden, las habilidades especiales que tenga le abrirán nuevas oportunidades. Siga afinando sus fortalezas. Concéntrese en las actividades en las que es brillante; establezca relaciones excelentes.
Soledad	Rodéese de gente positiva y que le dé apoyo. Entréguese. Para atraer amigos, sea un amigo.
Incertidumbre sobre el futuro	La mayoría de los empleos del futuro ni siquiera se han inventado. Concéntrese en desarrollar sus talentos principales. Póngase metas emocionantes.

Temores comunes	Plan estratégico para contrarrestarlo
Morir	Nos sucede a todos. Tenga fe. Viva cada día al máximo. Explore corrientes espirituales.
Fracaso	Su parte espiritual prueba que hay un plan más grande. Dios le dio talento. Búsquelo. Rodéese de ganadores. El "fracaso" es una oportunidad para aprender. Cometer errores es vital para alcanzar el éxito a largo plazo.
Tomar decisiones importantes	Plasme sus pensamientos en papel, planee con anticipación, busque buenos consejos. (Vea capítulo 9, "Actuar de manera decisiva".)
Rechazo	No lo tome en forma personal, sobre todo si trabaja en ventas. Todos experimentamos cierta forma de rechazo cada semana. Tenga piel de cocodrilo.
Conflicto	Enfrente el miedo. Busque una solución en la que todos ganen. Acepte el conflicto como parte de la vida. Tome un curso para solucionar conflictos.
Ignorancia/falta de conocimientos	Tenga el hábito de aprender algo todos los días. Lea, estudie, sea más consciente. Recuerde: el uso del conocimiento es el poder máximo. Aprenda más. Vuélvase un experto en lo que hace mejor.
Perder a su familia	Nutra con frecuencia las relaciones más importantes. Construya una vida con recuerdos positivos que podrá atesorar por siempre.
Hablar en público	Tome un curso de oratoria, inscríbase a la Asociación Nacional de Oradores, elija un muy buen tutor, escriba un discurso de 10 minutos sobre su tema favorito. Practique. Acepte oportunidades para hablar cuando se lo pidan. Contrate un maestro de oratoria.
Pobreza	Aprenda sobre el dinero y cómo funciona. Revise sus creencias. Encuentre un consejero financiero excelente. Fije metas específicas para ahorrar e invertir parte de lo que gana. (Vea capítulo 10, "Vivir con un propósito".)
Éxito	Acepte el hecho de que el éxito viene del estudio, el trabajo duro, la buena planeación y de arriesgarse. Lo merece si hace todo esto.

© Programa de entrenamiento para tener logros.

Una de nuestras clientas tiene la meta de convertirse en cantante profesional. Su voz es maravillosa y ella se especializa en música *country*. Hasta hace poco, sólo se había presentado frente a amigos y grupos de la comunidad local. Entonces, un día llegó una oportunidad real. Le ofrecieron una intervención de diez minutos en un concierto importante que venía a la ciudad.

Cuando llegó la gran noche, estaba detrás del escenario temblando nada más de pensar en cantar frente a diez mil personas. El corazón le latía con fuerza y ella se imaginaba todo lo que podía salir mal. Tal vez olvidara la canción o su boca estaría tan seca que no podría cantar nada.

Por último, unos minutos antes de levantar el telón, se tranquilizó. Con serenidad repitió las palabras siguientes una y otra vez: "¡Yo puedo hacerlo, yo puedo hacerlo, yo puedo hacerlo!" Al concentrarse en la creencia de que lo haría bien y eliminar los pensamientos negativos, el temor se esfumó. Al terminar recibió una gran ovación, prueba de que sus temores iniciales eran injustificados.

Se requiere una confianza proporcional al temor. Es uno de los desafíos más grandes de la vida. Acéptelo con una nueva resolución de hacer las cosas bien, sin importar qué situación esté enfrentando.

El DESAFÍO de veinticinco centavos

Nuestro amigo Wayne Teskey tiene un grupo de control mental compuesto por otros cuatro amigos de negocios. Son un grupo dinámico de empresarios que se reúnen cada mes para compartir ideas y ofrecerse apoyo. En una junta acordaron que la vida había perdido algunos de sus retos. Sus negocios iban muy bien, pero necesitaban un estímulo nuevo. Llegaron a una idea que pondría a prueba la confianza en sí mismos y los haría alejarse de todas las áreas en las que se sentían cómodos, ya tan familiares.

El plan consistía en volar de Edmonton, la ciudad en que vivían, a Toronto, a más de cinco mil kilómetros de distancia, con un boleto sólo de ida y veinticinco centavos en los bolsillos. Al aterrizar cada uno tendría que averiguar cómo volver a casa sin tarjetas de crédito, ni cheques ni amigos que los ayudaran. Para hacerlo más interesante, acordaron emplear cuando menos tres medios de transporte. En otras palabras, si una persona podía conseguir un vuelo a casa, parte del viaje tenía que incluir otros dos medios de transporte: tren, autobús, auto, bicicleta o a pie. Tampoco podían contar a nadie de qué se trataba el reto.

Imagínese usted en una situación así. ¿Qué haría?

Desde luego serían necesarios creatividad, innovación, valor así como creer con firmeza en sus habilidades; al igual que dinero para regresar a casa.

Sin que el grupo lo supiera, un amigo había alertado a los medios de comunicación locales de Edmonton y a las principales estaciones de radio y a los diarios. A la llegada a Toronto, los recibieron en el aeropuerto varios fotógrafos y reporteros, todos intrigados por esta aventura tan diferente. ¡Ahora tenían una presión real para lograrlo!

A la mayoría del grupo le llevó casi una semana llegar a casa y todos alcanzaron la meta. Hubo algunas historias interesantes. Una persona tomó la ruta larga viajando de aventones. Las paradas incluyeron Minneápolis, donde trabajó como croupier en un casino. Cuando regresó tenía más de setecientos dólares. Otros dos de los integrantes convencieron a los empleados de uno de los mejores hoteles en Toronto de que los dejara quedarse sin pagar. Otros encontraron empleos extraños.

TODO LO QUE DESEA ESTÁ MÁS ALLÁ DEL MIEDO.

Wayne se divirtió en la calle preguntando a personas muy bien vestidas: "¿Tiene algo de dinero que no planea gastar hoy?" Si la respuesta era "sí", continuaba con una gran sonrisa: "¿Puede darme un poco por favor?" ¡Algunas personas en realidad le daban dinero!

De vuelta en Edmonton, la historia estuvo en las primeras planas. De hecho, el grupo obtuvo más publicidad que muchas campañas costosas. Las "mentes maestras", como ahora se les decía con afecto, acordaron con unanimidad que el viaje había sido una de las mejores experiencias de toda la vida. Descubrieron que no importa lo poco que se tenga, era posible no sólo sobrevivir, sino prosperar. La confianza en sí mismos aumentó y el reto de veinticinco centavos produjo oportunidades de negocios más grandes así como mejores en los meses que siguieron.

Perdonar y OLVIDAR

Usted tiene tanto la capacidad como la habilidad increíble para superar los retos más grandes de la vida. Acepte esta realidad y utilícela la próxima vez que ocurra una crisis. Es más, celebre la oportunidad de desempeñarse en un nivel más alto. Cuando rompa la barrera del miedo, las recompensas serán muchas. Disfrutará de paz espiritual y de la habilidad para soñar, a la vez que de construir un futuro emocionante sin estar agobiado por la preocupación y la culpa. Cuando resuelva los asuntos inconclusos, la vida se volverá más sencilla al igual que serena. Tendrá energía nueva.

Todo lo anterior alimenta la confianza en sí mismo. Es vital que entienda una cosa: la confianza en sí mismo aumenta al actuar, no al pensar. Sólo las acciones producen resultados. Como lo canta Sheryl Crow: "Un cambio te hará bien". Para obtener un resultado diferente, necesita cambiar algo. Todo empieza con usted. Si *usted* no cambia, nada más cambiará. Posponer las cosas es un boleto sin retorno. Es una excusa para no hacer las cosas.

He aquí un punto muy bueno sobre los asuntos inconclusos. En realidad, necesita hacerlo si quiere estar concentrado. Para liberarse por completo del equipaje del pasado, debe aprender a *perdonar*. Léalo de nuevo: **debe aprender a perdonar**. Esto tiene dos lados: primero, necesita perdonar a quienes le obstruyeron en el pasado (padres, amigos, parientes o maestros). De hecho, a cualquiera que minó o abusó de su confianza en sí mismo de manera verbal, física o mental. No importa lo traumática que haya sido la experiencia, para estar libre debe perdonarlos. Hacerlo tal vez no sea fácil, pero es indispensable si quiere tener paz espiritual y un futuro más feliz.

¿Cómo hacerlo? Escriba una carta, haga una llamada, sostenga una conversación frente a frente, lo que sea necesario, pero es de suma importancia que arregle el asunto en su interior. Déjelo ir y siga adelante.

Segundo, perdónese. Calle para siempre esos pensamientos negativos de culpa. Ya lo pasado, pasado. Nunca podrá cambiarlo. En vez de ello, acepte el hecho de que cualquier cosa que haya hecho, sus elecciones estuvieron basadas en sus conocimientos y conciencia del momento. Lo mismo va para sus padres. No los culpe por la educación que usted recibió, actuaron con base en las circunstancias que les rodearon, sus creencias y habilidades para ser padres.

Observe la palabra *perdón*. Perdonar implica dar para ser libre. El don más grande que usted tiene para ofrecer es el amor. Recuerde: no puede dar lo que no tiene. Si no tiene amor en su interior, ¿cómo puede darlo? Empiece con perdonarse usted mismo. Debe quitarse las ideas de "no es mi culpa" y "pobre de mí", o nunca disfrutará el verdadero amor en su corazón. Hacerlo requiere un tipo especial de conciencia. Es vivir en un nivel más alto. Para hacerlo con efectividad es necesario que se desprenda de eventos pasados de su vida a fin de estar libre para dar sin condiciones.

Mucha gente nunca permite que la persona verdadera que llevan dentro cobre vida. En consecuencia, viven una existencia insípida y sin logros. En vez de hacer un esfuerzo y desafiarse para ser todo lo que pueden ser, se quedan atrapados por las cosas cotidianas de la vida. ¡Usted puede ser diferente! Tome la decisión ahora de deshacerse de las cosas fútiles y explore los talentos únicos que posee. Están dentro de usted, esperando a ser liberados.

Deshágase de sus temores. Perdone a quienes necesita perdonar y confíe en el conocimiento de que puede tener lo que desea dando un paso a la vez, tomando una decisión a la vez y logrando un resultado a la vez.

Una de las historias más maravillosas sobre amor y perdón empezó hace muchos años en la guerra de Vietnam. La reportera Patricia Chisholm recuerda la historia en la revista *Maclean*: Phan Thi Kim Phuc, de nueve años de edad, huía de su aldea cuando bombas norteamericanas destinadas para instalaciones militares empezaron a explotar a su alrededor. Ella recuerda: "En un momento veo que mi ropa está en llamas, todo; me veo la mano y mi brazo está en llamas". Pero entonces empezó a correr, desesperada por escapar del círculo de fuego. "No había tiempo para pensar", recuerda. Sólo sentía un miedo asfixiante y después un calor insoportable. Tenía heridas terribles en la espalda, donde había pedazos de piel destruida por el napalm, un gel que convierte la gasolina en una especie de jalea que se adhiere a cualquier superficie, incluso la piel, mientras arde. En el lugar de los hechos, el fotógrafo Nick Ut la llevó a un hospital cercano, en donde permaneció por catorce meses, sometiéndose a muchas operaciones. La dramática fotografía de Nick, que le hizo ganar el premio Pulitzer, captura la agonía del momento.

Viviendo ahora en Canadá después de años de rehabilitación y adaptación a la vida occidental, Kim ha demostrado una capacidad extraordinaria para perdonar. En el otoño de 1996, participó en la ceremonia del Día del Veterano en recuerdo de la guerra de Vietnam en Washington D.C. Ahí tuvo una junta no anticipada a la vez que llena de emociones con el capitán John Plummer, el hombre que dio la orden a los pilotos vietnamitas del sur que atacaran por aire la aldea. Mientras los dos estaban sentados juntos, sonriendo y tomados de las manos, fue claro que el único sentimiento de Kim era de buena voluntad. En este respecto Kim es rara. Muchas personas habrían vivido llenas de resentimiento y odio que las habría consumido con los años. Ella eligió evitar pensamientos obsesivos sobre la guerra. "Nunca siento dolor por eso", dice. "Sentir amargura, aunque sea profunda, es muy desgastante y pesado".

En vez de eso, decidió seguir adelante. Ahora disfruta un matrimonio feliz y tiene un hijo pequeño. Sin duda, la habilidad para amar y perdonar aceleró su progreso.

Por lo general no pensamos que tener confianza en sí mismo sea un hábito. Con frecuencia vemos a otras personas que parecen disfrutar la vida al máximo y deseamos haber nacido con los mismos genes. Aunque es cierto que algunos individuos parecen ser más sociables que otros, se puede adquirir confianza en sí mismo. Tenerla no quiere decir que usted tenga que saltar de gusto todos los días con una energía positiva fuera de serie. Algunas de las personas con más confianza y éxito que conocemos tienen una fortaleza interna tranquila, la cual rara vez se expresa en forma abierta. En esencia, la confianza empieza con combinar una actitud positiva con acción positiva. Cada día puede hacer la elección consciente de ser más positivo . Y también puede elegir actuar de manera positiva o no. Hay un vínculo directo entre su actitud y las elecciones que hace.

Una ACTITUD ganadora

La actitud tiene mucho que ver con el éxito y la habilidad para lograr lo que se desea. Quizá esté consciente de que la actitud puede cambiar con rapidez. De hecho, cada día su actitud se pone a prueba. Uno de los ejemplos más grandes de cómo se pierde la confianza en sí mismo ocurrió en el Torneo Profesional de Maestros de Golf en 1996 en Augusta, Georgia. El australiano Greg Norman, gran golfista y uno de los favoritos para ganar el campeonato, jugó de manera brillante. Al final del tercer día estaba a seis tiros delante de su rival más cercano y, con sólo una ronda más por jugar, Norman parecía ya tener puesto el saco de ganador ese domingo por la tarde. Lo único que necesitaba era un desempeño promedio para asegurar la victoria. Sin embargo, de manera inexplicable su juego se desplomó en la ronda final. En veinticuatro horas se evaporó su ventaja de seis tiros, razón por la cual terminó perdiendo por cinco tiros, lo que le dio el triunfo a Nick Faldo, quien había tomado la delantera a pesar de la aparente victoria de Norman. En verdad, fue la persistencia y la confianza de Faldo lo que, en última instancia, ocasionó el resultado. Es decir, Faldo adquirió el hábito de avanzar desde atrás para ganar, así es como venció a jugadores profesionales (1989-1990).

Conforme progresaba la ronda final, la actitud de Greg Norman se deterioró en gran medida. El tiro confiado que se le vio el día anterior cambió a una actitud de hombros caídos así como una expresión en blanco en los ojos cuando vio que se evaporaba su sueño tan anhelado de convertirse en campeón de maestros. La espiral descendente fue un recordatorio conmovedor de lo inconstante que puede ser la confianza en sí mismo: fuerte y positiva un día; en total desgracia el siguiente. Para combatir esto veamos algunas estrategias prácticas que ayudarán a impulsar su confianza.

Seis ESTRATEGIAS para tener confianza en sí mismo

1. Recuérdese cada día que hizo bien algunas cosas.

En vez de pensar en lo que no funcionó o en las tareas que no terminó, concéntrese en lo que sí logró. No se minimice. Recurra al hábito de **estar Alerta** para aclarar esto. Motívese al principio y al final del día. Entrénese a sí mismo como a alguien a quien ofreciera ayuda para superar un reto.

2. Lea biografías y autobiografías que le inspiren.

Queremos reforzar esto una vez más. Lea libros, artículos y revistas. Elabore un expediente con las historias que más le inspiren. Grabe documentales especiales en televisión. Escuche cintas de audio o vea vídeos. Vaya al cine; ahí hay muchas historias. Investigue sobre personas que empezaron con nada o quienes vivieron tragedias devastadoras y encontraron la forma de ganar. Recuerde, su capacidad excede por mucho su nivel actual de desempeño. La vida sin retos es una ilusión. Acepte el hecho de que tendrá altas y bajas, igual que todos los demás. Su confianza aumenta cuando enfrenta con acciones los desafíos de la vida. No siempre va a ganar, pero con la actitud correcta obtendrá más que suficiente.

3. Sea agradecido.

No importa lo malas que sean sus circunstancias, es probable que haya alguien que está peor que usted. Si lo duda, ofrézcase como voluntario en el pabellón de niños quemados con heridas graves en el hospital. Ponga las cosas en perspectiva. Piense en todo lo que da por hecho que es inaccesible en otros países. La mayoría de sus problemas no serán nada cuando se imagine todos los beneficios que disfruta cada día.

4. Consiga el mejor apoyo de su entorno.

Si necesita estímulos, refresque su memoria revisando el capítulo 5, "Cómo establecer relaciones excelentes".

5. Oblíguese a alcanzar metas de corto plazo.

No hay mejor manera de tener confianza en sí mismo que haciendo cosas. Procure producir un ambiente lleno de logros cada semana. Concéntrese en sus tres objetivos más importantes. Haga algo todos los días que le acerque al término de un proyecto, al cierre de una venta o a enriquecer una relación. No permita que le distraigan o interrumpan. Al hacerlo eliminará los sentimientos de culpa y fracaso. Dé un paso pequeño a la vez.

Asegúrese de que sus metas sean realistas. El rechazo hacia uno mismo puede deteriorar su confianza, así que no se flagele cuando algo no sale como lo planeó. Sea flexible. Y cuando otros le digan "no", no lo tome de manera personal. Acepte el hecho de que necesita perder algunas veces antes de poder ganar.

6. Haga algo por usted cada semana.

Encuentre una forma de celebrar sus logros semanales. ¿No se lo merece? Si dijo "no", vuelva al paso uno y comience de nuevo.

EL CAMINO A LA CONFIANZA ESTÁ CUBIERTO DE VICTORIAS SEMANALES

Aprenda a aplaudirlas.

Revise su FE

Estudios recientes muestran que la felicidad se relaciona con nuestro nivel de confianza. Mucha gente también encuentra alegría y tranquilidad sin reservas en una relación espiritual fuerte. George Gallup, cuya familia fue pionera en la elaboración de encuestas para evaluar la actitud de las personas, cada vez concentra más su trabajo en la religión. "Siempre quise ver encuestas que dijeran algo más allá de la superficie", dice Gallup. "Aprendemos mucho sobre la envergadura de la religión, pero no sobre la profundidad de la religión. Ahora tratamos de explorar más eso".

Dijo que estudios iniciales de esta "dimensión profunda" han descubierto que los más comprometidos (13 por ciento de creyentes) son los más felices, más caritativos, tolerantes y éticos. "Son una casta diferente al resto de la población. Ahora, un tercio de la población pertenece a una variedad de grupos pequeños con intereses compartidos, 60 por ciento de los cuales están relacionados con la iglesia. Es un hallazgo fenomenal. Es muy importante en nuestra sociedad tan fragmentada".

De acuerdo con Gallup, en grupos pequeños e íntimos la gente se encuentra a sí misma, a los demás y a Dios. Dijo que los tiempos modernos han enfrentado a las personas con una "gama impresionante de problemas", la cual incluye decepciones por utilizar el materialismo como una medida del éxito. "Es un fracaso del sueño estadounidense. No es sólo desalentador fracasar en el mundo material, sino un desencanto en lo que respecta al estilo de vida. La soledad es un factor. Estamos muy solos. Buscamos relaciones significativas".

Qué hacer si tiene una DEPRESIÓN REPENTINA

1. Reconozca que la tiene.
Dedique tiempo a volver a pensar, volver a tener energía y volver a concentrarse. Hable con las personas que más le apoyen: sus tutores, amigos y familiares.

2. Recuérdese sus logros importantes.
Elija una victoria notable que le haya hecho sentir maravilloso. Vuelva a vivirla en la mente. Hable de ella. Vea fotografías, reconocimientos o cartas de agradecimiento. Lleve un registro de sus éxitos, un álbum de los recuerdos más positivos. Entienda que tiene talento. Lo ha comprobado antes y lo puede hacer de nuevo.

3. Recupere lo básico.

Una de las razones principales por las que tener resultados se detiene es que usted no está practicando los fundamentos. Haga una revisión muy pequeña de la realidad. ¿Está realizando las cosas fáciles en vez de actividades que le garantizan resultados? Tome un descanso si está física o mentalmente agotado. Recupere la energía antes de empezar de nuevo. Entienda que puede salir de la depresión. La vida está llena de ciclos, pero no duran para siempre, así que viva un día a la vez. Recuérdese: "Esto pasará". Poco a poco el sol empezará a brillar de nuevo.

Como lo dijimos antes, el famoso aventurero y explorador John Goddard es una de las personas que mejor fijan metas en el mundo. Ha logrado más en su vida de lo que veinte personas hubieran logrado juntas. Cuando se le preguntó sobre cómo supera obstáculos, contestó: "Cuando me siento atrapado, vuelvo a empezar concentrándome en una meta que puedo alcanzar en los siguientes siete días; algo sencillo. No pienso en otra cosa, lo cual, por lo general, me da ímpetu de nuevo".

CUANDO CREA QUE NO PUEDE...

Revise un triunfo pasado.

CONCLUSIÓN

El hábito de la confianza en sí mismo es un componente vital en la búsqueda cotidiana para disfrutar el éxito continuo. Igual que las otras piezas importantes del rompecabezas, la confianza en sí mismo es invisible. El amor, la fe, la honestidad y la integridad son visibles cuando usted intenta definirlos de manera individual. Así es la confianza. Aquí hay un ejemplo...

En el momento de escribir este texto, Elvis Stoijko era ya tres veces campeón de patinaje artístico masculino, y medallista olímpico de plata. A los veinte años había alcanzado el pináculo de un deporte que no es sólo demandante, sino que también está ligado a políticas controvertidas. Por lo general, debe esperar su turno antes de que lo acepten en los rangos superiores. Elvis es único. Patina con un programa diferente, uno que incorpora su experiencia en artes marciales a sus actuaciones sobre el hielo.

Es un talento refrescante. Como cualquier atleta importante, entrena muy duro y practica sin descanso. Cuando se le pregunta la razón número uno de su éxito extraordinario, se detiene un momento a pensar, y luego contesta: "Creo en mí mismo. Sí, eso es. Creo en mí mismo".

La confianza en sí mismo es lo que une todo, un hábito adquirido de muchas fuentes. Ahora ya tiene una multitud de maneras para aumentar su nivel de fe en usted mismo. Acepte el reto. Revise estas estrategias con cuidado. Asegúrese de completar todos los PASOS DE ACCIÓN que siguen; luego empiece a utilizarlos, uno a la vez. Practique. Hágalo un hábito diario. Cuando lo haga, pronto estará elaborando una lista propia de éxitos maravillosos.

PASOS DE ACCIÓN

Cómo resolver asuntos inconclusos

Haga una lista de los asuntos que desea resolver. Anote cuando menos tres. Luego escriba una forma específica para resolver cada uno. ¿Cuál es su plan de acción? Defínalo con claridad. Por último, decida la fecha en que va a terminar esto. Luego empiece.

Asuntos inconclusos que quiero llevar a término.
Asuntos de relaciones, financieros, legales, de negocios, de salud, físicos, de organización (oficina, hogar, cochera, etcétera).

1. _____
2. _____
3. _____
4. _____
5. _____

Beneficios específicos que obtendré por resolver este asunto inconcluso. Describa cómo se sentirá.

1. _____
2. _____

3. _____

4. _____

5. _____

Plan de acción para concluirlo. ¿Específicamente, qué va a hacer?

1. _____

2. _____

3. _____

4. _____

5. _____

Fecha de término.

1. _____

2. _____

3. _____

4. _____

5. _____

Vivir con un propósito

Actuar de manera decisiva

Persistencia consistente

Pida lo que desea

El factor de la confianza en uno mismo

Cómo establecer relaciones excelentes

Cómo crear un equilibrio óptimo

¿Ve el panorama completo?

No se trata de magia ni de ilusión,
sino de mera concentración

Sus hábitos determinarán el futuro

Tenemos confianza en que terminará las últimas cuatro.
¡Siga adelante!

Pida lo que desea

"Si hay algo que ganar y nada que perder con pedir, por favor pida."

— W. Clement Stone

Jonathan tiene once años y le encanta la música.
Él tiene un talento excepcional para tocar el saxofón soprano y también le gusta componer. Tal vez un día tocará en una orquesta filarmónica famosa y será director. ¡Maravilloso!

En este momento la meta más importante de Jonathan es ganar dinero suficiente para comprar un saxofón nuevo así como un teclado en donde pueda componer. Cuando se tienen once años, es difícil encontrar empleo con buena paga, en especial cuando la escuela absorbe casi toda la semana; sin embargo, está decidido. En realidad, quiere el instrumento nuevo. Cada sábado va al mercado local y se para cerca de una de las entradas principales. Monta un puesto de música y saca su clarinete del estuche. Enfrente de él coloca un letrero, para luego ponerse a tocar. El letrero dice:

MI NOMBRE ES JONATHAN, TENGO ONCE AÑOS. ESTOY JUNTANDO DINERO PARA COMPRAR UN SAXOFÓN SOPRANO Y UN TECLADO. ¿PUEDE AYUDARME? ¡MUCHAS GRACIAS!

Además del letrero hay un recipiente de plástico al igual que una lista de peticiones personales. Jonathan descubrió una fórmula mágica. Se llama *pedir*, y está haciendo lo que casi nadie hace, está actuando.

Mientras toca con habilidad una selección conocida, cae dinero en el recipiente. Un dólar de un empresario que pasa, cincuenta centavos de una joven, cinco dólares de una abuela bien vestida. A este ritmo no pasará mucho para que su meta se haga realidad. Con un poco de creatividad y el valor de pedir ayuda, encontró una manera única de conseguir lo que desea. Con este tipo de determinación firme, ¿quién podría apostar que no logrará sus ambiciones musicales? Nosotros no, se lo aseguro.

Pedir y RECIBIR

El don llamado pedir ha estado en el mundo mucho tiempo. De hecho, una de las verdades fundamentales de la vida establece: "Pide y recibirás". ¿No le parece simple? Claro que lo es. Los niños son los maestros en ello. Su fórmula casi siempre consiste en pedir hasta que consiguen lo que quieren. Cuando adultos, parecemos perder la habilidad para pedir. Inventamos todo tipo de excusas a la vez que razones para evitar cualquier posibilidad de rechazo. Los niños no están programados así, ellos creen que pueden tener cualquier cosa que pidan, ya sea una piscina de 25 metros o un cono de helado de chocolate.

Esto es lo que usted debe aprender: el mundo responde a aquellos que piden. Si no se está acercando a lo que desea, tal vez no está pidiendo lo suficiente. Por fortuna, para contar con abundancia futura hay muchas formas de pedir. En las siguientes páginas aprenderá una variedad de estrategias para pedir que le garantizarán un éxito tremendo. Son efectivas en los negocios así como en su vida personal.

Aquí presentamos tres palabras que le recordarán pedir:

SIEMPRE
BÚSQUEDA
CONOCIMIENTO

Algunas personas dicen que el conocimiento es poder. ¡No es cierto! El uso del conocimiento es poder. Es algo que debe grabarse para siempre. Cuando usted pide puede recibir todo tipo de información, ideas, estrategias, nombres de personas con influencia y, sí, incluso dinero. Hay muchas buenas razones para pedir y las recompensas son substanciales. Entonces ¿por qué la gente titubea cuando tiene la oportunidad de pedir? En esencia hay tres razones.

1. Tienen creencias que dicen que no es correcto pedir.

2. Carecen de confianza en sí mismos.

3. Temen al rechazo.

Las antiguas y profundas creencias pueden paralizarle. La Biblia dice: "Pide y recibirás; busca y encontrarás; toca y se te abrirán las puertas". Lo anterior proviene de una autoridad muy alta, una que tiene mucho más fuerza que cualquier sistema de creencias anticuado que haya podido heredar hace años cuando niño. Si lo que acaba de leer le describe, entonces tendrá que hacer un análisis de sus creencias, las cuales le limitan. Consiga ayuda. Hable con un amigo o consejero de confianza. Trabaje en ello. Dése cuenta que hay otras formas de ver la vida y las circunstancias. Cambie la manera de ver las cosas y qué valora en realidad. Deshágase de esos conceptos antiguos. Está perjudicando su futuro y aniquilando su habilidad de pedir.

¿Recuerda la segunda razón? Sí, se trata del viejo derrotero de falta de confianza en sí mismo y que expusimos en el capítulo anterior. La misma acabará con el deseo de pedir. De nuevo, se trata de romper las viejas barreras. Confíe en usted mismo. Dé un paso hacia adelante. Pida. Lo peor que puede escuchar es "no", lo cual nos lleva a la tercera razón: rechazo. Cuando se obtiene una respuesta negativa, ¿uno se siente peor que antes? En realidad, no, a menos que se tome en forma personal, lo cual es la razón número uno de por qué la gente teme al rechazo. Algunas personas no pueden manejar sus emociones, aunque la palabra "no" nunca llevaba la intención de herirle en lo personal.

Entonces ¿cómo evalúa su capacidad de pedir? ¿Alguna de las tres fuerzas negativas mencionadas con anterioridad está haciendo estragos en sus oportunidades de avanzar? Si así es, aquí es donde debe empezar. Se llama dar un salto hacia la fe e implica liberarse de las viejas creencias, sentirse bien consigo mismo y entender que la vida no es perfecta; es normal enfrentarse a muchos bloqueos a lo largo del camino.

Siete Formas para Impulsar su Negocio, CON TAN SÓLO PEDIR

Aquí presentamos siete maneras muy efectivas de asegurar que su negocio se vuelva más rentable. Aplíquelas y sus ingresos aumentarán. Como ayuda, siga los PASOS DE ACCIÓN llamados Siete formas para impulsar su negocio.

1. Pida información.

Para conseguir nuevos clientes, primero necesita conocer cuáles son sus retos actuales, qué quiere lograr y cómo planea hacerlo. Sólo entonces puede proceder a demostrar las ventajas de su producto o servicio exclusivo. Es asombroso cómo tantas personas destrozan este sencillo proceso. Los vendedores son famosos por ignorar esta parte esencial de la presentación. A menudo tienen signos de pesos en los ojos, con lo que dejan claro que su principal objetivo es engordar su cartera.

Los llamamos dinosaurios. Este enfoque es mejor: primero, deje de pensar sólo en sí mismo. Es muy importante. Concéntrese en ayudar con sinceridad a la persona con quien está tratando. Haga preguntas; empiece con palabras como *quién, por qué, qué, dónde, cuándo* y *cómo,* para obtener toda la información que necesita. Hacerlo se conoce como el proceso de descubrimiento. Los abogados de juicios son expertos en él. Por medio del descubrimiento, se les permite hacer casi cualquier pregunta que les ayude a preparar un caso. No confían en suposiciones. Sólo cuando están armados con todos los hechos pueden llevar un caso sólido a los tribunales.

En los negocios es igual. Sólo cuando usted entiende en verdad y aprecia las necesidades de las personas que conoce puede ofrecer una solución, y si todo encaja la solución que ofrezca constituirá el producto o servicio.

Hay dos preguntas importantes que hacer en el proceso de descubrimiento. Primera: "¿Cuál es el reto más grande en este momento?" Encontramos que esta pregunta es una magnífica forma para lograr armonía. La clave es que debe mostrar interés genuino cuando pregunte. Si suena como algo sacado de un antiguo manual de ventas, provocará resistencia. Cuando la persona conteste, escuche con atención y haga otra pregunta, una que le dará más información. Repita el proceso hasta que haya explorado el tema tan a fondo como sea necesario. Lo llamamos pelar la cebolla. Cada vez que hace una nueva pregunta, pela una capa más. Quitar más capas le conduce en última instancia al meollo del asunto. Con frecuencia ahí es donde se encuentra la información más importante, pero se requiere preguntar con habilidad para descubrirla. Un buen consejero matrimonial o psicoterapeuta usa la misma técnica para descubrir lo que provoca una relación disfuncional o una depresión aguda. Practique haciendo preguntas sencillas y directas. Ponga atención. Escuche bien y aprenda a leer entre líneas. Recuerde: los asuntos importantes casi siempre se encuentran bajo la superficie.

La segunda pregunta importante para iniciar la conversación es: "¿Cuáles son algunas de sus metas y objetivos más importantes para los próximos años?" Si cree que la gente no responderá a una pregunta como ésta, piense de nuevo. Si obtuvo buena armonía en los primeros diez minutos, reprimió el deseo de hacer una venta y demostró interés sincero en su negocio, la gente le dirá mucho más de lo que usted se imagina.

LES:
Es sorprendente; diez minutos después de reunirme con un negociante o gerente por primera vez, cuando hago la pregunta de las metas a menudo se levantan y me di-

cen: "Déjame cerrar la puerta". Entonces abren su corazón. Es como si estuvieran esperando que llegara alguien dispuesto a escuchar, y así descargan algunos de los pesos que llevan a cuestas en los negocios o la vida personal. Nunca subestime el poder de hacer preguntas bien escogidas y de la habilidad para escuchar.

Otra clave cuando esté pidiendo información. No interrogue a la gente con una serie continua de preguntas sobre los resultados obtenidos. Entre una pregunta y otra haga algunos comentarios, comparta una idea u ofrezca una sugerencia útil. Relaciónelos con lo que la otra persona dice y luego con gentileza haga la siguiente pregunta. Entre más identificación pueda establecer con el interlocutor, más cómodo y relajado estará su prospecto. Lo anterior genera ese ingrediente mágico llamado confianza. Cuando se establece confianza, la puerta de la oportunidad se abre de par en par, se le da la bienvenida y se le recibe con los brazos abiertos. Al final, el proceso produce cheques muy grandes. También puede practicar esa manera de pedir en la vida personal, con amigos y familiares. Las recompensas son de igual modo sustanciales.

2. Pida hacer negocios.

La siguiente es una estadística asombrosa: después de una presentación completa sobre los beneficios de un producto o servicio, más del 60 por ciento de las veces el vendedor nunca hace el pedido. Es un mal hábito, uno que podría sacarle por completo del negocio.

Si necesita ayuda, los niños son sus mejores modelos. Como lo demostró el joven Jonathan, son vendedores con dones naturales. Más pruebas: estamos jugando golf una tarde soleada y caliente de julio. El área de los *tees* en el hoyo seis está cerca de una barda. En el otro lado hay una pequeña de seis años sentada en una mesa de madera. En la mesa hay dos jarras de plástico, una con té helado y la otra con limonada. Mientras nuestro grupo espera que los otros jugadores terminen el hoyo, la niña pregunta: "¿Les gustaría una bebida fría mientras esperan?" Se para frente a nosotros con un vaso de plástico en la mano y una gran sonrisa. Su nombre es Melanie.

Hace calor y todos tenemos sed, así que vamos a la barda. "¿Prefieren té helado o limonada?" pregunta. Después de expresar nuestras preferencias, ella sirve las bebidas, estira la manita y dice: "Son cincuenta y cinco centavos por cada uno, por favor". Pasamos cuatro billetes de un dólar por la barda. Cuando guardó ya el dinero en el bolso pequeño, nos pasa las bebidas y dice: "Que tengan un buen día". ¡No nos da nada de cambio! ¿Y quién se queja? Después de todo ella se merece el 45 por ciento de propina con una presentación como ésa.

SIEMPRE PIDA HACER NEGOCIOS.

Siempre.

¿Con qué frecuencia cree que ella pide? Exacto. Cada vez que alguien se presenta en el hoyo seis. Esta pequeña empresaria no tomó un curso de capacitación en ventas de diez semanas; lo hizo en forma natural. Considere su brillante estrategia: una lección de negocios de la que todos podemos beneficiarnos. Primero, ella eligió una ubicación excelente. También proporcionó un servicio valioso en un día caluroso. "¿Prefieren té helado o limonada?" comprueba que sabía la importancia de la elección, y su confianza era tan alta que sintió que no era necesario devolver el cambio.

Como Melanie, usted debe siempre hacer una pregunta de cierre para asegurar el negocio. No titubee ni dé rodeos o, lo que es peor, no espere que su prospecto le pregunte. Aquí tenemos algunos ejemplos que nos han funcionado muy bien.

"¿Le gustaría probarlo?" Ésta es una pregunta sin presiones ni amenazas. Si dio una presentación excelente cargada de valor y beneficios, la mayoría de la gente pensará: "¿Qué puedo perder? Debería intentarlo". Cuando vendemos nuestros programas y seminarios de entrenamiento, preguntamos de manera directa: "¿Les gustaría asistir al siguiente programa?" Otra forma directa de preguntar es decir con sinceridad: "¿Puede hacerme un pedido por favor?" El reconocido consultor Barney Zick agrega un toque de buen humor. Sugiere que si en realidad está atorado, sólo diga: "¿Quiere comprar uno?" El punto es, sólo pida. También note que la pregunta de cierre está formulada para producir una respuesta de "sí" o "no", a diferencia de las preguntas anteriores en el proceso de descubrimiento donde sólo buscaba más información. Si los oradores al igual que los escritores con éxito pueden hacerlo, ¿por qué usted no? Es obvio que sí funciona.

3. Pida endosos escritos.
Las testimonios bien escritos, orientados a resultados, por personas que gozan de mucho respeto tienen un gran peso. Solidifican la calidad de su trabajo y le dan impulso como una persona de integridad, confiable y que hace las cosas a tiempo.

Lo fascinante es que la mayoría de la gente de negocios no lo hace. Hacerlo le ofrece la gran oportunidad de rebasar a la competencia. Sólo necesita pedir. ¿Cuándo es el mejor momento?

Justo después de haber proporcionado un servicio excelente, completado un proyecto importante por debajo del presupuesto, caminado un kilómetro extra para ayudar o cualquiera otra vez en que haya satisfecho a su cliente. En circunstancias así, la gente reconocerá con gusto sus esfuerzos. Ésta es la forma de hacerlo:

Sólo pregunte si su cliente estaría dispuesto a darle un testimonio sobre el valor del producto o servicio que usted ofrece, más cualquier otro comentario útil. Para hacerlo más sencillo, sugerimos que haga algunas preguntas por teléfono y tome notas. Pida a su cliente que describa con claridad los beneficios. Haga pruebas para obtener resultados específicos que se hayan obtenido gracias a su trabajo.

Por ejemplo, un capacitador en ventas que acaba de terminar un programa de tres meses con todo el personal en una compañía de crecimiento rápido, podría preguntar: "¿Qué resultados notaron en los últimos seis días?" El gerente de ventas podría contestar: "Debido a que usted compartió sus ideas con nosotros, nuestro volumen total de ventas se elevó 35 por ciento comparado con los meses anteriores".

Éste es un resultado excelente, específico y mensurable. Aléjese de enunciados generales como "fue un programa muy bueno; todos lo disfrutamos mucho". Este tipo de enunciado tiene poco impacto en el lector, pero si tiene un equipo de ventas que necesita ayuda y usted lee de un 35 por ciento de incremento en ventas, es más probable que piense "Es lo que estamos buscando. Si funcionó para ellos, podría funcionar también para nosotros; ¿cómo me pongo en contacto con este capacitador?"

Cuando haya concluido la corta entrevista telefónica, ofrezca escribir el testimonio usted mismo, lo cual ahorrará tiempo a sus clientes, que es importante por dos razones. Primero, quita presiones a su cliente, quien tal vez no sea muy hábil para escribir testimonios con fuerza y consume tiempo. Segundo, tiene la oportunidad de redactar la carta de tal modo que produzca el impacto máximo. Si no es muy bueno para escribir, contrate a un profesional; vale la pena. Cuando haya terminado, envíe por facsímil el testimonio a su cliente para que él lo apruebe; luego pida que lo mecanografíen en papel membretado y lo firmen.

Adquiera el hábito de reunir buenos testimonios. Póngalos en una carpeta de tres argollas y déjela en la mesa de café en el área de recepción en su oficina, o enmarque los mejores y cuélguelos en la pared donde todos puedan verlos. Utilice un marcador de textos para resaltar los comentarios más importantes y llamar la atención hacia ellos. Toda la literatura promocional deberá tener cuando menos tres testimonios excelentes cuyas características los hagan resaltar.

Otra buena opción es reunir los enunciados más impactantes de diez testimonios diferentes y colocarlos en una página junto con los nombres de sus clientes. Todavía mejor, incluya una pequeña fotografía de cada cliente. Si su producto se puede fotografiar con facilidad, como el caso de un auto o mobiliario, haga una fotografía que muestre acción. Por ejemplo, su nuevo cliente sentado en el auto o mostrando su hermosa mesa de comedor. Lo visual tiene gran impacto.

HAGA UNA LISTA DE PERSONAS MUY CREÍBLES

Si tiene algunos comentarios de personas bien conocidas en la localidad, es probable que sus prospectos de cliente las reconozcan y se impresionen.

Éste es otro aspecto importante de los endosos escritos: incluya a algunas personas que sean parte de la industria en la cual usted trabaja. Cuanto más establecidos estén, mejor. Por ejemplo, las primeras páginas de este libro contienen comentarios de grandes estrellas en la industria de la capacitación así como personas con logros importantes en los negocios. ¿No le influyeron un poco?

También puede agrupar los testimonios según categorías específicas. Si su producto o servicio provee varios beneficios, coloque cada testimonio bajo diferentes encabezados como servicio excelente, precio, calidad, conocimiento del producto y entrega a tiempo. Si un prospecto de cliente está preocupado por un área en particular, puede mostrarle varios testimonios que prueban que usted es maravilloso en esa área.

Las anteriores son estrategias sencillas que le ayudarán a hacer muchos más negocios, así que saque ventaja y de ahora en adelante haga el compromiso de pedir testimonios con alto impacto.

4. Pida referencias de que usted ofrece la más alta calidad.

Casi todos en los negocios conocen la importancia de las referencias. Puesto en manera sencilla, es la forma más fácil y menos costosa de asegurar crecimiento y éxito en el mercado. Sin embargo, ésta es la realidad: según nuestra experiencia, sólo una de cada diez compañías tiene un sistema para reunir referencias. ¿Cómo explica esto?

Bueno, es la misma historia de siempre: malos hábitos, más ese tema recurrente del que ha leído: miedo al rechazo. En el capítulo 5, Cómo establecer relaciones excelentes, hablamos de la importancia de tener buenas relaciones con clientes clave. Ellos son las personas que con gusto le dan buenas referencias porque los trata muy bien. Entonces ¿por qué no les pide referencias a todos ellos? Tal vez todavía no cree en los beneficios que usted ofrece. Pongamos un ejemplo que le persuadirá a pensar de nuevo:

Helen es una experta en planeación financiera. Es más, casi siempre cuenta con un 5 por ciento por encima de los dos mil representantes que conforman el equipo de ventas en su compañía. Con el paso de los años, creó una base de clientes clave. Su mercado objetivo es gente en el grupo de entre cincuenta y sesenta años de edad que tiene cuando menos doscientos mil dólares en el portafolio de inversión. Les vamos a comentar en qué forma ella recién impulsó su negocio: invitó a sus clientes clave para que asistieran a un desayuno el sábado en un hotel cercano. La invitación les informaba que escucharían datos importantes sobre los nuevos reglamentos gubernamentales, los cuales podrían afectar su prosperidad futura. Junto con la invitación, había una solicitud para que cada cliente clave trajera tres o cuatro amigos que estuvieran calificados de manera similar.

¿El resultado? Un total de noventa y dos personas se presentaron al desayuno, muchas de las cuales eran invitados. El desayuno costaba ocho dólares por persona, los cuales Helen pagó con gusto. Después de la plática de cuarenta y cinco minutos, muchos de los invitados solicitaron más información. Esto se tradujo en diez clientes nuevos y veintidós mil dólares de comisiones para ella. ¡Nada mal para una mañana de trabajo!

Como saben todos los altos ejecutivos de negocios, pedir buenas referencias de personas calificadas es parte importante de una estrategia global de mercadotecnia. Es un hábito que aumentará en forma dramática sus ingresos. Igual que cualquier otro hábito, requiere que lo ponga en práctica con frecuencia; con el tiempo se volverá fácil.

Obtener buenas referencias no se limita a los clientes clave, aunque ellos proporcionan la ventaja única que le abrirá puertas que de otro modo permanecerían cerradas. Las oportunidades se presentan todos los días. Cuando conoce a un nuevo prospecto de cliente que no necesita o quiere el producto o servicio que usted ofrece, puede preguntarle si le gustaría saber quién sí lo necesita. ¿Qué puede perder? Lo peor que puede sucederle es que le diga "no". En realidad, usted no se encontrará peor que antes y con frecuencia le dirán: "De hecho, conozco a alguien que podría estar interesado en esto".

LES:
Tuve una cita con el dueño de una compañía de desarrollo de bienes raíces. Escuchó mi presentación e indicó que no estaba interesado en nuestros servicios. Sin embargo, cuando le pregunté si podría sugerirme a alguien, se sentó y empezó a revisar su directorio. Me dio veintisiete nombres de personas de muy alta calidad.

A propósito, asegúrese de describir con detalle la definición de un buen prospecto. Lo último que desea es un montón de nombres inadecuados. Esto sólo le hará desperdiciar tanto su tiempo como el de ellos. Cuando alguien le dé una referencia, siempre verifíquela. Haga preguntas sobre la persona hasta que se sienta tranquilo de que en verdad califica.

Otra cosa inteligente que nuestro amigo Barney Zick hace es pedir referencias por anticipado. Es decir, piense en hacer de la petición de referencias una constante en cada venta. La mayoría de la gente nunca lo hace, así que usted tiene una oportunidad maravillosa de capitalizar la omisión de los otros. Por ejemplo, podría decir: " Una razón por la que podemos ofrecerle un precio tan bueno es que también pedimos tres referencias excelentes. Estoy seguro de que usted conoce el valor de las referencias. A cambio prometemos darle el mejor servicio, y estará feliz por la decisión de hacer negocios con nosotros".

En este punto puede reforzar sus comentarios compartiendo testimonios muy buenos de otros clientes felices. Otra forma de pedir de Barney es: "¿Podría por favor presentarme con algunas personas de la misma calidad que usted?" De esta manera extiende un cumplido genuino, lo cual hace sentir bien al cliente.

Una pregunta que a menudo se formula es: "¿Debo pagar a la gente por darme referencias?" Esto depende por completo de usted, aunque la mayoría, en especial los clientes clave, estarán felices de darle referencias sin paga alguna. Por otra parte, si establecer una tarifa por referencias, digamos el 10 por ciento, estimulará a alguien para que le proporcione unas cada mes, entonces hágalo.

También puede adoptar formas creativas de decir "gracias" a las personas que le dan buenas referencias continuas. Averigüe qué les gusta y sorpréndalos con un regalo inesperado. Puede ser un par de boletos para el cine, una taza para café (con el logo de su compañía), una canasta con comida selecta o una cena para dos en su restaurante favorito. El reconocimiento a su ayuda es más importante que el tamaño del regalo, y si sus referencias producen un aumento sustancial en los ingresos, puede mejorar la recompensa.

Otra manera de asegurarse de recibir referencias es primero dar buenas referencias de sus clientes. También considere ofrecer una consulta gratis o una oferta a cambio de buenas referencias. Esto funciona bien cuando acaba de lanzarse a una nueva aventura o no conoce a muchas personas en el mercado.

Como puede ver, hay muchas oportunidades para crear nuevos negocios al vincularse con clientes clave y otras personas relacionadas con gente que le gustaría conocer. Haga el esfuerzo de hacer algo diferente a los procedimientos normales de la red de trabajo. Planee hablar con clientes de más peso o pedir referencias más seguido para que su negocio crezca. Recuerde, reunir referencias excelentes puede hacerle millonario. Un último punto: emplee la palabra "presentaciones" en vez de referencias. Es menos intimidante. Algunas personas pueden haber tenido una experiencia negativa a causa de un vendedor necio que las presionó para que le dieran referencias.

5. Pida hacer más negocios.

Muchas personas pierden miles de dólares en ventas cada año porque no tienen más que ofrecer después de la venta inicial. Busque otros productos o servicios para agregar a su portafolio. También elabore un sistema para determinar cuándo sus clientes requerirán más de su producto o servicio. La gente compra por ciclos y usted tiene que saber cuándo es probable que ocurran esos ciclos. La forma más sencilla de determinarlo es preguntar a sus clientes cuándo quieren que les llame para hacer otro pedido. Con frecuencia es más fácil vender más a los clientes existentes de lo que es salir a buscar clientes nuevos.

LES:
Keith y su compañero Bill tienen una compañía de servicio de energía eléctrica. Durante quince años han construido su negocio de manera estable con mano de obra de alta calidad y relaciones excelentes dentro de la industria. Tienen un cliente principal que antes repartía sus contratos de electricidad entre la compañía de ellos y otro competidor mucho más grande. Este arreglo funcionó por varios años. A Keith le habría gustado tener la otra mitad del negocio, pero su competidor siempre parecía tener la ventaja. Sin embargo, cuando cada año se entregaban las propuestas, enviaba una completa y detallada, sabiendo que había poca oportunidad de triunfar. Pero seguía insistiendo. Un año se contrató a un nuevo comprador para que revisara las propuestas. El competidor, suponiendo que ganaría el contrato como siempre, presentó una propuesta de una hoja. Por otra parte, Keith presentó una propuesta detallada que señalaba los beneficios y las ventajas efectivas en cuanto a costos. Cuando el nuevo comprador consideró las dos propuestas, dio a Keith el negocio porque se había tomado el tiempo para pedir de manera adecuada. Como Keith señaló después: "En realidad no ganamos el contrato. Nuestro competidor dejó caer la pelota". Si pide con persistencia y lo hace con integridad, al final la marea puede serle favorable. El bono para Keith fue que una vez que se supo que habían asegurado todo el negocio de esta firma internacional tan importante, se abrieron nuevas oportunidades y empezaron a llegar solicitudes de muchas otras compañías importantes.

Recuerde esto: el negocio se detiene cuando usted deja de pedir. Pedir más negocios le ayuda a ganar ímpetu.

Hace años McDonald's, la cadena de hamburguesas, inventó una forma única de pedir más. Capacitaron al personal para que hiciera una pregunta cuando alguien ordenaba una hamburguesa y una bebida. Esta simple pregunta agregó más de veinte millones de dólares a los resultados. La pregunta era: "¿Le gustarían unas papas a la francesa con su hamburguesa?" Desde luego, mucha gente decía: "Sí, por qué no". Algo que vale la pena señalar es con qué frecuencia hacen esta pregunta. ¡Siempre! Esto requiere una buena comunicación y capacitar a todo el personal para que el mismo esté alerta con cada cliente. Sin duda, hacerlo produce grandes dividendos.

Lo anterior se conoce como la venta "extra". En la industria automotriz, una vez que compró un nuevo vehículo, es probable que se le pida comprar una garantía extendida por unos cuantos dólares más, o una cubierta especial que le dará años de protección a la pintura contra polvo y raspaduras.

¿Qué más puede pedir cuando hace negocios? Agregar una pregunta más al final de la venta podría aumentar sus ingresos en forma significativa. Recuerde: si usted no pide, ¡otra persona lo hará!

6. Pida volver a negociar.

Las actividades regulares en los negocios incluyen negociar y la oportunidad de volver a hacerlo. Mucha gente no progresa porque no es buena para hacer esto. Es otra forma de pedir que puede ahorrarle mucho tiempo al igual que dinero.

Por ejemplo, si la hipoteca de su hogar aumenta por renovación y los intereses actuales son del 7 por ciento, puede decir: "Es una tasa muy buena; firmaré por otros tres años". Pero qué sucede si se reúne con el banquero y le dice: "Estoy considerando la opción de reestructurar mi deuda. Hay otros bancos que aceptarían mi negocio como garantía. Con gusto me quedaría con ustedes si me pudieran dar una tasa del 6 por ciento". Le sorprendería la frecuencia con que el banco aceptará porque saben que la competencia es feroz en ese tipo de préstamos. El punto extra en el porcentaje le ahorrará una cantidad importante de dinero y asegurarlo sólo requiere una pregunta.

Otras oportunidades para volver a negociar incluyen alargar los periodos de pago. Si tiene problemas para contar con efectivo, treinta días extra sin intereses (bien podría pedir eso también) pueden ayudarle a estabilizar sus finanzas.

Todos los contratos pueden negociarse de nuevo con sólo pedirlo. Si lo hace con ética y con el espíritu de que todos ganen, puede disfrutar de mucha flexibilidad. Nada está grabado en piedra. Si su situación requiere un cambio, pídalo.

LES:
Una mañana iba volando a otra ciudad para llevar a cabo un taller de Logros con un grupo de empresarios. La tormenta de nieve más grande del año había demorado mi salida más de una hora. Cuando estábamos listos para aterrizar en el aeropuerto internacional en las orillas de la ciudad eran las 8:30 a.m. Mi taller empezaba a las 9 a.m. El capitán nos informó que no podíamos aterrizar debido a la neblina, así que continuaríamos volando al aeropuerto municipal en el centro de la ciudad. Pensé: "Perfecto, está más cerca de donde tengo que ir", y empecé a prepararme para bajar. Después de aterrizar el capitán anunció: "No tenemos instalaciones para manejar el equipaje aquí, así que vamos a cargar combustible y esperar hasta que se levante la neblina y podamos aterrizar en el aeropuerto internacional". Luego agregó: "Hasta que la neblina se levante están atrapados en este avión". ¡Interesante selección de palabras!

Lo anterior me proporcionó otra gran oportunidad para pedir. Llamé a la sobrecargo y le expliqué que yo sólo traía equipaje de mano y que mi junta estaba a punto de empezar en quince minutos. Ella estuvo de acuerdo con preguntar al capitán si podía hacer la excepción de permitirme salir de la aeronave. Volvió sonriendo unos minutos después, abrió la puerta y bajó la escalerilla. Hasta entonces nadie se había movido en el avión. Cuando miré hacia atrás, otras personas de negocios estaban haciendo peticiones similares. Nunca se les ocurrió que para resolver su predicamento sólo tenían que pedir.

7. Pida retroalimentación.

Otro componente importante de pedir con frecuencia se pasa por alto. ¿Cómo sabe si en realidad su producto o servicio está satisfaciendo las necesidades del cliente? Pregúntele "¿cómo lo estamos haciendo?, ¿qué podemos hacer para mejorar el servicio que le brindamos? Díganos qué le gusta de nuestros productos y qué no le gusta". Lleve a cabo encuestas regulares con clientes las cuales contengan buenas preguntas e incluyan las difíciles. Considere formar un grupo en el que se reúna una vez al mes con sus clientes. Invítelos a almorzar y hágales muchas preguntas. Es una gran manera de mejorar su negocio.

Si supervisa a un equipo de personas o maneja una organización grande, pida ideas a la gente que trabaja para usted. Con frecuencia son quienes conocen mejor cuando se trata de las actividades prácticas y cotidianas que hacen que el negocio marche en orden. También hable con sus proveedores. Puede haber formas de mejorar la eficiencia con una mejor distribución o la reducción de costos a partir de políticas para hacer inventarios con oportunidad. No importa en qué tipo de industria trabaje, está rodeado de personas que pueden darle retroalimentación valiosa. Sólo necesita pedirla. Como lo mencionamos antes, hay un taller muy valioso al final de este capítulo que le ayudará a crear un plan de acción para implementar estas siete formas de pedir.

Cómo PEDIR

Algunas personas no aprovechan los frutos de pedir porque no lo hacen con efectividad. Si usa lenguaje vago, poco específico, no le entenderán. Aquí presentamos cuatro formas de asegurar que su forma de pedir dé resultados.

1. Pida con claridad.

Sea preciso. Piense su petición. Tome tiempo para prepararla. En un cuaderno escriba las palabras que tengan el mayor impacto. Es muy importante. Las palabras son poderosas, así que selecciónelas con cuidado. Ser incoherente no le servirá de nada. Si lo considera necesario, encuentre personas que sean muy buenas para pedir y solicite ayuda.

2. Pida con confianza.

Las personas que piden con confianza consiguen más de la vida que aquellas que titubean y sienten incertidumbre. Ahora que ya sabe qué quiere pedir, hágalo con certeza, precisión y confianza, lo cual no significa ser grosero, arrogante o presuntuoso. La confianza puede ser una fortaleza invisible, pero para la gente a quien le está pidiendo, es visible. Lo único negativo que puede suceder es que le nieguen su petición. ¿Esto lo pone en una situación peor de la que tenía antes? Claro que no. Sólo significa que esta ruta particular para obtener resultados está cerrada, así que busque otra.

3. Pida con consistencia.

Algunas personas tiran la toalla después de hacer una petición tímida. Renuncian demasiado rápido. Si quiere disfrutar de las verdaderas riquezas de la vida tendrá que pedir mucho. Hágalo como un juego; siga pidiendo hasta que encuentre respuestas. Pida con consistencia. En ventas, casi siempre se reciben cuatro o cinco "no" antes de obtener un "sí". Los grandes productores lo entienden; es normal. Y cuando encuentre una forma de pedir que funciona, siga llevándola a la práctica. Por ejemplo, algunas compañías usan la misma campaña publicitaria varios años. ¿Por qué? Porque funciona.

4. Pida con creatividad.

En esta época de intensa competencia global, la manera de pedir puede ser una de tantas; tal vez las personas que toman decisiones ni siquiera le escuchen. Hay una manera sencilla de no caer en lo mismo. En su obra *No se preocupe; gane dinero*, el autor Richard Carlson describe la técnica como si se tratara de "copos de nieve color púrpura". Es una estrategia que le ayuda a sobresalir de la multitud. Por ejemplo, si quiere la atención de alguien no sólo le envíe una carta ordinaria; sea creativo para ponerle una introducción que cause gran impacto. Aquí tenemos un buen ejemplo de *Las mejores piezas y pedazos*:

El jefe de compras de una compañía próspera era inaccesible para el personal de ventas. No podían llamarlo; él los llamaba. En varias ocasiones cuando la gente de ventas se las arreglaba para entrar en su oficina, eran reprendidos con severidad.

Una vendedora al fin franqueó las defensas de este hombre. Le envió al jefe una tarjeta suya atada a una de las patas de una paloma mensajera. En ella había escrito "¡Si quiere saber más de nuestro producto, lance a nuestro representante por la ventana!"

El anterior es un buen ejemplo de un "copo de nieve púrpura". ¿Qué puede hacer para producir un fuerte impacto con sus prospectos de cliente más importantes? Hágalo divertido. Prepare una tormenta de ideas con su grupo de control mental. Programe tiempo cada mes para elaborar "copos de nieve púrpura" y no se sorprenda cuando esas puertas impenetrables se abran de par en par y le den la bienvenida.

5. Pida con sinceridad.

Cuando en verdad necesite ayuda la gente responderá. La sinceridad debe ser real, lo cual significa deshacerse de las máscaras de la imagen, y mostrar la capacidad de ser vulnerable. Diga las cosas como son, sin rodeos. No se preocupe si su presentación no es perfecta; pida con el corazón. Hágalo de manera sencilla y la gente estará abierta.

También, su petición se verá favorecida si puede demostrar con claridad que ya hizo un gran esfuerzo. Por ejemplo, si una organización altruista de jóvenes necesitara sólo $50 dólares para lograr su objetivo de $1,000, y ellos demostraran todas las cosas que han hecho para ganar los primeros $950 (lavar autos, hornear pasteles, limpiar basura y vender botellas vacías), usted podría donar el resto, sobre todo si tuvieran una fecha límite y les quedaran sólo unas cuantas horas.

Cuando ha agotado todos los recursos para lograr lo que quiere, es más probable que la gente le tienda una mano de ayuda cuando pida apoyo. Las personas que piden transporte gratis todo el tiempo, rara vez tienen éxito.

EXISTEN MUCHAS MANERAS DE PEDIR.

¡Apréndalas todas!

CONCLUSIÓN

El hábito de pedir cambió al mundo. Hay muchos ejemplos de grandes líderes que sabían bien cómo pedir, y lo hicieron con compromiso al igual que pasión. Jesús pidió a sus discípulos que le siguieran; ellos lo hicieron y surgió el Cristianismo. Martin Luther King Jr. tuvo el sueño de que hubiera igualdad para toda la gente. Lo pidió y cambió el curso de la historia, dando su vida en el proceso. La madre Teresa pidió ayuda para apoyar a los pobres y moribundos, a partir de lo cual se creó la orden de las Misioneras de la Caridad, que incluía a miles de personas en todo el mundo. Durante la Segunda Guerra Mundial, Winston Churchill pidió a los ciudadanos del Reino Unido que "Nunca, nunca, nunca, nunca se rindieran", y se salvó a Gran Bretaña de una invasión. Es importante notar que cada uno de estos líderes contaba con una visión poderosa al igual que con un compromiso total con el logro de sus metas. Para ellos, pedir era la forma natural de tener un progreso continuo.

Cada día presenta numerosas oportunidades de pedir lo que quiere. Esté consciente de esos momentos. Dé un paso adelante y haga saber sus peticiones. Plántelas ahora para que pueda disfrutar la cosecha más adelante.

Vaya, nos acercamos a los tres últimos capítulos. Ya está en la recta final. Felicidades por llegar hasta este punto. Estas tres estrategias finales le harán acelerar los motores, al menos en lo que a los resultados se refiere. Se necesitará un gran esfuerzo de su parte, así que siga concentrado mientras le introducimos a la persistencia constante, a actuar con decisión y a aprender a vivir con un propósito.

PREGÚNTESE:

¿Ahora estoy listo para hacer algunos cambios?

PASOS DE ACCIÓN

Pedir lo que se quiere

Para ayudarle a aumentar la productividad e ingresos de inmediato, dedique unos minutos a completar este plan de acción. Implementar con éxito estas estrategias puede aumentar sus ingresos cuando menos 50 por ciento. ¡ Comience ahora!

1. Pida información.
¿Qué mejora puede hacer en la forma en que pide información?

_____

_____

2. Pida hacer negocios.
¿Su pregunta para cerrar un trato le lleva al éxito que desea? Si no es así, debe encontrar cuando menos dos maneras nuevas de pedir hacer negocios. Que sean sencillas y específicas.

A. _____

B. _____

3. Pida endosos escritos.

Anote los nombres de cinco personas que pueden darle testimonios excelentes. Fije una hora para llamar a estas personas y siga adelante.

1. _____   4. _____

2. _____   5. _____

3. _____

4. Pida referencias de alta calidad.

Elabore un sistema específico para atraer continuamente a personas nuevas a su negocio. Recuerde, la palabra clave es *continuamente*, que significa que lo hace cada semana.

_____

_____

5. Pida hacer más negocios.

Nombre cinco clientes que abordará para hacer más negocios. Elabore una buena razón para que ellos compren más: descuentos especiales, lanzamiento de un producto nuevo, o un sorteo con un premio especial.

1. _____   4. _____

2. _____   5. _____

3. _____

6. Pida volver a negociar.

Mencione una situación que quiera volver a negociar en el próximo mes. Considere tasas de interés, líneas de crédito, tiempo libre, salario, descripción de puesto, etcétera.

_____

_____

_____

7. Pida retroalimentación.

Anote dos maneras en que puede mejorar la retroalimentación que recibe de sus clientes. Considere el telemarketing, los grupos que se concentran en el cliente, cuestionarios, etcétera.

A. _____

_____

B. _____

_____

Además de estas siete estrategias, verifique con frecuencia para ver si hay algo que ha dejado de pedir.

Ahora haga una lista de tres cosas que haya dejado de pedir, de las que le gustaría tener más.

A. _____

_____

B. _____

_____

C. _____

_____

Vivir con un propósito

Actuar de manera decisiva

Persistencia consistente

Pida lo que desea

El factor de la confianza en uno mismo

Cómo establecer relaciones excelentes

Cómo crear un equilibrio óptimo

¿Ve el panorama completo?

No se trata de magia ni de ilusión,
sino de mera concentración

Sus hábitos determinarán el futuro

Sólo quedan tres estrategias. ¡Buen trabajo!

Persistencia
consistente

"El poder milagroso que distingue a unos cuantos se puede encontrar en el trabajo de ellos, en su aplicación y perseverancia, motivados por un espíritu valiente y determinado."

— Mark Twain

Si observa con cuidado a la gente que en realidad ha tenido éxito, se dará cuenta que posee una cualidad en abundancia.

La llamamos persistencia consistente. A primera vista, las palabras persistencia y consistente pueden parecer similares. Es cierto; lo son. Quisimos repetir el concepto para hacer hincapié en la importancia de este hábito. En caso de que sienta que puede pasar por alto este capítulo sin haberlo meditado así como considerado lo suficiente, le presentamos un enunciado importante para digerir y conservar por siempre en lo más profundo de la mente: **nunca obtendrá buenos resultados en la vida sin una acción consistente a la vez que persistente.**

En este capítulo descubrirá cómo hacer con consistencia buenas elecciones para que sus sueños y sus metas se hagan realidad. También aprenderá qué significa ser más persistente y cómo ponerlo en práctica a diario. Además le mostraremos cómo adquirir fuerza mental para poder superar los tiempos difíciles y los retos inesperados cuando éstos surjan.

Muchas organizaciones tienen problemas porque sus líderes se enfrentan a demasiada inconsistencia. Bueno, le tenemos noticias. El mundo actual de los negocios es muy diferente de lo que fue hace diez años. El estándar de desempeño se elevó. No se tolera la ineptitud. Por ejemplo: convoca a una junta para el lunes a las 9 de la mañana. Pide que asistan los veinte representantes de ventas que constituyen su equipo. A las 9:15 sólo se han presentado catorce personas. Dos más llegan a las 9:25 y el resto nunca lo hace. Y así es casi cada semana.

La falta de consistencia destrozará la unidad de su equipo. Por lo general, algunas *prima donnas* son la causa. A veces se presentan; a veces no. Es muy frustrante. En el mundo de hoy la respuesta es simple: ¡no los deje entrar! Exacto, a las 9 en punto cierre la puerta del salón de juntas. Pronto entenderán el mensaje: "Si quieres jugar en nuestro equipo, sé consistente".

Los beneficios de la CONSISTENCIA

Primero, para darle una probada a lo qué nos referimos, veamos un modelo maravilloso. Se le conoce como el señor consistencia: Cal Ripken Jr.

En caso de que no sea aficionado al béisbol, Cal Ripken Jr. juega con los Orioles de Baltimore. La razón por la que es una leyenda en ese deporte es la increíble consistencia que posee. El 6 de septiembre de 1995, Cal jugó su partido 2,131 consecutivo de béisbol en ligas mayores. Al hacerlo rompió el récord de 2,130 juegos que poseía Lou Gehrig y que no se había superado en más de cincuenta y seis años.

Pongámoslo en perspectiva: para igualar la consistencia de Cal Ripken Jr., un empleado que trabaja días promedio de ocho horas, cinco días a la semana, necesitaría trabajar ocho años, un mes y veinte días, sin faltar un solo día. Por eso lo llaman el hombre de acero del béisbol. Jugó en todos los juegos durante más de trece años. (La noche que batió el récord, la persona más cercana a él en entradas consecutivas era Frank Thomas, de los Medias blancas de Chicago, quien había participado en sólo 235 juegos.)

La habilidad de Ripken para destacar en cada juego se tradujo en una lista impresionante de éxitos. Durante ese tiempo fue ganador de dos premios al Jugador más valioso, en 1983 y 1991. También jugó doce partidos consecutivos de Estrellas y anotó más *home runs* que cualquier otro jugador de ligas mayores. Desde el punto de vista económico, tiene resuelta la vida pero, más que dinero, tiene la tremenda sensación de tener logros.

La filosofía que tiene sobre el trabajo es muy refrescante y sencilla. Lo que siempre quiso fue jugar béisbol, de preferencia para Baltimore, y dar lo mejor de sí en cada ocasión.

Ello demuestra una responsabilidad arraigada y una ética de trabajo que también es muy poco común en la actualidad. Al desempeñarse con consistencia y jugar lo mejor posible, las recompensas al fin se materializaron, y en todo momento mantuvo una actitud humilde.

Es interesante notar que adquirió la misma consistencia en la vida familiar. Su esposa e hijos son importantes para él y lo demuestra. Compare esto con el ritual semanal de cada vez más escándalos así como demandas por contratos en el mundo de los deportes profesionales, perpetuados por individuos con menor madurez y mayor debilidad de carácter.

Un último comentario sobre esta historia, y un punto de vista que vale la pena recordar: cuando emprende algo y hace un trabajo extraordinario, atrae a las personas im-

portantes, lo que genera enormes recompensas . La noche
que Ripken batió el récord, lo festejaron celebridades famosas en todo el mundo, corporaciones multinacionales e
incluso el presidente de Estados Unidos. Recibió varios regalos y muchas ovaciones en las que la gente se puso de
pie. ¡Imagínese! Todo por desempeñarse bien todos los días
haciendo lo que le encanta.

JACK Y MARK:
Una de las razones principales por las que hemos disfrutado de un éxito considerable con nuestra serie de libros
Sopa de pollo para el alma ha sido la consistencia de fijar objetivos semanales, mensuales y anuales. Éstos están
bien definidos y nos desafían al máximo. Nuestras metas
nos inspiran porque no estamos muy seguros de cómo alcanzarlas. Ello fomenta nuestra creatividad. Con la ayuda de nuestros compañeros del grupo de control mental
siempre encontramos soluciones. En la actualidad contamos con veintinueve títulos de la serie *Sopa de pollo*.
El primer año de publicación vendimos 135,000 libros.
El segundo año, el número creció a 1.35 millones y el
quinto año (1998), la venta total de libros fue de 13.8 millones. También descubrimos que cuando se tienen persistencia consistente y un plan de juego proactivo, se adquiere un ímpetu que no es posible detener. Igual que
Cal Ripken Jr., se adquiere la vena de ganador.

Ahora obsérvese bajo el microscopio un momento. ¿Qué
clase de vena tiene hoy en día? ¿Su consistencia se presenta de manera real todos los días? ¿O se tambalea por todas
partes, haciendo un poco aquí y un poco allá con las oportunidades de la vida? Si lo está haciendo bien, le aplaudi-
mos. Pero vamos a llevar sus habilidades a otro nivel, a
esa atmósfera rara donde los desafíos son más grandes y
las recompensas incluso más lucrativas.

Concéntrese en el mayor PODER que tiene

En capítulos anteriores ubicamos los ejercicios de PASOS DE ACCIÓN al final para que pudiera concentrarse mejor y se tomara el tiempo que quisiera. Eso está a punto de cambiar. **De hecho, queremos que se detenga en este momento, se prepare mentalmente y haga el siguiente ejercicio de dos partes antes de continuar. Si decide seguir leyendo, se perderá por completo el impacto de esta poderosa lección.**

Utilice la siguiente hoja de trabajo para hacer una lista de seis cosas que tiene que realizar en los próximos tres meses. Son actividades que debe terminar, por cualquier razón. Pueden incluir algunas de las metas a corto plazo que estableció antes. Haga sus enunciados breves. Junto a cada actividad, escriba una palabra que describa los sentimientos que tiene respecto a ella.

Cosas que tengo que hacer los próximos tres meses.

EJEMPLOS
1. Reorganizar y limpiar mi oficina.
2. Pagar mis impuestos.
3. Sostener una conversación profunda con mi hijo de dieciséis años.

Piense con honestidad en cómo se siente cuando se imagina cada tarea. Para ayudarle, aquí tenemos algunos ejemplos de palabras que describen "sentimientos": enojado, triste, feliz, emocionado, molesto, preocupado, frustrado, alegre, cariñoso, agradecido. Éstas son palabras que se relacionan de manera directa con emociones. Elija palabras suyas para describir cómo se siente sobre cada punto que tenga en la lista de cosas por hacer. En realidad es importante que complete este ejercicio de *inmediato* para obtener el mayor beneficio. En el programa de capacitación para obtener logros ésta es una de las actividades más interesantes para nuestros clientes.

COSAS POR HACER

Cosas que tengo que hacer en los próximos tres meses, es decir, no después de _____ (fecha).

SENTIMIENTOS

¿Qué palabra describe mejor sus sentimientos sobre tener que hacer estas actividades?

COSAS POR HACER	SENTIMIENTOS
1._____	_____
2._____	_____
3._____	_____
4._____	_____
5._____	_____
6._____	_____

¡Bien hecho! Ahora revisemos la lista. Revise cada punto y, una por una, vaya tachando cada tarea. **Exacto, quítela de la lista.**

Le diremos por qué. Usted no **tiene** que hacer ninguna de esas cosas. ¡No, en serio no tiene que hacerlo! Ya sabemos que debe estar protestando que claro que tiene que hacerlas . No hay escapatoria; se tienen que pagar los impuestos. No, no está obligado a pagar impuestos. Puede terminar en la cárcel o pagar una multa, pero nada lo obliga. Ésas son las consecuencias si no paga, pero no tiene que hacerlo, si no quiere. En caso de que esté un poco confundido, le presentamos un enunciado simple para definir la situación :

EN LA VIDA, USTED NO ESTÁ OBLIGADO A HACER NADA.

Ello incluye pagar impuestos, trabajar setenta horas a la semana o permanecer en un empleo, negocio o relación que no disfruta.

Ahora vea la lista de nuevo; ¿cree que su mundo se derrumbará si no realiza estas tareas en los siguientes tres meses? Claro que no. Puede no estar feliz si no lo hace, y puede haber consecuencias reales, lo entendemos, pero el punto principal es que **no tiene que hacerlo**.

Cambiemos de canal un minuto. (Si todavía está confundido, siga con nosotros. Todo se hará claro como el agua en un momento.) Note las palabras que eligió para describir sus sentimientos. Con base en años de experiencia, adivinamos que muchas de esas palabras son negativas, en especial si la actividad es algo que ha estado aplazando o que no ansía realizar. Es normal sentirse angustiado, preocupado o frustrado en situaciones así. Revise de nuevo las palabras que empleó. ¿Qué clase de energía, negativa o positiva, le aportan esas palabras que describen "sentimientos"? ¡Exacto! Si el sentimiento es negativo, de manera automática genera energía negativa que agota su capacidad para desempeñarse a un nivel alto.

Muy bien, vayamos a la segunda parte del ejercicio: con la hoja de trabajo que aparece a continuación, elabore una lista de cuando menos seis cosas que quiere hacer o elige hacer en los siguientes tres meses. Es una lista diferente. En realidad, ¿qué desea hacer? De nuevo, escoja una palabra que describa cómo se siente respecto a completar cada punto en la lista. Revise primero los siguientes ejemplos.

Para obtener un beneficio completo es importante que se siente y realice esta actividad ahora mismo.

COSAS QUE ELIJO HACER

Cosas que elijo hacer en los próximos tres meses (por ejemplo, planear un aniversario especial, lanzar un producto nuevo, tomar clases de guitarra), es decir, no después de

_____(fecha).

SENTIMIENTOS

¿Qué palabra describe mejor sus sentimientos sobre querer hacer estas actividades?

COSAS QUE ELIJO HACER	SENTIMIENTOS
1._____	_____
2._____	_____
3._____	_____
4._____	_____
5._____	_____
6._____	_____

Ahora observe las palabras en la columna de sentimientos. Es probable que sean mucho más positivas que las que puso en la lista de cosas por hacer. Si sus actividades producen energía positiva, entonces tendrá mayor capacidad así como deseo de realizarlas. ¿No es mejor sentirse feliz y emocionado en vez de preocupado y frustrado?

En este punto puede pensar "Bueno, es fácil sentirse bien por las cosas que uno quiere hacer, pero la vida no siempre es así. Hay muchas cosas que no me gusta hacer, pero tengo que hacerlas. Así es la vida".

No, no lo es. Aquí hay un punto de suma importancia:

TODO EN LA VIDA ES UNA ELECCIÓN

Absolutamente todo.

Nace una estrella: madre e hija creyeron en hacer mejores elecciones.

El 23 de junio de 1940, Wilma Rudolph nació de manera prematura, con un peso de sólo 2 kilos, en una familia de negros pobres que, como muchos otros, estaban casi en la miseria por la Gran Depresión. La madre pasó los años siguientes alimentando a Wilma en medio de una enfermedad tras otra: viruela, paperas, escarlatina, sarampión y doble neumonía. Sin embargo, tuvieron que llevarla al médico cuando descubrieron que la pierna izquierda de la niña era débil y estaba deforme. Le diagnosticaron polio, una enfermedad que imposibilita caminar y que no tenía cura, pero la señora Rudolph no se dio por vencida. Wilma recordaba más tarde: "El doctor dijo que no volvería a caminar. Mi mamá dijo que sí lo haría. Yo le creí a mi mamá". La señora Rudolph descubrió que era posible tratar a Wilma en el hospital Meharry de la facultad de medicina negra de la Universidad Fisk en Nashville. Aunque estaba a cincuenta millas de distancia, la madre de Wilma la llevó dos veces a la semana durante dos años, hasta que pudo caminar sin la ayuda de una férula de metal. Luego los doctores le enseñaron a la señora cómo hacer los ejercicios de terapia física en casa. Todos los hermanos y hermanas ayudaron también, a la vez que hicieron todo lo posible para motivarla a ser fuerte y trabajar duro para mejorarse. Por último, a los doce años, pudo caminar, sin férulas ni aparato, incluso sin zapatos correctivos. La señora Rudolph al principio había elegido algo: que su hija estuviera bien y pudiera caminar. Su persistencia consistente frente al rechazo y su tenacidad le redituaron al final. Luego Wilma hizo una elección muy importante. Decidió ser atleta, lo cual se convirtió en una elección que inspiró a otros.

En la secundaria fue estrella de basquetbol, tuvo récords estatales por anotaciones y llevó a su equipo al campeonato estatal. Luego se convirtió en estrella de la pista de carreras; participó por primera vez en una Olimpiada en 1956 a los dieciséis años. Ganó medalla de bronce en relevos de 4x4, pero eso fue sólo el principio.

El 7 de septiembre de 1960, en Roma, Wilma se convirtió en la primera mujer estadounidense en ganar tres medallas de oro en los Juegos Olímpicos. Ganó en los 100 y los 200 metros planos y fue la estrella en el equipo de 400 metros de relevos.

Dichos logros la llevaron a ser una de las atletas más celebradas de todos los tiempos. Además, su fama provocó que se rompieran las barreras del género en eventos antes sólo para varones .

Entre los muchos premios que recibió durante y después de su carrera atlética, cabe destacar que fue la primera mujer que recibió el premio E. Sullivan por su actitud deportiva, el premio anual al Deporte Europeo así como el premio Cristóbal Colón por ser la personalidad más sobresaliente en los deportes internacionales.

A pesar de las batallas físicas al principio de su vida, Wilma Rudolph eligió vivir y desempeñarse en un nivel mucho más alto. Al hacerlo, se convirtió en un modelo excelente para los niños discapacitados de todo el mundo. En 1997, tres años después de su muerte por cáncer cerebral, el gobernador Don Sundquist proclamó el 23 de junio como el Día Wilma Rudolph en Tennessee.

Esperamos que para este punto, ya esté convencido de que la vida se trata de hacer elecciones. Observe las pruebas que le rodean cada día. ¿Ha notado que algunas personas eligen llevar vidas mediocres? Con tristeza, algunos incluso hacen una elección desesperada: eligen quitarse la vida.

En contraste, otros superan las situaciones más difíciles y eligen construir circunstancias mejores, muy a menudo con resultados magníficos. Las bibliotecas están llenas de biografías y autobiografías de hombres y mujeres que adoptaron el hábito de la persistencia consistente para cambiar por completo sus vidas. El hito se presentó cuando vieron que podían elegir un futuro diferente.

Por favor entiéndalo, es esencial. Todos los resultados que obtiene en la vida son perfectos para usted, lo cual incluye la profesión, las relaciones personales y la situación económica. ¿Cómo podría ser de otro modo? La razón por la que está en donde está en la vida es sólo el resultado de todas las elecciones que ha hecho. En otras palabras, la consistencia de sus elecciones positivas, o la falta de ella, le han dado la forma de vida que tiene ahora. Cuando acepte la responsabilidad total de ello, estará en el camino correcto para alcanzar la paz espiritual. Muchas personas llevan una vida llena de frustración porque están atorados en los "tengo que hacer".

Cuando dice cosas como "ella me hace enojar", la verdad es que usted *elije* enojarse. No tenía que estar enojado; respondió con enojo en vez de hacer una elección diferente.

Otros comentarios comunes que escuchará son: "Estoy preso en esta relación". En otras palabras, tiene que estarlo. "Odio este trabajo; nunca ganaré dinero suficiente para disfrutar de libertad real", lo cual significa: "Tengo que quedarme en este empleo que paga poco siempre". ¡Qué triste!

Los "tengo que hacer" le colocan en una situación de presión, pero las cosas que elige hacer le ponen en una de PODER.

¡ELIJA SABIAMENTE!

Cuando vive en el terreno de los "tengo que hacer", se ubica a sí mismo en una situación de presión, lo cual provoca resistencia y resentimiento, a la vez que agota la energía de su vida.

Cuando vive cada día "eligiendo hacer", se encuentra en una situación de poder. Se siente a cargo, en control de su vida.

Lo anterior exige un esfuerzo consciente para pensar en forma consistente las decisiones diarias, incluso las sencillas como lavar los platos. Dígase "elijo lavar los platos ahora y lo haré lo mejor posible". Hacerlo es mucho mejor que "¡oh, no! tengo que lavar los platos, qué fastidio". Si en realidad detesta desempeñar labores de esa naturaleza, elija un estilo de vida donde no se vea forzado a hacer esas cosas. Deléguelas o contrate un servicio que lo haga.

También cabe notar que la resistencia que ocasionan las cosas que "tengo que hacer" con frecuencia produce demoras crónicas y usted sabe lo improductivo que puede ser eso. Decida ahora cambiar de enfoque. Haga de cada actividad una elección consciente. No más listas de "tengo que hacer". A partir de hoy, elimine esas palabras de su vocabulario. Retome su poder, aumente su energía y disfrute la libertad de elegir de manera consistente.

Aquí tenemos un buen ejemplo: uno de nuestros clientes, un hombre de unos cincuenta años, estaba frustrado por no poder dejar de fumar. En uno de nuestros talleres de logros se puso de pie y, con voz llena de emoción, dijo: "Tengo que dejar de fumar o moriré, ¡y todavía no quiero morir!" Se sentía frustrado y era obvio que su futuro le producía ansiedad.

Le dijimos que se planteara la situación de otro modo para que dejar de fumar fuera una elección, en vez de "tengo que". Llegó a este enunciado muy poderoso: "Hoy, elijo ganarle la batalla al cigarrillo".

Como era competitivo, decidió tratar a su hábito de fumar como a un adversario. Se trataba de una batalla e iba a ganarla. Decía esta afirmación todos los días y en dos meses dejó de fumar. Al tener control por haber elegido, y actuar conforme a su nueva elección, ya no se trataba de un concurso. Esa victoria le impulsó a hacer otros cambios en su forma de vida, lo cual incluyó un programa de ejercicio regular y mejores hábitos alimentarios. Como puede verse, elegir mejor produce una cadena emocionante de sucesos.

Cuando hace mejores elecciones en forma consistente adquiere mejores hábitos. Los mismos le proporcionan más carácter. Con ello puede hacer que su mundo sea más valioso. Al serlo, atrae mejores oportunidades, lo cual enriquece su vida. Todo ello se transforma en resultados mejores. Algunas personas lo han vivido en realidad. Viven en la sociedad como personas con fortaleza y poder.

Otro de nuestros clientes, una dama de setenta y tres años, recibió una lista de "tengo que hacer" en uno de nuestros talleres. Cuando se le confrontó con esto, cruzó los brazos y en voz alta declaró: "¡No tengo que hacer nada!" Se negó a participar. Después averiguamos que tenía una larga historia de empresas exitosas y que, desde luego, había aprendido esta importante lección muchos años antes.

Recuerde, por lo general sus pensamientos dominantes se imponen cuando se trata de decisiones cotidianas. Asegúrese de que sus elecciones conscientes le acerquen al logro de las metas más importantes. También es importante entender que elegir no hacer algo es una postura válida. Si alguien le pide que se una a un comité que requerirá su presencia dos noches a la semana, puede negarse si no es lo que más le interesa. Elegir decir "no" a menudo es la mejor estrategia para llevar una vida bien equilibrada y bajo control.

El CÍRCULO de la consistencia

La CONSISTENCIA EN EL DESEMPEÑO GENERA AUTOMÁTICAMENTE UN FUTURO MEJOR. ES UN CÍRCULO SIN FIN.

Aquí tenemos algunos ejemplos más para que los tome en cuenta:

1. Yo elijo no ver televisión tres horas todas las noches.

En vez de ello, elijo invertir una hora en aprender más sobre mi negocio, sobre la independencia económica, hablar en público, escribir un libro o muchas otras actividades interesantes que aumentarán mis conocimientos y conciencia.

2. Yo elijo no desperdiciar el tiempo leyendo diarios amarillistas y revistas con mala literatura todos los días.

En vez de ello, elijo empezar el día leyendo algo que me inspire, como *Sopa de pollo para el alma*, una autobiografía que me inspire o un mensaje espiritual que me reconforte. A propósito, no estamos sugiriendo que deje de leer los diarios importantes. En los negocios es importante mantenerse informado sobre los hechos actuales. Sólo evite leer cosas absurdas.

3. Yo elijo no hacerme adicto al trabajo.

En vez de ello, elijo programar tiempo libre cada semana para estar con mi familia y amigos, así como tiempo especial para mí mismo, y disfrutarlo sin sentirme culpable.

¿Está empezando a entender el panorama? ¿Ve lo poderoso que puede volverse si hace elecciones todos los días? De ahora en adelante, cuando las palabras "tengo que" le brinquen en la cabeza, grite: "Cancelar, cancelar; yo elijo no sufrir más 'tengo que' en mi vida". Le dará mucha risa. En las primeras etapas necesitará estar en guardia en la puerta de su mente para evitar que esos "tengo que" se escabullan y entren. Sea firme. Rechácelos siempre hasta que se apegue siempre al nuevo hábito de "yo elijo".

> "SI ALGUNA VEZ ESTOY CONECTADA A UN SISTEMA DE VIDA ARTIFICIAL, ELIJO QUE ME DESCONECTEN, ¡PERO NO HASTA QUE HAYA LLEGADO A SER TALLA OCHO!"
>
> — Henriette Montel

La FÓRMULA doble

Ahora que ya entendió la importancia de hacer elecciones, prepárese para una de las estrategias más importantes que encontrará en esta obra. Necesitará tener conciencia absoluta para entenderla a fondo. Si necesita estirarse o tomar un breve descanso, hágalo ahora para que esté bien alerta. Le garantizamos que si adopta al 100 por ciento lo que aprenda en el resto de este capítulo, su vida profesional y personal dará un giro hasta alcanzar un nivel nuevo de desempeño. Según nuestra experiencia, pocas personas utilizan esta estrategia en forma consistente. Como resultado, las vidas de las personas que no lo hacen son una montaña rusa, con frecuencia con más bajadas que subidas.

La fórmula doble se trata de usted. Se refiere a **Acuerdos y Responsabilidad.**

Le presentamos una historia sobre unas vacaciones para introducir esta fórmula tan importante, así como para ilustrar nuestro punto.

LES
Estábamos de vacaciones en un lugar muy visitado en Centroamérica, paseando por el pueblo una tarde. Una joven se nos acercó y preguntó si nos gustaría que nos hicieran trenzas en el cabello. Nos enseñó fotografías de otras personas que habían transformado su apariencia, y señaló las hermosas cuentas de colores que utilizaba en el proceso de trenzado. Intrigadas, mi esposa y mi hija preguntaron:

"¿Cuánto cuesta?"

"Sólo quince dólares", fue la respuesta.

"¿Es todo?" preguntaron.

"Sí, eso es todo, no más de quince dólares".

"¿Cuánto tiempo se tarda?"

"No más de treinta minutos", les aseguró la joven.

Habíamos planeado algunas actividades para conocer lugares de interés más tarde ese día, pero decidimos
ajustar nuestro horario media hora. En el último minuto,
mi hijo adolescente decidió que las trenzas se verían per-
fectas, y yo estuve de acuerdo en recogerlos a todos en
el salón de belleza en treinta y cinco minutos.

Con toda puntualidad llegué al salón a tiempo, pero
con desaliento vi que el trenzado no estaba muy avan-
zado. El lugar estaba lleno de gente, con todas las sillas
ocupadas y nueve "personas dedicadas a hacer trenzas" platicando y trabajando en forma casual. Para no
hacer el cuento largo, las trenzas de la familia Hewitt se
llevaron más de tres horas. No tiene caso decirle que
nuestros planes para la tarde se esfumaron. La segunda
sorpresa llegó al final. En vez de ser quince dólares máximo por persona, el precio real fue de setenta y cinco dólares. La vendedora olvidó informarnos que había un
cargo extra por cada cuenta de colores. Mi hija necesitó 120 cuentas para que no se le deshicieran las trenzas.

Pagamos los precios inflados y salimos sintiéndonos es-
tafados, aunque en realidad la nueva apariencia nos hizo reír un poco. ¿Acudiríamos a ese negocio una segunda vez? ¡Por ningún motivo!

¿Alguna vez ha llegado a un acuerdo pensando que sabía
cuál era el trato y luego las cosas cambiaron de forma inesperada? ¿Cómo se sintió cuando sucedió? Quizá molesto,
frustrado, enojado y decepcionado, tal vez incluso se culpó
por no ser más inteligente. Éste es el punto importante
que queremos que entienda:

TODAS LAS RELACIONES ROTAS TIENEN COMO
ANTECEDENTE ACUERDOS NO CUMPLIDOS.

Lo anterior incluye tratos de negocios, matrimonios, situaciones familiares, su banquero, amigos, socios y cualquier otra relación fallida entre dos o más personas.

¿Ha notado cómo hoy en día la sociedad occidental en particular tiene más dificultad para mantener acuerdos? Si necesita pruebas, observe a los miles de abogados que se requieren para arreglar cualquier conflicto. El miedo a ser demandado impide el crecimiento de muchas industrias, en especial en la medicina. Es una locura. La buena noticia es que tiene una oportunidad increíble de superar esto, sólo con mantener la integridad. Seguro está pensando: "Pero ¿cómo mantengo la integridad en forma consistente?" Gracias por hacer esa pregunta tan importante. Ésta es la respuesta tan importante:

LA VERDADERA INTEGRIDAD SE BASA EN MANTENER SUS ACUERDOS.

Digiera bien esta oración. Si en realidad quiere vivir en terrenos más altos y cosechar mayores recompensas, su consistencia se pondrá a prueba con frecuencia. Considere lo que sigue: todos los días hace acuerdos y otras personas le juzgan con base en la forma en que actúa después de esas decisiones. ¿Cómo se ve su tarjeta de puntuación por mantener acuerdos en un día promedio? Ésta es la clave: no existen los acuerdos de poca importancia.

Uno de nuestros clientes lo señaló y es un enunciado muy profundo. Por ejemplo, un vendedor llama y le invita a almorzar mañana a las 12:15 p.m. Usted llega a tiempo y él se presenta veinticinco minutos tarde, sin excusa y sin disculparse. Suponiendo que lo haya esperado, ¿cómo se siente? ¿Es aceptable? Si hay una excusa razonable, como el tráfico muy pesado o una pequeña crisis en la oficina, podría dejarlo pasar, pero ¿qué sucede si pasa por segunda o tercera vez? Nos enfrentamos a una serie de acuerdos rotos. Usted siempre es puntual, pero la otra persona siempre llega tarde. En el mercado competitivo actual esto no se puede tolerar.

Cuando rompe un acuerdo una vez, es probable que se le dé una segunda oportunidad. Cuando rompe acuerdos en repetidas ocasiones, su valor en el mercado disminuye rápido; la gente se va a otra parte. Cuando adquiere el hábito de cumplir con acuerdos de menor importancia, los muy importantes se cumplirán solos. Haga de ésta una filosofía a partir de la cual elija cómo vivir su vida. Cuando lo haga, las bendiciones que recibirá serán infinitas. Ha sido así por siglos.

Aquí hay otro ejemplo. Éste es para los hombres casados, aunque si usted es mujer tal vez se identificará con la situación. Su esposa le pide que reemplace un foco que se fundió en el pasillo de la sala. Usted contesta: "Muy bien; lo haré antes del almuerzo". Para la hora de la cena todavía no lo hace. Su esposa se lo pide de nuevo, con amabilidad pero también con firmeza. Dos días después todavía no hay luz en el pasillo de la sala. Frustrada, tal vez ella lo hará sola. Usted quizá se sienta aliviado de ese pequeño problema y no vuelva a pensar en ello, pero aquí está el punto: si evita consistentemente hacer lo que dice, su reputación pierde mucho, la relación se deteriora en forma gradual, porque los compromisos tampoco se honran y en muchos casos el matrimonio acaba por ir mal. Si esto sucede puede terminar divorciado. Es una consecuencia muy seria y de la que se arrepentirá durante mucho tiempo.

En contraste, cuando siempre hace lo que dice , el calificativo que se le dará será *confiable*. Cuando practica serlo todos los días, las recompensas son interminables. Incluyen clientes fieles, mayores utilidades, relaciones llenas de amor y, tal vez lo más importante, la sensación de bienestar que produce saber que usted es una persona muy íntegra. Es una insignia que puede portar con orgullo y le servirá de mucho.

En lugares remotos de Irlanda, los granjeros tienen una forma tradicional de sellar un acuerdo. Después de la venta de algunas cabezas de ganado se escupen las manos, las frotan y sellan el trato al estrecharlas con firmeza. Su palabra es un compromiso y no hay abogados. Es esa fuerza de carácter la que alimenta la confianza y el respeto.

Hay una situación donde está bien romper el acuerdo. Se llama desobediencia inteligente. Digamos que tiene valores según los cuales está mal lastimar físicamente a alguien. Un día llega a casa y oye un grito. Abre la puerta que da a la sala y ve a un hombre con un arma, amenazando a su familia. Es una situación extrema. Usted interviene golpeando al intruso con un palo de golf en las rodillas, lo desarma y domina la situación. Ahora ya sabe por qué se le llama desobediencia inteligente.

Otro punto. Recuerde: en circunstancias normales, si le es difícil cumplir con un acuerdo, es posible volver a negociar. Recurra siempre a esta opción para mantener su integridad. Sólo le toma un momento llamar y decir: "Estoy retrasado quince minutos; ¿podrías esperarme?" Cuando se adopta el hábito de ser responsable de las acciones propias, usted se transforma en un individuo sobresaliente. Cuando se escriba el libro de su vida, se le recordará por lo que cumplió, no por lo que prometió. Así que sea responsable de su desempeño. Haga que sus acciones sean mensurables. Como dice el director cinematográfico Woody Allen: "¡Gran parte de la vida consiste en sólo exhibirse!"

Andre Agassi es uno de los tenistas más destacados del mundo. Conocido por su manera excéntrica y única de vestir, ganó varios torneos importantes que incluyen Wimbledon y el Abierto de Estados Unidos. Sin embargo, con frecuencia el ciclo del éxito puede de repente revertirse. Para Andre, sucedió en 1997. Tuvo un año desastroso que terminó con 122 puntos en el tour, una posición mediocre comparada con sus primeros lugares unos años antes. Fue tan malo que Agassi pensó en el retiro.

En 1998 volvió a contender y en 1999 ganó tanto el Abierto de Estados Unidos como el de Francia, y llegó a las finales en Wimbledon. Debido a esto recuperó el título de número uno mundial. ¿Qué ocasionó este cambio tan drástico? Agassi hizo las observaciones siguientes en una entrevista con el reportero Brian Hutchinson. "Fue muy frustrante para mí. Sufrí de falta de confianza después de ocho años de ser el mejor. Vi que tenía que volver al primer lugar. Tenía que ponerme de nuevo en forma y empezar otra vez. Habían caído tanto mis puntuaciones que ya no sabía qué era real y qué no. No tenía ninguna meta más allá de querer mejorar, día con día".

Por supuesto ya no piensa en retirarse. "Ahora sólo me pongo a trabajar y al final del partido veo a mi alrededor a toda la gente feliz. Eso me hace sentir bien", dice. Es otro muy buen ejemplo de constancia, responsabilidad e integridad personal, lo fundamental para el éxito consistente.

El FACTOR integridad

Ésta es una fórmula de tres partes para ayudarle a vivir con la mayor integridad posible. Es sencilla y surte efecto. Le desafiamos a que empiece a aplicarla cada día.

1. Al decir siempre la verdad, la gente confía en usted.

2. Cuando hace lo que dice, como lo prometió, la gente le respeta.

3. Cuando hace a los demás sentirse especiales, agrada a la gente.

Las palabras "como lo prometió" en el punto dos son muy significativas. Utilícelas en su correspondencia regular. Reforzarán el hecho de que en realidad quiere seguir así. Si un cliente le solicita que le envíe información específica por fax dentro de las siguientes veinticuatro horas, siempre empiece la correspondencia con "Como lo prometí". Por ejemplo, "Como lo prometí, aquí tiene la cita que solicitó ayer". Cuando lo hace, es un recordatorio sutil de que va a mantener sus compromisos, como prometió que lo haría.

¿Recuerda las tres grandes preguntas que vimos en el capítulo 5, "Cómo establecer relaciones excelentes"?: *¿Le gustan? ¿Confía en ellos? ¿Los respeta?* El Factor integridad se suma a éstas con los principios de ser responsable y mantener los acuerdos. Es una fórmula muy buena; aprenda a vivir de acuerdo con ella. Decida ahora establecer un nuevo estándar de cómo actúa todos los días. Le pondrá en el 3 por ciento de las personas que obtienen logros. Atraerá más y mejores oportunidades que nunca antes pensó posible. Cuando practique el factor integridad, sus clientes estarán más contentos de referirse a usted, y eso se refleja directo en los resultados.

INTEGRIDAD

No salga sin ella.

CONCLUSIÓN

Para terminar, aquí hay otra historia para que se inspire, que incorpora todo lo que hemos hablado en este capítulo: persistencia consistente, acuerdos y responsabilidad, y, por supuesto, el factor integridad.

Ken Hitchcock es un gran hombre en muchos sentidos, incluso en el aspecto físico. Hace varios años Ken pesaba más de 220 kilos. Su enorme tamaño no le impedía dedicarse a su amor y pasión: ser entrenador de hockey. Llegó a ser un gran entrenador que condujo a un equipo junior a los campeonatos de división en cinco de seis temporadas, un récord en verdad extraordinario.

Pero su ambición real era ser entrenador de la Liga Nacional de Hockey. Como estratega, sabía casi todo sobre el juego. También sabía cómo inspirar a los jugadores para que se convirtieran en grandes figuras. Sin embargo, su peso era un impedimento. Se le dijo que tal vez no lo seleccionarían para el puesto de entrenador de ligas mayores debido a su gordura.

Un día, al final de una práctica con su club junior, se resbaló y calló en el hielo. Con vergüenza y frustración vio que no podía volver a ponerse de pie, y que necesitó ayuda de los jugadores para dirigirse a la banca. Fue un momento definitivo en la vida de Ken. Se dio cuenta con absoluta certeza de que sus ambiciones nunca se realizarían a menos que combatiera su problema de peso. Entonces hizo la elección de asumir la responsabilidad de su futuro, eligiendo ganar la batalla contra la obesidad.

Con el apoyo de un amigo cercano, empezó un arduo programa para perder peso, que incluía entrenar cada día y comer una dieta balanceada. Con persistencia, además del compromiso para triunfar, perdió más de 120 kilos en dos años. Había decidido hacerse responsable de los resultados que obtuviera. Hizo el acuerdo consigo mismo de que haría lo que fuera necesario para competir por el puesto de entrenador en la Liga Nacional de Hockey.

En 1997 su sueño se hizo realidad cuando lo nombraron entrenador de los Estrellas de Dallas. En su primera temporada completa, guió con gran pericia al equipo hasta la cima, otro logro extraordinario. Dos años después, logró el sueño de todo entrenador de la Liga Nacional: ganar la Copa Stanley. Fue la primera vez que los Estrellas de Dallas ganaron el campeonato.

Si Ken Hitchcock pudo hacerlo, ¿por que usted no? Lo repetiremos una vez más: la verdadera integridad consiste en hacer buenas elecciones de manera consistente, cumplir los acuerdos con usted mismo, ser persistente en los momentos difíciles y ser 100 por ciento responsable de sus resultados. Es una fórmula para ganar. Se necesita valor y el deseo de ser el mejor. Una vez que tome la decisión, no hay marcha atrás, a menos que prefiera la culpa de saber que en realidad nunca hizo su mejor esfuerzo.

SIGA ADELANTE, CON FRECUENCIA EL ÉXITO ESTÁ A LA VUELTA DE LA ESQUINA

Para aquellos que no se dan por vencidos.

PASOS DE ACCIÓN

El factor
integridad

Conteste estas preguntas con honestidad. Le ayudarán a definir un nuevo curso de acción. También demostrarán con claridad su nivel actual de integridad y de responsabilidad.

1. ¿En qué áreas de mi vida no cumplo con acuerdos en forma consistente?

_____

_____

_____

2. ¿Cuánto me costará esto si no cambio? Considere las consecuencias a largo plazo.

_____

_____

_____

3. ¿Qué necesito cambiar específicamente para disfrutar la forma de vida que produce el factor integridad?

_____

_____

_____

_____

4. ¿Qué recompensas y beneficios específicos recibiré por hacer estos ajustes?

_____

_____

_____

_____

Entender la importancia de la integridad en su vida es una cosa; vivirla es un reto por completo diferente. El siguiente capítulo le mostrará cómo.

Actuar de manera decisiva

Persistencia consistente

Pida lo que desea

El factor de la confianza en uno mismo

Cómo establecer relaciones excelentes

Cómo crear un equilibrio óptimo

¿Ve el panorama completo?

No se trata de magia ni de ilusión,
sino de mera concentración

Sus hábitos determinarán el futuro

Ya está en la etapa de estiramiento...
La perseverancia es aquello que le hará llegar al final.

Actuar de manera decisiva

"Para que las cosas cambien usted tiene que cambiar.
De otro modo, nada cambiará."

— Jim Rohn

¿Tiene usted el hábito de hacer a un lado las cosas?
Por ejemplo, necesita terminar un informe para fin de mes, pero en vez de planear hacerlo en tres etapas simples, deja todo hasta dos días antes y se vuelve una labor de pánico. Implica a otras personas en el desastre que ha generado, lo cual produce todavía más problemas y ansiedad. De alguna manera, se las arregla para tener el trabajo listo a tiempo, y jura "nunca lo vuelvo a hacer; es la última vez que dejo que las cosas lleguen a un punto así; no vale la pena tanta tensión". Pero repite la misma conducta una y otra vez; ¿no es cierto? ¿Por qué? Porque es un hábito. Vamos, admítalo. Siempre aplaza las cosas.

Si le sirve de alivio, no es el único. Casi todos posponemos las cosas. A veces está bien, pero como costumbre es un mal crónico que afectará de manera negativa su futuro.

En este capítulo le ayudaremos a deshacerse de este horrible hábito de una vez por todas. De todas las estrategias que hemos discutido, actuar de manera decisiva es la más fácil de medir. Es blanco o negro. No podrá evitar las consecuencias con ésta. Distingue al débil del fuerte, al tímido del osado, y a los habladores de los que actúan.

La firmeza es un gran aliado en la vida. Posponer las cosas es un ladrón que espera disfrazado para robarle las esperanzas y los sueños. Si quiere una prueba de ello, vea lo que sigue con más detenimiento.

Las palabras posponer y aplazar tienen implícito otro sentido. ¿Puede percibirlo?

Son palabras arteras que disfrazan una actitud castrante que también significa empobrecer o volver ineficiente. ¿Entiende? Cuando aplaza algo, en realidad está empobreciendo su futuro, cortándolo. Eso duele, ¿verdad? Así es. De ahora en adelante, cada vez que quiera posponer algo, recuerde la palabra castrante y cómo aplazar algo le impide actuar.

Ed Foreman, presidente de *Executive Development Systems* en Dallas, es un hombre que disfruta actuar. A los veintiséis años ya tenía el primer millón de dólares. Luego inició varios negocios que incluyen petróleo y gas, cemento, arena y grava, y ranchos ganaderos. Ed incluso encontró tiempo para ser electo congresista en Estados Unidos en dos ocasiones, para dos estados (Texas y Nuevo México); él es la única persona que lo logró en el Siglo XX.

Ahora pasa la mayor parte del tiempo compartiendo estrategias para actuar de manera positiva con ejecutivos corporativos de todo el mundo. Tiene una energía y entusiasmo contagiosos por la vida; no tiene tiempo para sentarse a escuchar a personas que se quejan por lo que no tienen. Él llama a esta actitud el síndrome de algún día. Éste se escribió en especial para las personas que siempre posponen las cosas y se conoce como el credo del que demora.

"Algún día cuando crezca terminaré la escuela y conseguiré empleo, empezaré a vivir mi vida como yo quiera... algún día después de pagar la hipoteca, las

finanzas volverán a la normalidad y los niños crecerán,
tendré ese auto nuevo y haré viajes emocionantes a
Europa... algún día, ahora que estoy a punto de retirarme,
compraré esa bella casa rodante para viajar por este
hermoso país, y ver todo lo que hay que ver... algún día".

— Ed Foreman

Un día, después de toda una vida de pensar en algún día y
de arrepentimientos, estas personas que aplazan todo llegarán al final de la vida. La oración que llena sus pensamientos mientras se preparan para morir es: "Si tan sólo
hubiera hecho las cosas que en realidad quería hacer, mi
vida hubiera sido muy diferente". Con tristeza, reflexionan
en todas las oportunidades perdidas. "Si tan sólo hubiera
invertido el 10 por ciento de mis ingresos cada mes". "Si
tan sólo hubiera cuidado mi salud". "Si tan sólo hubiera
comprado esas acciones de cien dólares cuando las vendían
en un dólar". "Si tan sólo hubiera aprovechado la oportunidad de empezar mi negocio propio". Ahora es demasiado
tarde. Y así, otra persona que siempre aplaza las cosas hace su salida, consumida por los remordimientos, la culpa y
la falta de logros.

Tenga cuidado, querido lector, el síndrome de algún día
es una trampa fatal. La vida es muy corta para no disfru-
tarla al máximo. La indecisión, al igual que la incertidumbre, le confinarán a un mundo de "si tan sólo". No es lo que
usted quiere, ¿verdad? Muy bien, entonces vamos a elaborar un plan de ataque que le garantizará una vida llena de
acción positiva y experiencias memorables únicas.

Seis buenas RAZONES

Primero veremos por qué la gente pospone. Luego le mostraremos cómo quitarse ese pesado fardo de la espalda. Si usted no pospone, de todos modos por favor lea el resto del capítulo, por si acaso siente la necesidad de posponer algo más adelante. Aprenderá algunas técnicas excelentes que le harán todavía más decisivo de lo que ya es.

Hay seis buenas razones para posponer:

1. Está aburrido.

Es un hecho de la vida. Todos nos sentimos menos entusiastas de vez en cuando. A veces nuestro trabajo se vuelve rutinario y terminamos aplazando las cosas. Como lo mencionamos antes, los empresarios son famosos por hacerlo. Después de que pasa la emoción inicial de iniciar un negocio nuevo, necesitan un reto nuevo, algo que los mantenga con la adrenalina hasta el tope.

¿Cómo combate la inercia? Aquí tenemos algunas sugerencias: primero, reconozca que está aburrido. Esté consciente de sus sentimientos, los niveles bajos de energía y la falta de deseo de terminar proyectos. Puede sentirse cansado y no estar haciendo suficiente ejercicio. (Si se siente más cansado de lo normal, consulte a su médico. Puede haber alguna razón física para su cansancio.)

Hágase algunas preguntas y sea honesto con las respuestas. ¿Me aburre lo que estoy haciendo? (La respuesta a eso es "sí" o "no".) ¿Por qué estoy aburrido? ¿Qué me daría más energía?

Los empresarios con éxito mantienen la emoción buscando en forma constante proyectos nuevos y oportunidades más grandes. Siguen aumentando sus expectativas y nunca están satisfechos con negocios rutinarios que no demandan reto o ingenio. Prosperan al tener nuevos riesgos y la posibilidad de que podrían dar en el blanco de un éxito enorme. ¡La incertidumbre lo hace todavía más atractivo!

Una forma de recuperar la emoción consiste en pensar hacer tratos más importantes y en qué es necesario para producir los ingresos que se requieren. Existen dos posibilidades. Puede vender más de su producto o servicio a clientes, o puede ir a la caza de clientes más importantes. Imagínese lo que es cerrar tratos dos o tres veces más importantes que los anteriores. Empiece a ampliar su perspectiva.

Hacerlo, desde luego, requiere una serie totalmente nueva de contactos y relaciones. También necesita ser más creativo e innovador. La creatividad genera energía y la innovación hace fluir la adrenalina. De repente, se fija metas más grandes y una emoción renovadora empieza a invadir la oficina.

Tenga cuidado; ¡puede ser extremadamente contagioso! Muy pronto todos en su equipo estarán llenos de incentivos e iniciativas. De repente, la vida se hace divertida de nuevo y usted está en actividad. Adiós al aburrimiento; bienvenidos los objetivos grandes y recompensas todavía mayores.

2. Está sobrecargado de trabajo.

A menudo la gente pospone porque deja que las cosas se amontonen, en lugar de manejar y terminar una tarea a la vez. El proceso puede comenzar con una cosa insignificante que no se hizo porque no era el momento adecuado o no tenía ganas de hacerlo.

Después llega otra cosa y también la pospone. Ahora tiene dos cosas por hacer. Individualmente, ninguna de las dos parece demasiado importante, pero juntas crean resistencia. Termina aplazando ambas. Después de un rato ha dejado de lado una lista con media docena de puntos, por lo que empezará a padecer las consecuencias nefastas de haberlos aplazado. Esto le comienza a controlar. Pronto habrá tantas cosas que se sentirá agobiado de sólo pensar en empezar, así que no lo hace. Si esto es una descripción de usted, tome conciencia. Hay maneras de ayudarle a romper esos bloqueos. Le mostraremos cómo, antes de terminar el presente capítulo.

3. Se le esfumó la confianza.
Aquí es donde el temor y la duda unen fuerzas para impedirle hacer algo, creando imágenes negativas en su mente. He aquí lo que necesita saber: la mayoría de las cosas que teme nunca sucederán. Si el temor es una de las razones principales de por qué no está avanzando, por favor vuelva a leer el capítulo 6, "El factor de la confianza en sí mismo".

Aplazar es directamente proporcional a qué tanto duda de sí mismo. No permita que la duda y la incertidumbre se lleven su poder. Recuerde, es más desgastante pensar en lo que se tiene que hacer y en todas las cosas que podrían salir mal, que realizar el trabajo.

La gente con decisión y que rápido pasa de una tarea a otra, lo hace porque la idea de tener que hacerlo más tarde les produce incluso más presión y los tensa aun más. Como lo mencionamos antes, el miedo puede también ser un gran motivador. El exitoso entrenador de fútbol Dan Matthews lo explica de la siguiente manera: "Lo que siempre me impulsa es que el miedo y la decepción de perder siempre pesan más que la alegría y la satisfacción de ganar. Si eso cambia en algún momento, entonces llegó la hora de retirarme como entrenador".

4. Tiene una baja autoestima.
Esto es por completo diferente a una disminución temporal en la confianza en sí mismo. La gente con baja autoestima a menudo adquiere el hábito de sabotear cualquier éxito posible porque, en su mente, no lo merece. Ello puede deberse a antiguas creencias negativas a un pasado traumático.

Una manera de matar una oportunidad es no tomarla. Las personas con baja autoestima pueden inventar todo tipo de excusas para no dar el primer paso hacia un futuro mejor. En ocasiones avanzan y lo hacen bien. Su meta es asequible y de repente se dan por vencidos sin una razón aparente. Si esto es algo que usted hace (o alguien cercano a usted), le sugerimos que dedique tiempo real a investigar la causa. *La trampa del mañana,* un libro excelente de Karen Peterson, discute a profundidad este reto particular. Lo encontrará muy útil.

5. Está haciendo un trabajo que en realidad no disfruta.
Hay dos lados en este dilema. Primero, todos tenemos que hacer ciertas cosas que no disfrutamos. Es una de las reglas del juego si se quiere ser más exitoso. Puede no gustarle pero así es. Por ejemplo, puede no gustarle hacer cosas comunes como papeleo o llevar la contabilidad, pero es difícil evitarlas por completo, aunque sea usted muy bueno para delegar. Nuestro amigo Ed Foreman realizó investigaciones a fondo sobre este asunto. Esto es lo que encontró: la gente de éxito hace las cosas que la gente sin éxito no quiere hacer. Ellos tampoco disfrutan hacer algunas de esas cosas, pero lo hacen de cualquier forma. Éste es un punto fundamental que necesita entender.

El otro lado de la moneda es que puede estar atrapado en un empleo mediocre o una carrera que no le permite aplicar sus habilidades principales. Si es así, busque la oportunidad de enriquecer sus talentos. La vida es demasiado corta para estar atrapado en trabajos que no disfruta. La mayor parte del tiempo el trabajo que hace deberá ser un estímulo y darle energía. ¿Por qué permanecer en algo que agota su energía y no es satisfactorio?

Muchas personas no cambian porque tienen la necesidad de sentir seguridad o la sola idea de hacer algo diferente las asusta. El cambio está fuera del ámbito en el que se sienten cómodas y eso las intimida. Bueno, aquí esta la realidad: las recompensas más grandes en la vida se encuentran fuera de dicho ámbito. Vívalo. El temor y el riesgo son requisitos si desea disfrutar una vida de éxito y aventura.

6. Se distrae con facilidad o sólo ¡es flojo!

Aquí no hay mucho de qué hablar. Seamos directos. Si evita actuar porque prefiere subir los pies todas las noches y ver películas viejas en la televisión, hay poca oportunidad de que disfrute de un estilo de vida abundante pronto. ¿La base? El éxito exige esfuerzo y actividad constante a la vez que concentrada. La flojera no es parte de la ecuación. Es una sustancia prohibida.

TOMA DE DECISIONES
activa

En general, la falta de motivación es casi siempre el origen de posponer las cosas. Es más fácil hacerlas a un lado que actuar con decisión. Es importante estar consciente de que está entrando en una espiral descendente de inactividad. Cuando esté consciente de ello, hable consigo mismo y concéntrese en encontrar la forma de resolver las cosas.

Existen dos maneras principales para motivarse: puede temer las consecuencias de no actuar o puede sentirse emocionado por las recompensas y los beneficios de ser proactivo.

Debe considerar ambas opciones, una negativa y una positiva. Pregúntese "¿en realidad qué quiero: un futuro donde siempre esté luchando para lograr algo o un estilo de vida de prosperidad, alegría y satisfacción?" Cuanto más vívidos sean estos dos panoramas, más decisivo se volverá. No permita que una sensación falsa de seguridad le ciegue. Cuando escuche la vocecita destructiva que le murmura desde dentro: "Déjalo para mañana, la próxima semana, el mes siguiente o para el próximo año", de inmediato imagínese las dos posibilidades. ¿Qué ve si no empieza? ¿Quiere mirar su vida en retrospectiva con una larga lista de 'si tan sólo'? ¡Claro que no! Entiéndalo y sienta el dolor de la castración. (No, ¡no es un error de imprenta!) Ahora cambie la imagen y observe la otra posibilidad. Esta vez vea todas las recompensas y los beneficios que hayan resultado de haber actuado y no detenerse. Disfrute esta segunda imagen. Imprímala en su mente. Sienta el placer de tener logros. Siéntase bien por retarse a lograr un nivel más alto de desempeño. Aquí tenemos un buen ejemplo.

A mediados de los 70, Susan Brooks, maestra de escuela en Florida, disfrutaba coleccionar antiguas recetas familiares. Lo que más le atraía eran las de galletas hechas en casa, así que siempre estaba horneando. A sus amistades les gustaban tanto que pronto se corrió la voz y la producción de galletas caseras de Brooks aumentó. No pasó mucho tiempo antes de que saliera de Florida para mudarse a Georgia, junto con sus mejores amigas quienes pronto se convirtieron en socias de la primera tienda de galletas que tuvo Brooks. Durante los siguientes cuatro años, estableció trece franquicias y se vendían muchas galletas.

Sin embargo, en 1981 la venta de galletas cayó en forma abrupta; la sociedad se deterioró al igual que la integridad de la operación de franquicias. Susan se quedó con una "caja de galletas" vacía, que consistía en algo de mobiliario y dos hornos industriales. Ella dice: "Ésta fue mi etapa de universidad en las galletas; aprendí en carne propia lo que se necesita para manejar un negocio".

Es en ese punto donde muchas personas se dan por vencidas. Pero no Susan y su familia. Empacaron todas sus pertenencias en camiones de mudanzas. Junto con su esposo Barry y dos niños pequeños, se dirigieron al oeste en busca de un nuevo comienzo en Tempe, Arizona.

Aprendiendo del pasado, tomó una decisión estratégica importante; esta vez, en lugar de tiendas, decidió crear un catálogo para hacer pedidos por correo y así vender galletas y otros productos similares. Desde entonces, entró en el negocio de regalos, no en el de galletas. Esta disponibilidad para actuar de manera decisiva y caminar en una nueva dirección dio recompensas. Galletas desde casa (*www.cookiesfromhome.com*) opera ahora en instalaciones de 5,400 m², da servicio a cuentas corporativas de costa a costa. La base de clientes creció de 3,000 a 75,000. De hecho, las galletas de Susan se presentan en muchos lugares interesantes, que incluyen Canadá, México, Inglaterra, Francia y Arabia Saudita.

Susan actuó de manera decisiva para superar los tiempos difíciles. No tiene el hábito de hacer las cosas a un lado por algunos obstáculos en el camino. En la pared de su oficina hay una fotografía que presenta un pequeño bote que lucha por mantenerse a flote en un mar muy picado. Abajo de la foto dice: "Cualquiera puede navegar cuando el mar está en calma".

Susan dice que las lecciones más grandes que aprendió son: "Sé qué conocimientos no tengo, así que me rodeo de personas que sí los tienen. Hacerlo me permite concentrarme en lo que hago mejor. También, *elijo* ir a trabajar todos los días". Susan Brooks estaba determinada a concretar sus planes. Su persistencia consistente aseguró que tuviera éxito.

El mensaje es claro: ya sea que trabaje en un proyecto pequeño o en una meta importante, apéguese a él de manera que pueda celebrar su término. Asegúrese de no ser uno de esos individuos frustrados que pasan por la vida con la etiqueta que dice "no lo terminé". Como dice Jim Rohn con gran elocuencia: "El dolor de la disciplina pesa kilos, pero el dolor del arrepentimiento pesa toneladas".

Para estar seguro de que no inventará excusas por no ser decisivo, ahora vamos a revelarle dos fórmulas comprobadas que le ayudarán a resolver cualquier situación futura que requiera acción. La primera, PP-DA, es una fórmula muy pequeña que puede aplicar con efectividad todos los días. La segunda, la solución de problemas, es más extensa.

La FÓRMULA
PP-DA

Ésta le ayudará a estar alerta mientras se lanza a las aguas desconocidas del futuro. Antes de tomar decisiones importantes, le recomendamos mucho valerse de este acrónimo como guía.

1. Piense.

Como lo expusimos antes, el tiempo para reflexionar es vital. Pensar en forma reflexiva le permite detenerse para considerar todas las opciones. "¿Hacer esto me ayudará a alcanzar mis metas importantes con mayor efectividad?" "¿Por qué quiero hacerlo?" "¿Qué beneficio específico obtendré de seguir este curso de acción?" "¿Cuáles son las consecuencias si no funciona?" "¿Cuánto tiempo llevará en realidad?" Cuanto más consciente esté cuando se enfrente a una decisión importante, es menos probable que las cosas salgan mal. Dedique tiempo a pensar. Como un piloto de avión, elabore una lista de verificación que le sirva de guía en cada ocasión.

2. Pregunte.

Haga buenas preguntas que le ayuden a concentrarse. Averigüe todo lo necesario para tomar una decisión inteligente e informada. Pregunte a otras personas, sus tutores o la gente que tiene conocimientos específicos y experiencia en esa área. Cuanto más importante sea la decisión, más tiempo deberá dedicar a verificar todos los detalles, lo cual no significa analizarlo toda hasta morir. Sólo cuando haya reunido información suficiente de varias fuentes, estará listo para el siguiente paso en la fórmula.

3. Decida.

Recurra a la técnica de la espiral doble para aumentar la capacidad de decisión. Visualice las consecuencias negativas si no decide. Compare éstas con los beneficios positivos de avanzar.

Luego tome una decisión firme sobre lo que va a hacer. Hacerlo es sólo la mitad de la batalla. Las personas que siempre posponen las cosas tienen vidas llenas de descontento porque no se deciden a avanzar. Después de un tiempo, nadar entre dos aguas es incómodo. Si no tiene cuidado, se quedará atrapado, incapaz de salir.

4. Actúe.

Ahora que ya pensó en forma reflexiva, preguntó para obtener información y por último tomó la decisión, es tiempo de actuar. Ésta es la parte más importante de la fórmula PP-DA. Muchas personas van por la vida en la modalidad de "en sus marcas, listos", en vez de "en sus marcas, listos, ¡FUERA!" Hay que moverse. Dése usted mismo la orden de arranque hacia la acción concentrada. Dé el primer paso. Poco a poco adquirirá más ímpetu. Al igual que la proverbial bola de nieve que rueda desde la cima de una montaña, no podrá detenerse después del empujón inicial. Recuerde, las grandes recompensas de la vida sólo se materializan cuando usted empieza a actuar.

W. Clement Stone, protagonista de una de las historias sobre el éxito más maravillosas en Estados Unidos y coautor de *Éxito a través de una actitud mental positiva*, tenía una forma única de presionarse para actuar. Se paraba frente a un espejo y aplaudía con gran vigor, exclamando en voz alta "¡hazlo ahora!" Repetía la acción tres veces. Lo anterior, le impulsaba a actuar en las labores que tenía que realizar. Debe haber funcionado, porque a los dieciséis años vendía seguros de vida como si cada día fuera el último. Cuando tuvo veintiún años llegó la Gran Depresión, y muchas personas dijeron que sería imposible sobrevivir. Sin sentirse afectado, el joven Stone empezó una compañía propia, llamada Seguros Combinados, contrató a 1,000 vendedores y construyó una de las empresas más grandes en Estados Unidos. Recuerde: los pequeños hábitos, como el ejercicio ante el espejo, a menudo son el catalizador que le hará ponerse en marcha.

La SOLUCIÓN de problemas

Nuestra segunda fórmula para actuar se llama solución de problemas. Consiste en una serie de diez pasos que le ayudarán a resolver cualquier problema importante o reto que pueda enfrentar en los años por venir. Es poderosa. Hágala prioritaria cuando no sepa qué dirección tomar. Se presenta un esquema de la misma en los PASOS DE ACCIÓN al final de este capítulo.

Estas dos estrategias excelentes le apoyarán en todas las situaciones en que deba tomar decisiones. Adquiera el hábito de aplicar ambas. Son una parte de suma importancia en su arsenal y le ayudarán a evitar los sucesos negativos mientras se dirige hacia una vida más feliz y saludable. Sea diligente. Esté en guardia. Aprenda a observar lo que hace bien y qué necesita su atención. Tomar decisiones en forma correcta requiere práctica y un nivel alto de conciencia. Ahora tiene las herramientas para dominar esta parte del plan para el éxito.

Hablemos de
DINERO

Dar en el blanco desde el punto de vista financiero cada año es sin duda muy importante, en especial si vive en una sociedad donde el precio de casi todo aumenta de manera continua. Si su familia está creciendo, e incluye adolescentes, ¡sabrá a qué nos referimos!

Un análisis completo a la vez que profundo del dinero y de las estrategias de inversión, está más allá del propósito de este libro, pero como sus ingresos están relacionados estrechamente con la cantidad de tiempo libre que tiene, y con el disfrute de una forma de vida bien balanceada, pensamos que sería buena idea compartir algunos puntos esenciales según nuestra perspectiva. Todo forma parte de su educación para actuar de manera decisiva.

¿Qué significa el dinero para usted?

Todos tenemos creencias sobre el dinero. Contrario a lo que algunas personas piensan, el dinero no es la raíz de todo mal. Si eso fuera cierto, cualquier organización altruista, de caridad o iglesia dejaría de existir. Sin embargo, el amor total al dinero hasta la exclusión de todo lo demás provoca todo tipo de ansiedades.

Hay en principio tres cosas en la vida que pueden arruinarle:

1. El poder; observe a los dictadores y megalómanos de este mundo.

2. El sexo; por lo general, con demasiadas personas; el ejemplo número uno son desde luego los políticos.

3. La avaricia; la búsqueda enfermiza de demasiado dinero, con frecuencia a costa de otras personas.

Para entender en realidad cómo se siente con respecto al dinero, hágase algunas preguntas. Por ejemplo: ¿Es correcto tener mucho dinero? ¿Qué hábitos para manejar el dinero se han mostrado en mi vida hasta el momento? ¿Gano y acumulo dinero con alegría, o me saboteo de manera inesperada cuando las cosas van bien?

Al final del capítulo, incluimos un cuestionario muy bueno sobre el dinero, que le ayudará mucho a identificar sus realidades financieras. Asegúrese de responderlo.

Aquí presentamos algunos pensamientos sobre ciertas creencias sobre el dinero. Algunas personas crecieron en un ambiente muy próspero, donde tener dinero era la forma natural de vida. A otros, sus padres y otras figuras de autoridad les dijeron que el dinero era "sucio". ¿Alguna vez oyeron esto? "No te pongas el dinero en la boca; ¡está sucio!"

Otra gente fue más afortunada y creció en un ambiente donde la ética del trabajo honesto se valoraba mucho y el dinero se gastaba y se invertía de manera sabia. Sin ser frugal, la diversión también era importante.

El dinero les llega a quienes lo atraen.

En nuestra opinión, el dinero es tan sólo una recompensa por servicios prestados. Si proporciona un servicio excelente que le resulte valioso a la gente que le rodea, el dinero aparecerá. Así, para atraer más clientes debe resultar atractivo, en el sentido de que la gente querrá y preferirá sus productos o servicios a los de la competencia. Lo importante es concentrarse en ser siempre más valioso. Haga cualquier cosa para que lo que ofrece en el mercado sea lo mejor.

Si tiene problemas económicos o quisiera aumentar en forma significativa sus ingresos, entienda esto: sus hábitos en el manejo del dinero son la causa principal de su situación económica actual. Entonces, si nunca ha tenido el hábito de ahorrar o invertir, puede experimentar algunas consecuencias en este momento. Si con demasiada frecuencia gasta más de lo que gana, en definitiva, experimentará consecuencias negativas en algún momento. La gente que gana $50,000 dólares al año, tiene hábitos de $50,000 dólares; la gente que gana $500,00 tiene hábitos de $500,000. Es un hecho.

Para cambiar sus hábitos primero debe aceptar su realidad financiera presente. ¡Negar lo obvio no funciona! El siguiente paso, si quiere ser independiente desde el punto de vista económico, es hacer un estudio. Haga su tarea. Aprenda sobre el dinero, cómo se incrementa; más que nada, quién es en verdad bueno para atraerlo.

Sin duda hay personas en su vecindario o ciudad que han ganado mucho dinero. Averigüe cómo lo hicieron. Sea creativo. Tenga valor. Atrévase a pedir una cita para hablar con ellos. Además, debe tener un asesor financiero brillante o un equipo de consejeros que lo ayuden y lo apoyen. Pregunte. Averigüe quién es el mejor. De nuevo, haga su tarea. Concéntrese. La mayoría de la gente no hace el esfuerzo. Es quizá más fácil sentarse frente a la televisión todas las noches en vez de construir un futuro económico sólido para su familia.

Las reglas básicas para hacer fortuna.

Ahora vamos a presentarle a dos millonarios: sir John Templeton y Art Linkletter. Vamos a compartir las listas de sus 10 puntos principales y específicos para tener prosperidad ilimitada. Elegimos a estas personas por su integridad y habilidad para acumular dinero. Puede sorprenderle la sencillez de sus hallazgos. Estudie cada punto con detenimiento. Sus reflexiones pueden ahorrarle años de esfuerzo.

Primero, sir John Templeton, fundador del Grupo Templeton, es un administrador legendario de fondos de inversión. Su ingenio para la administración financiera ha creado riqueza para miles de inversionistas en todo el mundo.

Los siguientes diez principios son el alma de su éxito increíble.

1. Para lograr éxito no sea optimista ni pesimista; combine ser realista con una buena dosis de esperanza.

2. Cuente las bendiciones que tiene para enriquecerse usted y a sus vecinos, primero espiritualmente y luego, quizá, en forma financiera.

3. Las deudas, ya sean personales o colectivas, no deben impedirle invertir para el futuro. Esfuércese por quedar libre de deudas.

4. Invierta en muchos lugares diferentes; la variedad da seguridad.

5. El dinero debe hacer mucho más que sólo reproducirse.

6. Recuerde que la paciencia es una virtud.

7. Si quiere prosperar, investigue antes de invertir.

8. Nunca lo olvide: el secreto para hacer fortuna para sí mismo es hacerla para los demás.

9. Querer ser el número uno no le convierte en el número uno.

10. Alcance el éxito con una sola palabra: amor.

FUENTE: *Diez reglas de oro para alcanzar el éxito financiero*

Art Linkletter tal vez sea mejor conocido como una personalidad en el mundo del entretenimiento y los espectáculos. Cuando era bebé lo abandonaron y lo adoptó un ministro de iglesia en la pequeña comunidad de Moosejaw, Saskatchewan, Canadá. Su famoso programa, *House Party* en CBS fue uno de los espectáculos con mayor duración en la televisión. También es un negociante muy astuto con participación directa en docenas de empresas exitosas. Éstas son las reflexiones más importantes de Art para tener riqueza y éxito.

1. Voy a hacer el trabajo que me gusta. Sólo se vive una vez, así que haz lo que te gusta.

2. Siempre habrá dificultades, fracasos y retos en el camino.

3. El margen entre la mediocridad y el éxito es muy pequeño cuando se relaciona con el tiempo y el esfuerzo, los cuales están por encima de lo esperado.

4. Me valdré de la inercia para abrir las puertas de la oportunidad, pero me aseguraré de trabajar cuando la puertas se abran para mí.

5. Reconoceré y estaré alerta en cuanto a mis debilidades, y encontraré a personas excelentes en las cosas en que yo no soy muy brillante.

6. Consideraré que la oportunidad de avanzar es más importante que el dinero inmediato y los beneficios aleatorios que produzca la situación.

7. Siempre llevaré tanto mis habilidades y metas un poco más allá del ámbito en el que me siento cómodo, dentro de lo razonable.

8. Aprenderé de mis fracasos y luego los dejaré atrás.

9. Seguiré la regla de oro. No haré un trato en el que alguien resulte engañado o se aproveche de otra persona.

10. Recurriré al dinero de otra persona sólo si me siento seguro de que el mismo puede aumentar a un ritmo más rápido que el de las tasas de interés. No seré avaro.

Para cerrar con broche de oro, también les mostraremos nuestras ideas que, son las estrategias más importantes en las que nosotros nos concentramos.

JACK:
- Haga con pasión y excelencia lo que le gusta, y el dinero llegará solo.
- Lea todo lo que pueda, asista a seminarios, escuche cintas de audio y ponga en práctica lo que aprenda.
- Haga un estudio de las leyes universales del éxito, la prosperidad y la abundancia.
- Done un porcentaje de sus ingresos a la iglesia y a sus obras de caridad favoritas.
- Siempre busque mejorar de forma continua y constante en todo lo que haga.

MARK:
- Tome la decisión de ser independiente desde el punto de vista económico y su subconsciente hará el resto. Escriba en un plan "voy a ganar..."
- Lleve siempre consigo una tarjeta que diga: "Estoy tan feliz que voy a..." (programarme para ser millonario; crecer el 50 por ciento al año; reunirme con un nuevo prospecto o cliente al día; vender X cantidad de Y diario; o cualquier cosa que sea su meta particular.) Lea la tarjeta en el desayuno, la comida y la cena, y justo antes de dormir, hasta que la idea se vuelva parte de usted y al final se hará realidad.
- Ame su trabajo y una forma de vida correcta, y permita que ellos a su vez lo amen. Me encanta hablar,

escribir, crear, pensar, promover y comercializar, y como todo eso me encanta, eso prospera.

- Forme un equipo de colegas con mentes similares, quienes le ayudarán a que sus sueños se hagan realidad.
- Sirva con amor y con alegría en el corazón.

LES:
- Concéntrese en lo que hace mejor. Busque ser líder en su campo. Mis talentos son capacitar, escribir y elaborar productos que generan autoconciencia.

- Busque oportunidades específicas que complementarán y enriquecerán sus mayores fortalezas. Yo elaboré el programa de capacitación para alcanzar logros dirigido a empresarios porque me relaciono sin dificultad con sus desafíos.

- Invierta primero en un negocio propio. Aléjese de tratos e industrias que no conoce bien. Es por ello que Warren Buffet lo ha hecho tan bien.

- Rodéese de asesores financieros brillantes como lo sugerimos antes. A quién conoce es cuando menos tan importante como qué sabe.

- Adquiera y mantenga hábitos financieros sencillos. Invierta 10 por ciento de sus ingresos cada mes. No consuma más de lo que gana. Esté al tanto de a dónde va el dinero. Busque no tener deudas.

DIOS DA A CADA AVE SU ALIMENTO

¡Pero no lo pone dentro del nido!

ANALICE LA RIQUEZA

Para ayudarle todavía más, aquí hay una lista de siete libros maravillosos que hablan del dinero y cómo acumular riquezas. Póngase como meta leerlos todos. Existen en verdad cientos de libros que tratan este tema. Haga de su lectura el primer paso en la búsqueda de sabiduría en materia financiera.

1. *El hombre más rico de Babilonia,* de George S. Clason (Penguin Books, 1989).

2. *El barbero millonario,* de David Chilton (Stoddart Publishing, 1989).

3. *El millonario de la casa de junto,* de Thomas J. Stanley y William D. Danko (Longstreet Press, Inc., 1996).

4. *Diez reglas de oro para el éxito financiero,* de Gary Moore (Zondervan Publishing House, 1996)

5. *Los 9 pasos para la libertad financiera,* de Suze Orman (Random House, 1998).

6. *Piense y vuélvase rico,* de Napoleon Hill (Fawcett Crest Books/CBS Inc., 1960).

7. *Papá rico, papá pobre,* de Robert T. Kiyosaki con Sharon L. Lechter (Techpress Inc., 1997).

Ahora ya cuenta con las herramientas para actuar de manera decisiva en asuntos financieros. ¿Nuestro último comentario al respecto? Dé los pasos necesarios *ahora.* Cuando se trata de dinero, el tiempo *es* lo más importante.

CONCLUSIÓN

Aquí tenemos la historia de la decisión más grande de todas: la decisión de vivir. Se trata de un hombre extraordinario, Viktor Frankl, quien se encontraba cautivo en un campo de concentración nazi durante la Segunda Guerra Mundial. Psicólogo prominente antes de que la guerra cambiara por completo su vida, Frankl sufrió el destino de millones de judíos: mucho trabajo en las condiciones más horribles que se puedan imaginar. Cada día, muchos de sus compañeros prisioneros morían por desnutrición, por golpizas o porque los llevaban a las cámaras de gas, la humillación última.

A pesar de la dureza de las condiciones, Viktor Frankl vio que había un elemento que los nazis no podían controlar: su actitud. Dicho en forma sencilla, él eligió vivir, y nada, nada en absoluto, cambiaría su decisión de ganar esta enorme batalla humana.

Para aliviar las circunstancias tan terribles en que vivía, se concentraba en una imagen positiva del futuro. Se visualizaba como un psicólogo con éxito, que asistía a conciertos y disfrutaba una vida satisfactoria. Nunca se permitió rendirse ante la depravación que le rodeaba. Esta fortaleza, decisión, persistencia y solidez increíbles de carácter, a la larga dieron sus frutos cuando terminó la guerra. Aquellos que no tenían nada por qué vivir, y había muchos, no sobrevivieron. Viktor Frankl se convirtió en uno de los terapeutas más prestigiados del mundo, así como un gran líder para inspirar a otros. El libro que detalla sus luchas, *El hombre en busca de significado*, es un clásico. Asegúrese de leerlo más de una vez. Levantará su ánimo.

¿POR QUÉ TITUBEAR?

EN LAS PLANICIES DE QUIENES TITUBEAN, SE ENCUENTRAN LOS HUESOS BLANQUECINOS DE INCONTABLES MILLONES DE PERSONAS QUE, EN EL UMBRAL DE LA VICTORIA, SE SENTARON A ESPERAR Y EN LA ESPERA PERDIERON LA VIDA.

— Autor desconocido

PASOS DE ACCIÓN

Solución de problemas

Seguridad económica

Cuando se enfrente a un reto importante, utilice la solución de problemas que se presenta a continuación. Es una serie de diez preguntas que le guiarán paso a paso hasta obtener el resultado que desea. Para conseguir mejores frutos, es importante pasar por todo el proceso escrito. Recurra a esta herramienta con frecuencia; su capacidad de decidir mejorará en forma considerable cuando lo haga.

1. ¿Cuál es mi desafío?
Defina su situación con exactitud. Recuerde ser claro, breve y específico.

_____

_____

_____

2. Decida enfrentar el asunto y manejarlo.
Tomar la decisión de avanzar a pesar del temor es un paso importante. Por su buena salud y paz espiritual, decídase ahora.

3. ¿Cuál es el resultado deseado que quiero?
De nuevo, defina con claridad el resultado preferido. Visualice el término y describa los beneficios principales cuando haya podido controlar el asunto.

_____
_____
_____
_____

4. En una palabra describa cómo se sentirá cuando el asunto esté resuelto.

_____

5. ¿Qué información necesito ?
Aprenda más leyendo, investigando expedientes antiguos, contratos, etcétera.

_____
_____
_____

6. ¿Qué puedo hacer yo mismo?

_____
_____
_____

7. ¿Quién más puede ayudarme?

_____
_____
_____

8. ¿Qué pasos de acción específica voy a dar?
Éste es el plan de juego. Piense en cada paso hasta llegar al final.

1. _____

_____

2. _____

_____

3. _____

_____

9. ¿Cuándo voy a empezar? _____ **(fecha)**
¿Cuándo voy a resolver este asunto inconcluso?
_____ **(fecha)**

¡Empiece ya!
Recuerde, la paz espiritual está al otro lado del miedo.

10. ¡Revise los resultados y celebre!

266

EL HÁBITO DE LA SEGURIDAD ECONÓMICA

Cuestionario sobre su situación financiera actual.

1. ¿Que significa el dinero para usted?

_____

_____

_____

2. ¿Merece tener mucho dinero?   ❏ sí   ❏ no
   ¿Por qué sí o por qué no?

_____

_____

_____

3. Defina **LIBERTAD ECONÓMICA** con base en cómo se relaciona con usted.

_____

_____

_____

4. ¿Sabe específicamente cuánto gasta y cuánto gana cada mes?   ❏ sí   ❏ no

5. ¿Tiende a ser un consumidor compulsivo o tiene un programa claro de ahorros e inversiones que es prioritario?

_____

_____

_____

6. ¿Tiene el hábito de pagarse cada mes?

❑ sí   ❑ no

7. ¿Tiene un asesor financiero brillante o un equipo de asesores? ❑ sí   ❑ no

8. ¿Cuánto dinero necesitará cuando (y si lo hace) se retire, para disfrutar el estilo de vida que desea?

_____

_____

_____

9. ¿Cuál es su déficit actual, si lo tiene?

_____

_____

_____

10. ¿Va por el camino correcto para tener un buen patrimonio ?

Lo anterior significa tener dinero suficiente para disfrutar la calidad de vida que en realidad desea. Tener la opción de trabajar o no trabajar, porque puede darse ese lujo.

Si no cuenta con esa libertad económica todavía, ¿qué tiene que hacer para cambiar?

_____

_____

_____

_____

_____

Vivir con un propósito

Actuar de manera decisiva

Persistencia consistente

Pida lo que desea

El factor de la confianza en uno mismo

Cómo establecer relaciones excelentes

Cómo crear un equilibrio óptimo

¿Ve el panorama completo?

No se trata de magia ni de ilusión,
sino de mera concentración

Sus hábitos determinarán el futuro

Queda sólo una estrategia más; ya casi llega a la meta.

Vivir con
un propósito

"Ésta es la alegría verdadera: ser el instrumento
para alcanzar un propósito reconocido como en verdad
importante."

— George Bernard Shaw

Craig Kielburger es un joven poco común.
A la tierna edad de trece años, cuando la mayoría de sus
amigos estaban más interesados en jugar hockey o fútbol,
Craig con pasión contaba al mundo sobre la organización
que él había creado, llamada Liberen a los niños.[1] Su
agenda se veía como la de un orador famoso en el ámbito
internacional. Desde India hasta Washington D.C. y Nueva York, seguido por un viaje a Canadá, y luego a Haití.
Además de todo ello, se presentó un reportaje halagador
en *60 minutos* alabando su cruzada para detener el trabajo de menores.

   ¿Qué hace que un adolescente, quien demuestra una
madurez superior a la de su edad, haga algo así? Él dice:
"Me afecta el asunto del trabajo de menores y quiero hacer
algo para aliviarlo".

   [1] Para hacer donativos a Liberen a los niños, llame al (905) 760-9382 o visite
la página de Internet en *www.freethechildren.org.*

En pocas palabras, Craig Kielburger vive con un propósito. Encontró algo que hace hervir su sangre y le inyecta adrenalina. El propósito le da una energía tremenda. Lo emociona y no descansa en su búsqueda. Al mismo tiempo, es tan normal como para mostrar que todavía es un niño. Como lo señaló el periodista Robert Russo: "Después de una visita a la casa del vicepresidente Al Gore, expresa con los ojos muy abiertos: 'Tengo una de sus servilletas. Dice vicepresidente de los Estados Unidos. ¡Él tiene servilletas propias!' Los estadounidenses se pelean por abrazar a este joven fenómeno canadiense que parece estar muy bien adaptado y vive un sueño propio, en vez de vivir el de sus padres".

Dicho sueño está impregnado de una determinación de acero, un ímpetu inagotable que ha obligado a otros oficiales de alto rango a sentarse y pensar en ello. Molesto por los millones de niños forzados a trabajar en la India, Craig decidió ir allá. El viaje coincidió con una visita del primer ministro de Canadá, Jean Chretien. El joven Kielburger creó tal revuelo en los medios de comunicación que el señor Chretien estuvo de acuerdo en tener una reunión personal con él. Sí, cuando se tiene un fuego que le inflama se puede lograr lo imposible. Aquí hay una pregunta intrigante: ¿Por qué algunas personas tienen este deseo ardiente y la vasta mayoría no? Casi todas las personas pasan a ciegas las situaciones cotidianas; están atrapadas en rutinas que con frecuencia se vuelven aburridas. Si usted está pasando por una rutina mecánica así, haga algo. Hay una mejor forma de vivir.

Cómo encontrar el PROPÓSITO

Se han escrito muchos libros al respecto. Aquí condensamos los conceptos fundamentales. Por favor, note que éste es un capítulo de suma importancia para usted. En las páginas siguientes descubrirá lo fundamental que es tener un propósito en la vida. Incluso le ayudaremos a formar una definición clara. La mayor parte de las personas no tienen idea. Entenderá por qué cuando compartamos con usted, más adelante, un concepto crucial llamado el nivel del ser. No queremos que termine como tantas otras personas, vagando entre las generalidades, inseguro de qué está haciendo y por qué lo está haciendo.

También hay personas que llegan a un punto crucial en su vida. En algún punto entre los treinta y cinco y los cincuenta años, aparece la famosa crisis de la edad madura. De repente empiezan a surgir preguntas más profundas como "¿esto es todo lo que hay?" Después de algunas reflexiones serias, empiezan a sentirse inútiles, con una sensación de vacío. Algo falta, pero no saben qué es. Con el tiempo, llegan a darse cuenta de que acumular cosas materiales y pagar la hipoteca no les está ayudando.

Aprender a vivir con un propósito

¿Le suena familiar este escenario? ¿Se cuestiona si su vida carece de un propósito? Las ideas en este capítulo van más allá de los hábitos específicos diarios en los que ya empezó a trabajar, aunque los mismos son muy importantes. En cierto grado todos tenemos sed de que nuestra vida tenga un significado. Necesitamos sentir en el alma que somos importantes y que estamos haciendo la diferencia.

Adoptar una forma de vida que persigue un propósito proporciona la oportunidad de enriquecer a otros, dejando una huella positiva. Por ejemplo, si tiene la filosofía diaria de dar algo y adquirir el hábito de ayudar a los demás sin pensar en una recompensa personal inmediata, está demostrando que empieza a tener un propósito. Cuando es capaz de llevar esta filosofía más allá hasta abarcar un panorama más amplio, el propósito se cristalizará. Le mostraremos cómo.

El Maratón de la ESPERANZA

Pero primero, para aclarar esto todavía más, contamos con la extraordinaria historia de Terry Fox. Cuando tenía sólo dieciocho años de edad, descubrió que tenía cáncer. El diagnóstico era osteosarcoma, un cáncer muy agresivo que ataca tanto piernas como brazos, y puede llegar hasta los pulmones, el cerebro o el hígado. Después de asimilar lo doloroso de su nueva realidad, Terry tenía dos opciones: darse por vencido y esperar la muerte, o descubrir algo significativo por qué vivir. Eligió la última. Tener cáncer significaba perder una pierna. En la cama del hospital, soñó en realizar una carrera a través de Canadá. Ese día se comprometió a realizar su sueño, que empezó a cobrar forma.

Al comprometer su vida para hacer una diferencia en la lucha contra el cáncer, encontró un propósito verdadero. La meta de su carrera con una sola pierna, llamada el Maratón de la Esperanza, consistía en recabar un millón de dólares para investigaciones sobre el cáncer. ¡El total final fue de $24.6 millones de dólares!

Este joven descubrió un propósito tan grande que le reanimaba tanto el cuerpo como la mente todos los días. La fuerza de tener un propósito lo condujo a niveles de desempeño inimaginables. Aunque sólo tenía una pierna sana, la prótesis en la otra le permitía correr. Más bien parecía brincar. Daba la impresión de que se paraba de puntas en cada paso. Usaba pantalones cortos para correr, lo cual, por supuesto, exponía su pierna falsa y hacía sentir incómoda a mucha gente. Su respuesta era: "Éste soy yo; ¿por qué esconderlo?" Empezando el 12 de abril de 1980, corrió el equivalente a un maratón (cuarenta kilómetros) casi todos los días, cubriendo un total de 5,342.5 kilómetros en sólo 143 días: ¡impresionante! Al hacerlo, dio esperanzas a miles de personas en todo el mundo.

Quizá esto le haga preguntarse "¿qué estoy haciendo con mi vida?, ¿de qué se trata el trabajo de mi vida?, ¿qué legado dejaré cuando se acabe mi tiempo?"

Preguntas interesantes, ¿no le parece?

El desafío

Deje que otros tengan vidas insignificantes, pero usted no.

Deje que otros discutan sobre cosas sin importancia, pero usted no.

Deje que otros lloren por heridas pequeñas, pero usted no.

Deje que otros abandonen su futuro en manos de los demás, pero usted no.

Jim Rohn

Tres PUNTOS Clave

Veamos más de cerca los puntos clave que ayudaron a Terry Fox a forjar con éxito su nuevo propósito. Primero, tenemos que aclarar la distinción entre fijarse metas y tener un propósito. El propósito trasciende a las metas. Es el gran panorama, como una sombrilla que abarca todo. Las metas, por otra parte, son los pasos que da a lo largo del camino. El propósito de Terry era ayudar a eliminar el cáncer. Sin embargo, la meta específica que tenía era recabar un millón de dólares para investigaciones sobre el cáncer, corriendo a través de Canadá. Cuando alinea las metas diarias con un propósito bien definido, disfruta paz espiritual y la sensación maravillosa de estar vivo, lo cual es algo muy raro en la actualidad.

Los tres puntos siguientes le ayudarán a tener un propósito:

1. El propósito debe ir de acuerdo con sus habilidades naturales.

El propósito de Terry Fox iba de acuerdo con algo que en realidad disfrutaba: el atletismo. Sobresalía en las carreras, así que correr por el país se volvió un vehículo natural para que alcanzara la meta. Todos tenemos talentos naturales y descubrirlos es parte del juego de la vida. A veces nuestro trabajo no va de acuerdo con lo que hacemos mejor. Nuestros valores y acciones pueden tener propósitos encontrados. Son estos mensajes confusos los que causan conflictos internos e incertidumbre.

2. Ser determinado.

Todos los días Terry era fiel a su propósito. A pesar de la nieve, la lluvia y el aguanieve, continuaba. En las primeras etapas casi no había cobertura de medios de comunicación y a veces se sentía solo e incomprendido. Lo superó al tener su propósito en mente. Muchas personas se desvían en la vida porque se distraen con facilidad o se dejan influir por otra gente. En consecuencia, vagan de una situación a otra, como una pelota de ping-pong. Vivir con un propósito requiere tener una idea fija: la decisión de hacer cualquier cosa que sea necesaria. Separa al débil del fuerte, al que siempre aplaza las cosas del en verdad comprometido. Produce una pasión profunda y da la sensación de que la vida tiene significado. Cuando el propósito es claro, la vida tiene sentido. Dormirá satisfecho por las noches, en vez de preocuparse por todas las cosas cotidianas que producen estrés y tensión.

3. Mantener una actitud humilde.

No permita que el ego enfermizo apague sus buenas intenciones. A las personas que tienen el impacto mayor y más positivo en la sociedad no les preocupa la fama y la fortuna. Mahatma Gandhi, la madre Teresa y otros miles que no son tan conocidos, sólo se ponen a trabajar. La avaricia y el poder no son parte de la fórmula para vivir con un propósito.

En las etapas finales del Maratón de la Esperanza, Fox atrajo miles de personas en todas las ciudades importantes. Su actitud todo el tiempo fue la de decir "soy una persona promedio, ni mejor ni peor que los demás; hay muchas otras personas involucradas en esto y también merecen reconocimiento". Era esta actitud humilde y la preocupación genuina por los demás, aparte de nunca darse por vencido mientras luchaba contra la adversidad, lo que motivó a millones de personas. Incluso después de que el cáncer le llegó a los pulmones, estaba determinado a seguir adelante. Nunca logró terminar la carrera. Murió el 28 de junio de 1981. Sin embargo, el legado que dejó continúa ayudando a las víctimas del cáncer. A la fecha, se ha recabado la fabulosa cantidad de $150 millones de dólares para investigación con la carrera anual Terry Fox.[2] El evento se lleva a cabo cuando menos en cincuenta países y participan más de doscientas mil personas. En este punto quizá esté pensando: "Es una historia muy buena, pero en realidad no me veo cambiando el mundo de manera tan drástica. No soy una celebridad. Mi lucha sólo consiste en llegar al fin de mes". Ésa es la razón por la que *está* luchando; todavía no lo entiende. La importancia de tener un propósito; eso es. Si lo entendiera, no vería su vida como una lucha.

Como entrenadores, nuestro reto más grande es hacer que la gente entienda lo vital que es esto para su futuro. ¿No le parecería agradable tener un "botón para tener un propósito" listo, colocado en la cabeza, que pudiera oprimir para que de inmediato apareciera un propósito verdadero en la vida y fuera claro? Es obvio que es mucho más complejo. El resto de este capítulo lo ilustrará mucho más.

Aquí está el siguiente paso para hacer que su propósito cobre vida.

Descubrir su PROPÓSITO

Como lo establecimos antes, la mayoría de la gente no tiene un propósito bien definido. Para ayudarle a averiguar el suyo, le haremos algunas preguntas de prueba. Tome el tiempo necesario para pensar antes de responder. Si se siente atorado o que está pasando por una transición importante, considere tomar un par de días libres, vaya a un lugar tranquilo donde pueda en realidad pensar sobre qué quiere hacer con su vida. Es imposible tomar las mejores decisiones cuando se está atrapado en un remolino de ac-

---

[2] Para hacer donativos a la Fundación Terry Fox para investigación sobre el cáncer, llame al (416) 924-8252, o póngase en contacto con el sitio en la red *www.terryfoxrun.org*.

tividades diarias. ¡No puede pensar mientras corre! Si no tiene un santuario especial, tal vez haya algunos retiros en donde vive. Busque en la sección amarilla o pida ayuda en las iglesias locales.

David McNally, autor de los best-seller *Hasta las águilas necesitan un empujón* y *El secreto del águila*, es el productor de un vídeo maravilloso, que ha ganado premios, sobre Terry Fox. Es muy inspirador. A David se le considera una autoridad sobre cómo tener éxito en la vida personal y profesional. Creó el ejercicio tan importante de diez preguntas llamado Descubrir y vivir con un propósito (ver PASOS DE ACCIÓN). Son preguntas vitales, así que haga su mayor esfuerzo, reserve algunos minutos para contestar el ejercicio, que podría llevarle a conclusiones importantes sobre usted mismo. Pero primero termine de leer el capítulo. Al hacerlo va a entender mejor cómo determinar su propósito.

Aquí tenemos algunas consideraciones clave: su cuestionario empieza con reconocer sus habilidades y talentos especiales. ¿Qué es lo que hace mejor? ¿En realidad qué disfruta hacer? El capítulo 3, "¿Ve el panorama completo?", le ayudó a averiguar esto. La mayoría de las personas se estancan en el trabajo. Terminan aburridos, haciendo las cosas por rutina. Es muy frustrante. A menudo la razón es falta de retos. El trabajo no aprovecha sus fortalezas y terminan atrapados haciendo actividades que minan su energía, en vez de sentirse inspirados por algún proyecto importante. ¿Esto de alguna manera es una descripción de usted?

El trabajar con un propósito también significa que se preocupa por algo. No se siente obligado a realizar algo, más bien le apasiona hacerlo. Terry Fox se sentía muy conmovido por los niños víctimas del cáncer. Eso le motivaba todos los días, a pesar de las dificultades propias.

Cuando se vive con propósito usted siente que está haciendo la diferencia, y no necesita ser famoso. Puede impactar en forma significativa a su comunidad. Otro factor importante mientras investiga qué dirección tomar es qué tanto entusiasmo tiene. ¿Casi todo el tiempo *tiene que* hacer las cosas o *elige* hacerlas? Como dijimos antes, vivir eligiendo actuar le da poder, se siente con energía. Cuando sirve a un propósito más importante que usted mismo, el compromiso también es más fuerte. Conforme su propósito se realice, adquirirá una filosofía única sobre la vida y un punto de vista que abarque un gran panorama. Las labores superficiales y de rutina se vuelven menos importantes mientras el trabajo adquiere un nuevo significado. Para vivir al máximo, las metas deben reflejar su propósito. Si se concentra sólo en ganar dinero, se le irá gran parte de la vida.

Enuncie su PROPÓSITO

Muchos negocios han gastado grandes sumas de dinero en elaborar enunciados que declaren la misión de la compañía. Por lo general, en el proceso participan los líderes de la compañía. A veces, se contrata a un consultor administrativo para ayudar con el proceso. El resultado es casi siempre tres o cuatro párrafos de palabras y frases bien intencionados. A menudo, los ponen en una hermosa placa que cuelga muy elegante en la entrada principal de las oficinas. Pero es triste saber que hasta ahí es lo más lejos que llegarán en muchas compañías. Todavía más triste es el hecho de que, cuando se le pregunta, la gente que trabaja en la organización no puede repetir el enunciado. Nunca se vuelve parte de la cultura. Con mucha frecuencia, se trata sólo de algo que la dirección soñó; otra moda del mes.

LES:
Tenía que dar un discurso a los miembros del consejo de una gran cadena nacional de productos alimenticios. Sa-

bía que tenían un enunciado con la misión de la compañía y lo estaban mejorando, así que al azar llamé a varias de sus tiendas para preguntar a la persona que contestaba el teléfono: "¿Puede decirme por favor cuál es el enunciado con la misión de su compañía?" Nadie pudo contestar la pregunta. Un gerente respondió: "Creo que tengo una copia en alguna parte; necesito buscar en el archivo". ¡Ésa no es forma de vivir con una misión!

Si es dueño de un negocio o alguien que toma decisiones clave, considere estas sugerencias: primero, cambie la frase "enunciado de la misión de la compañía" por "Nuestro propósito". En general, los empleados lo entienden más fácilmente. Hágalo breve y sencillo para que todos en la oficina puedan memorizarlo. Una oración con fuerza que todos pongan en práctica a diario será más efectiva que un enunciado largo que se guarde en un cajón oscuro del archivo.

Un ejemplo excelente es Harry Rosen Men's Wear, una cadena de ropa fina. Éste es su enunciado: exceder las expectativas de nuestros clientes. Se encuentra impreso en el reverso de las tarjetas de presentación de todos los vendedores, y todo el que trabaja ahí lo conoce. Además, cada empleado tiene la autoridad para convertir en acción este enunciado. Por ejemplo, si compró un par de pantalones que requieren algún ajuste y los necesita para el día siguiente pero no puede recogerlos, el vendedor se asegurará que se los entreguen. No hay problema, sólo hay que caminar un kilómetro más. Sugerimos que elabore un enunciado personal con una sola oración significativa. Hágalo lo bastante general como para que sirva en varias situaciones cotidianas.

LES:
Mi enunciado es: **ayudar a todas las personas que pueda durante mi vida, de manera que mejoren de manera significativa sus vidas.** El enunciado me da una gran cantidad de oportunidades. Puedo servir a gente de negocios a través de nuestro programa de tres años de Capacitación para alcanzar logros. También puedo com-

partir ideas escribiendo libros y artículos en revistas, y grabando cintas de audio. O tan sólo puedo ofrecer una palabra de aliento y una sonrisa a alguien que necesita motivación, por ejemplo, una mesera que se siente presionada porque el restaurante tiene poco personal. Tal vez incluso un encargado de estacionamiento que rara vez conversa con los clientes porque siempre tienen demasiada prisa como para dar un saludo.

JACK:
Mi enunciado es: **inspirar y facultar a la gente para que alcance su meta más alta en un contexto de amor y alegría.** Similar a lo dicho por Les antes, hay muchas oportunidades y muchos foros para lograr esto. Puedo escribir libros, dirigir seminarios, dar discursos, escribir artículos, aparecer en programas de radio y televisión, motivar y dirigir a mi personal, consultar con otras organizaciones, elaborar un plan de estudios de superación personal para estudiantes de secundaria, o sólo inspirar a la persona que está sentada junto a mí en un avión.

MARK:
Mi enunciado es: **inspirar a mi público con una sabiduría que haga funcionar su mundo.** Mi público varía de miles de personas en una convención grande a un manojo de gente en una sala de conferencias. O, como Les y Jack, también puedo tener un público de una sola persona durante diez minutos. Es impresionante cómo se puede conmover a alguien con unas cuantas palabras de valor y apoyo bien escogidas. En ocasiones sólo se lleva un momento hacer una diferencia positiva.

También elaboramos un enunciado para nuestra serie de libros *Caldo de pollo para el alma.* Tan sólo dice:

PARA CAMBIAR AL MUNDO,
SE NECESITA UNA HISTORIA A LA VEZ.

Cómo formular su PROPÓSITO

Para ayudarle aún más a formular un propósito, está a punto de descubrir una manera única de ampliar su conciencia. Se llama el nivel del ser.

Y antes mencionamos el arduo trabajo de George Addair, quien es un hombre extraordinario el cual ha dedicado la vida a lo que él llama "El trabajo". Hacerlo incluye grupos de estudio especiales y programas de conocimiento de sí mismo que transforman a la gente que participa. En 1999, más de treinta mil personas se habían graduado de sus programas Vector Omega y Vector Delta.

La incansable búsqueda de George para entender los principios más profundos de la vida desenterraron este código único para vivir en un nivel superior. Con el fin de entender a fondo cómo funciona el nivel del ser, por favor lea las siguientes páginas varias veces hasta que capte el verdadero significado. La falta de conciencia sobre estas verdades fundamentales no le permitirán avanzar, estará incompleto y luchando por cosechar las recompensas más grandes de la vida.

Para hacer el concepto más fácil, vamos a dividir todo en tres áreas específicas. Primero aprenderá a diferenciar entre crecimiento personal y el término nivel del ser. Luego identificaremos las etapas fundamentales de la evolución humana. No se preocupe, no será una lección larga y tediosa. Como pensadores que somos, queremos llegar al meollo de las cosas con rapidez. Por último, verá cómo funciona el nivel del ser en detalle y la relación importante que tiene con los primeros dos temas. Cuando sea capaz de sincronizar los tres elementos e implementarlos, el éxito en la vida estará garantizado.

NO ESTOY AQUÍ SÓLO PARA GANARME LA VIDA;
ESTOY PARA HACER LA DIFERENCIA.

— Helice Bridges

Crecimiento personal y
NIVEL DEL SER

Observe la gráfica de la página 285; muestra la relación entre el crecimiento personal y el tiempo. Todo crecimiento personal es vertical. Con frecuencia se describe con metáforas como *alcanzar algo más elevado, llegar a la cima, escalar la montaña, ascender a las alturas* o *vivir al máximo de su potencial.*

Por otra parte, el fracaso se señala hacia abajo con metáforas como *pisar fondo, estar en el hoyo, ir hacia atrás, resbalarse y caer...*

En la otra escala, el tiempo es horizontal. Muestra que el pasado está detrás y el futuro lo tenemos todavía enfrente.

El hecho es que ninguna escala es direccional. La escala de arriba y abajo representa el nivel del ser. La escala de izquierda y derecha representa el no ser, un estado de ilusión, porque el pasado ya está muerto y el futuro todavía no nace. Donde se intersectan las dos escalas es el aquí y el ahora; es decir, las circunstancias presentes. Como verá en unos minutos, cuanto más alto se encuentre en la escala vertical, mejor será su habilidad para entender cómo funciona la vida.

El siguiente paso en este laberinto es comprender que hay tres categorías en la evolución humana: la etapa infantil, la etapa adulta, y la etapa de autorrealización. La etapa infantil es mecánica e inconsciente, un terreno de sueño interno. Note que nos referimos tanto a los adultos como a los niños. La etapa adulta implica un despertar. Por desgracia, algunas personas nunca despiertan; se quedan atoradas en los niveles más bajos de la conciencia. En niveles más altos, la gente en la etapa de autorrealización conoce cuál es su propósito y tiene una filosofía de la vida bien definida. Más adelante ampliaremos este concepto.

Primero, aquí tenemos otra distinción importante: la diferencia entre eventos y estados. El mundo externo que experimentamos está constituido por una serie de eventos. Es lo que sucede en nuestro mundo todos los días. Sin embargo, nuestro mundo interno se experimenta en forma de estados. Éstos incluyen una amplia gama de emociones, instintos e intuición. Los estados determinan el nivel del ser o conciencia.

El siguiente enunciado es crucial. Sólo cuando hace una distinción consciente entre sucesos (el mundo externo) y estados (su mundo interno) sabrá en realidad cómo funciona la vida. Por ejemplo, la forma de vida que lleva en el presente (estándar de vida) está determinado por el estado interno del ser, *no por* los sucesos externos. Es imposible tener un nivel del ser bajo en el interior y, al mismo tiempo, un nivel del ser más alto en el exterior. La mayoría de las personas no lo comprenden; intentan manipular los acontecimientos externos para lograr el éxito. Nunca funciona. La única forma de disfrutar en verdad un nivel más alto de éxito, lo cual incluye la libertad económica, la satisfacción en el trabajo y relaciones más ricas, es cambiando el nivel del ser interno. Para apreciar por completo el rango de niveles del ser, estudie la gráfica de la página 285. Cada nivel es como un peldaño en una escalera. Cada vez que da un paso hacia arriba, aumentan tanto su conciencia como sus habilidades para conseguir lo que desea.

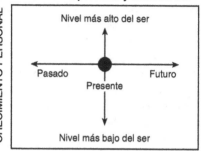

Crecimiento personal y nivel del ser

CRECIMIENTO PERSONAL

Nivel más alto del ser

Pasado — Presente — Futuro

Nivel más bajo del ser

TIEMPO

Reimpreso con autorización de George Addair.

El círculo simboliza el nivel del ser actual, en otras palabras, las circunstancias presentes. El estilo de vida no se relaciona con el tiempo. El éxito y el fracaso están determinados sólo por el nivel del ser de cada cual.

DEFINICIONES DE NIVELES DEL SER

Al estándar de vida, el estilo, la prosperidad y la pobreza no los determinan los sucesos o las circunstancias en el mundo externo, sino el estado interno. Es imposible tener un nivel del ser bajo en el interior y, al mismo tiempo, un nivel de éxito alto en el exterior. A continuación, hay varios ejemplos de estos estados internos o niveles del ser.

Ejemplos del ser

ESTADO DE AUTO CONFIANZA: alta auto estima y validación interna. Motiva desde dentro. Sigue la "voz interna". Está libre de todas las necesidades y da servicio incondicional a los demás. No experimenta resistencia.

Consciente y despierto

(Etapa de autorrealización)

ESTADO DE PERMICIÓN: acepta la vida sin condiciones. Presenta habilidades invisibles de liderazgo. Es inofensivo. Tiene poder personal. Vive cada día sin juicios y acepta la verdad sin culpar a otros.

*Reimpreso con autorización de George Addair.

DESCUBRIMIENTO DEL AMOR: aprende y practica el dar así como el amor incondicionales. Acepta con facilidad; sabe perdonar. Empieza a apreciar el ser inofensivo. ESTADO DE DESPERTAR: explora la conducta en la que todos ganan. Se vuelve intuitivo. Se arriesga de manera consciente. Aprende a dar más en vez de recibir. Empieza a compartir sus sentimientos. Piensa las situaciones a través del razonamiento.

Despertar (etapas adultas)

INSTINTOS DE AMOR A SÍ MISMO Y VANIDAD: juzga a otros, racionaliza y justifica por qué la vida no funciona bien. Con frecuencia vive en la negación, usa la venganza, es reactivo, intelectualiza. Conducta adictiva mecánica.
INSTINTOS DE SEGURIDAD: está a la defensiva, temeroso, tiene tendencia a preocuparse, es celoso, culpa a otros y a los sucesos por la falta de éxito. Hace las cosas por aprobación, está en busca de atención. Presenta una conducta adictiva mecánica.
INSTINTOS DE SUPERVIVENCIA: es posesivo, territorial; conducta controladora y agresiva. Usa métodos de ataque y amenazas para estar siempre al frente. Conducta adictiva mecánica.

Mecánico y dormido (etapas infantiles)

*Reimpreso con autorización de George Addair.

Veamos más de cerca los niveles del ser desde un punto de vista práctico. Los peldaños inferiores de la escalera se llaman nivel mecánico y dormido, también conocido como la etapa infantil. La gente en este nivel por lo general no tiene interés en aprender más o en mejorar de manera significativa su forma de vida. Tienen un nivel limitado de conciencia. En cierto sentido, no conocen un nivel más alto. Para ellos la vida es rutina y situaciones elementales.

Lo que más les preocupa es la seguridad y la supervivencia. Mientras puedan preservar el *statu quo*, apegarse a un empleo, ver un poco de televisión y pagar sus deudas, sobrevivirán. Tienden a culpar a las situaciones y a otras personas por su falta de éxito, pero no están preparados para cambiar. En consecuencia, se quedan atorados. ¿Conoce a alguien así?

Por favor entienda que no estamos diciendo que esté mal. Como sabe, todo en la vida se trata de una elección. Si elige este nivel del ser, entonces permanecerá ahí. Para hacer una transición se requiere un movimiento vertical. No tiene nada que ver con el tiempo. Este concepto es fundamental. Trabajar más duro y más tiempo cada día le aportará más de lo que ya tiene. Avanzar a un nivel más alto del ser requiere primero que esté consciente de cómo funciona la vida en realidad.

Al subir un poco la escalera encontramos a personas detenidas por la culpa y la duda. A menudo la gente en este nivel del ser se pasa la vida tratando de obtener la aprobación de otros. Tienen una autoestima baja así que no intentan alcanzar metas o terminar lo que empiezan. Es interesante ver que tienen todo tipo de justificaciones para la falta de progreso. Otras características incluyen la necesidad de ser adecuado y la tendencia a estar demasiado concentrados en sí mismos.

Al ascender en la escalera hacia la etapa adulta, empieza el proceso de despertar. En ese nivel del ser, la vida implica riesgos conscientes, empezar a entender el que todos ganen y dar más en vez de querer recibir. Ahora es capaz de compartir sus sentimientos con confianza y se vuelve aparente la búsqueda de una existencia significativa.

Al trascender a niveles del ser incluso más altos, se llega a la etapa de autorrealización. En ella se está por completo consciente y despierto, lo cual requiere demostrar integridad total en todo lo que se hace. No es fácil; muy pocas personas viven en esta atmósfera tan alta. Mientras se vuelve más consciente, estará menos atado a eventualidades a la vez que a la necesidad de poseer demasiadas cosas materiales. El servicio a los demás se vuelve más importante y no experimenta resistencia.

En el nivel más alto está sintonizando a cada momento sus talentos especiales, lo cual genera más oportunidades para que pueda servir. Su vida empieza a fluir, en vez de ser una serie de eventos aislados y situaciones de presión. Por instinto sabe cuáles son las decisiones correctas que debe tomar y en qué dirección ir. A cambio, esto le ayuda a tener cada vez más confianza en sí mismo y a dejar que le guíe la sensación de estar cumpliendo con su destino.

He aquí la gran pregunta: ¿En dónde se encuentra usted en la escalera? ¿Qué nivel del ser representa ahora? Un comentario de precaución: sería fácil decir que fluctúa entre la parte superior e inferior de la escalera dependiendo del día de la semana. La verdad es que manifiesta consistentemente ciertas conductas más que otras. Éstas son los hábitos dominantes; el verdadero nivel del ser.

Por favor entienda una cosa: antes de poder subir al siguiente peldaño de la escalera, debe abandonar en el que se encuentra ahora. Recuerde que se enfrenta a una etapa de transición. En un punto ha dejado de descender, pero no le es posible subir al siguiente. Ésta es la parte que da miedo: la incertidumbre de no saber si llegará al siguiente escalón, lo cual también produce duda. El miedo mezclado con la duda es una combinación potente que puede asegurar que no avance en la escalera. La única forma de subir es por medio del cambio y arriesgándose. Es como saltar a una piscina por primera vez. Si no sabe nadar, el miedo de no salir a flote puede impedirle acercarse al agua para siempre. La realidad simple es que saldrá a flote, pero debe saltar para averiguarlo.

Haga una LISTA DE ALTO

Puede acelerar sus avances a un nivel superior del ser haciendo una lista de alto. Hay un ejercicio al final de este capítulo, llamado La lista personal de alto, que le será muy útil. Se trata de una lista con todas las cosas que hace que le limitan, que le mantienen sin poder continuar en la escalera. Recuerde que nada cambiará hasta que usted cambie. Resalte el hábito de cambiar los hábitos de manera consistente. Al hacerlo, empezará a apreciar la alegría de vivir la vida en estos niveles más altos.

CONCEPTOS FUNDAMENTALES DE LA VIDA

SABER QUÉ QUIERE
SABER POR QUÉ LO QUIERE

DESCUBRIR SUS TALENTOS
USARLOS A DIARIO

TRABAJAR DURO
TRABAJAR BIEN

DAR SIN CONDICIONES
AMAR SIN CONDICIONES

ENCONTRAR SU PROPÓSITO
VIVIR CON SU PROPÓSITO

© Les Hewitt

CONCLUSIÓN

Vivir su propósito verdadero en el nivel del ser más alto indica que quiere hacer la diferencia. Éste es el lugar más satisfactorio en que puede estar y le ofrece magníficas recompensas. La vida será alegre, tendrá paz espiritual y expresará los talentos que Dios le dio en la forma más significativa posible.

Apresúrese en la búsqueda. Diríjase a entender más de usted mismo y del papel para el que fue creado. Es una jornada que le llevará toda la vida. En el camino necesitará volverse más responsable, lo que requiere hacer elecciones diferentes, algunas de las cuales serán sin duda difíciles. Como verá en nuestras Palabras finales después de este capítulo, es el compromiso último... el compromiso de cambiar.

LA VIDA ES CORTA. CONCÉNTRESE A PARTIR DE AHORA EN HACER LA DIFERENCIA.

PASOS DE ACCIÓN

Descubrir y
vivir
con un propósito

Las diez preguntas a continuación se formularon para ayudarle a determinar si su vida está centrada en perseguir un propósito. En combinación con los puntos clave de este capítulo, le ayudarán a aclarar una definición de propósito que funcione para usted. Antes de contestar, piense bien cada pregunta y lea los comentarios. Luego marque "sí", "no sé-/no estoy seguro", o "no".

1. ¿Reconoce en qué es bueno y qué le da energía?

❑ sí   ❑ no sé/no estoy seguro   ❑ no

Muchas personas nunca encuentran el lugar idóneo para trabajar porque evitan analizar los objetivos de su carrera. Caen en los empleos y en realidad nunca se preguntan "¿qué hago bien?, ¿qué tipo de vida quiero tener?, ¿qué tipo de trabajo me produce energía positiva?" Es importante que conozca y aplique sus habilidades especiales.

2. ¿Utiliza por completo las habilidades que más disfruta?

❑ sí   ❑ no sé/no estoy seguro   ❑ no

Muchas personas se estancan en el trabajo. Son capaces de hacer mucho más, pero temen los retos. Hay cuatro categorías de expectativas en cuanto al empleo. Por desgracia, la mayoría de la gente cae en las primeras tres.

A. "Es sólo un empleo. Cualquier empleo está bien mientras la paga sea buena y pueda hacer lo que me gusta después del trabajo".

B. "El trabajo tiene que ser estable. Necesito las prestaciones, las vacaciones y la seguridad de un empleo permanente".

C. "Quiero significado y satisfacción en mi profesión, oficio o vocación. Quiero emplear mis talentos y sentirme desafiado".

D. "El trabajo no se relaciona con el dinero; el trabajo es un camino para aprender más y para el crecimiento personal. El trabajo me enfoca en algo que en realidad creo necesita hacerse en esta organización, comunidad o mundo".

3. ¿Su trabajo se hace más interesante o es lo que más le importa?

❑ sí   ❑ no sé/no estoy seguro   ❑ no

Lo que le importa es la base de todo propósito. Requiere apertura para todo lo que le rodea. Para que algo le importe necesita conciencia. No debe sentirse agobiado por la sensación de deber u obligación. Cuando algo le importa en forma natural, es porque le conmovió profundamente.

4. ¿Se ve a sí mismo, a través del trabajo, haciendo la diferencia en el mundo?

❑ sí   ❑ no sé/no estoy seguro   ❑ no

El "síndrome de la ociosidad" prevalece en la sociedad actual. Como muchas personas encuentran que el trabajo no tiene significado, pierden motivación. El trabajo debe ofrecer más que dinero y prestigio; debe ofrecerle la oportunidad de hacer la diferencia.

5. ¿Ve la mayoría de los días con entusiasmo?

❏ sí   ❏ no sé/no estoy seguro   ❏ no

Cuando sirve a un propósito más importante que usted mismo, se siente más comprometido y es más entusiasta. Recuerde, los años vuelan rápido, entonces enfrente cada día y cada labor con fervor.

6. ¿Tiene una filosofía propia de la vida y del éxito?

❏ sí   ❏ no sé/no estoy seguro   ❏ no

Todos necesitamos una serie de principios a partir de los cuales vivir. Demasiadas personas aceptan los valores de otros y nunca adquieren los propios. No reflejan lo suficiente en su vida; en vez de ello se preocupan por conseguir la aprobación de los demás. El verdadero poder viene de actuar a partir de valores profundos y personales.

7. ¿Se está arriesgando lo suficiente para vivir de acuerdo con su filosofía?

❏ sí   ❏ no sé/no estoy seguro   ❏ no

Nadie está del todo seguro del camino a seguir, pero quienes tienen el valor para creer en sí mismos y en sus ideas, a pesar de la posibilidad de sufrir alguna pérdida, son las personas verdaderas. Debe arriesgarse, tener el valor, ser fiel a sí mismo.

8. ¿Siente que hay significado y propósito en su vida?

❏ sí   ❏ no sé/no estoy seguro   ❏ no

Terry Fox es un ejemplo maravilloso de alguien que tenía un propósito profundo en la vida. Su recuerdo nos motiva a elevar nuestras expectativas de lo que podemos hacer. Puede elegir concentrar su vigor en lo que le produce el sentimiento más profundo. Puede ocupar su tiempo y sus talentos con personas, compromisos, ideas y desafíos que siente que tienen un propósito.

9. ¿Tiene metas activas este año que se relacionan con su propósito?

❏ sí   ❏ no sé/no estoy seguro   ❏ no

El propósito como parte de la vida sirve de inspiración. Pero en realidad son las metas las que nos motivan a diario. La vida está vacía cuando no tenemos algo por qué luchar. Las metas, aunque no siempre son fáciles de lograr, proporcionan la satisfacción de tener logros, lo cual a su vez aumenta nuestra autoestima.

10. ¿Vive la vida al máximo ahora, en vez de esperar a que las cosas se arreglen solas algún día?

❏ sí   ❏ no sé/no estoy seguro   ❏ no

¿Por qué esperar la lotería? Utilice su potencial ahora en vez de llevárselo a la tumba. Ahora es el momento de vivir de acuerdo con sus valores y con un propósito.

FUENTE: *El poder del propósito*

Califique sus resultados como sigue:

- A cada respuesta **sí** dé un **0**
- **No estoy seguro** o **no sé** vale **1**
- Cada respuesta **no** vale **2**

Ahora sume la puntuación. Como las preguntas son subjetivas, no hay respuestas correctas o incorrectas. Sin embargo, use el análisis de la puntuación como un lineamiento general. Así es como funciona:

Si obtuvo una puntuación de entre 0 y 7, su vida está muy bien enfocada, tiene sentido de dirección y tiene la intención de marcar la diferencia.

Si obtuvo entre 8 y 15, tiene un propósito, pero necesita aclarar su compromiso. ¿En realidad vive de acuerdo con sus valores y "hace lo que dice" todos los días?

Si obtuvo entre 16 y 20, corre el riesgo de no emplear su potencial y sólo desperdiciar su vida. Por favor note que esta puntuación alta también significa que está en medio de una crisis o transición importante.

Ahora que tuvo la oportunidad de pensar en qué significa para usted tener un propósito, construya un enunciado de una sola oración que capte la esencia del propósito que tiene en la vida según la ve en el presente.

Elija las palabras con cuidado y, como siempre, sea específico.

Para reforzar su propósito, apéguese a este enunciado todos los días. Imprímalo en una tarjeta especial para que pueda tenerlo cerca. Adquiera el hábito de reafirmarlo o hasta que esté por completo integrado a su conciencia. Es el catalizador que cambiará su conducta y le permitirá disfrutar la vida con un propósito.

Si no puede elaborar un enunciado significativo después de este cuestionario, no se preocupe demasiado. A menudo se necesitan meses (y en ocasiones años) para aclararlo. Lo que le ayudará es seguir buscando y pensando en lo que está haciendo y por qué. Las respuestas al final se le presentarán solas.

La lista de alto personal.
Haga una lista con todas las cosas que tiene que dejar de hacer o de las cuales deshacerse para facilitar el ascenso al siguiente nivel del ser. Sea específico. Considere su carrera, finanzas, relaciones, salud, filosofía y actitud.

Aquí hay algunos ejemplos:

1. Dejar de gastar de más.
2. Dejar de ser impuntual.
3. Dejar las relaciones nocivas.
4. Dejar de culpar a otros por lo que no tiene.
5. Dejar de deprimirse con discursos negativos.

Vivir con un propósito

Actuar de manera decisiva

Persistencia consistente

Pida lo que desea

El factor de la confianza en uno mismo

Cómo establecer relaciones excelentes

Cómo crear un equilibrio óptimo

¿Ve el panorama completo?

No se trata de magia ni de ilusión,
sino de mera concentración

Sus hábitos determinarán el futuro

¡Felicidades; lo logró!
Ahora utilice su poder de concentración para ayudar a
otras personas.

Palabras finales

Es su vida...
¡acepte el reto!

"Reír con frecuencia y mucho; ganarse el respeto de gente
inteligente y el afecto de los niños; ganar el aprecio de la
crítica honesta y resistir la traición de amigos falsos;
apreciar la belleza; encontrar lo mejor en los demás; dejar el mundo un poco mejor, ya sea con un hijo sano, un
pedazo de jardín o buenas condiciones sociales; saber que
cuando menos una vida respira más fácilmente gracias a
usted. Esto es tener éxito."

— Ralph Waldo Emerson

Si leyó esta obra en su totalidad, felicidades. Si es de esas
personas a quienes les gusta ir hasta las últimas páginas
para ver cómo termina, bueno, quizá lo hace con muchas
de las cosas de la vida. Entienda: no hay atajos para construir una vida con sustancia. Es un proceso continuo, requiere tiempo, esfuerzo real y el deseo de ser más de lo que
ya se es. Vale la pena el desafío. Sin embargo, su reto más
grande empieza mañana. ¿Cómo aplicará lo que aprendió
en este libro? Todas las estrategias que compartimos con
usted funcionan en realidad. Pueden mejorar su vida en
gran medida, pero sólo si elige aplicarlas.

Todos nos enfrentamos a decisiones difíciles; es parte del dilema humano. ¿Cuál camino tomar, éste o aquel? Es cierto que no hay garantías absolutas cuando se trata de tomar un camino personal hacia un futuro mejor; pero los hábitos fundamentales que compartimos con usted recorrerán un largo camino para asegurar que su vida de negocios y personal estén bendecidas más allá de lo imaginable. Nos ha funcionado a nosotros y a miles de personas. Así que acepte el reto. Tome la decisión ahora de volver a concentrarse y convertirse en lo mejor posible, un día a la vez.

Es el momento de dar un paso hacia adelante. Tiene la alternativa de decir "fue una información interesante", y luego poner el libro en una gaveta y cargar con los viejos hábitos. Eso sería triste porque nada en su vida cambiaría. Si dedicó tiempo a leerlo, es obvio que quiere mejorar algunas cosas.

Gracias a lo que leyó, ahora está más consciente de cómo funciona la vida. Ya no tiene más excusas para fracasar en el futuro, a menos que no se impulse a hacer los cambios necesarios. Hay miles de personas, igual que usted, que han convertido su vida en historias de éxito maravillosas sólo porque decidieron cambiar.

Usted puede hacer lo mismo. Claro que puede. Crea en usted. Aproveche los conocimientos que adquirió en estas páginas y concéntrese en dar el primer paso, cualquiera que sea. Hágalo una prioridad. Luego dé otro y muy pronto su vida *cambiará;* se lo garantizamos. Con un poco de práctica y persistencia, los hábitos nuevos serán parte de usted. Dentro de un año dirá: "Miren cuánto he cambiado y vean los resultados; apenas puedo creerlo".

Refiérase a estas estrategias con frecuencia. Aplíquelas como una guía constante que le ayudará y recuerde, en realidad *puede* hacer la diferencia en este mundo. Es su responsabilidad hacerlo y también es su destino. Siga adelante ahora con valor y nuevas esperanzas. Su futuro le espera, ¡aprovéchelo!

Le deseamos abundancia de salud, alegría y prosperidad en los años por venir.

Mark Victor Hansen

Les Hewitt

Posdata: nos encantaría saber cómo le están funcionando estas estrategias. Por favor envíe su historia de éxito a: Logros, P.O. Box 30880, Santa Bárbara, CA 93130. Mande su fax al (403) 730-4548 o por correo electrónico a *achievers@nucleus.com*.

PERMISOS

Deseamos hacer un reconocimiento a los siguientes editores y personas, por los permisos otorgados para reimprimir el siguiente material. (Nota: las historias señaladas anónimas, que son del dominio público o que las escribieron Jack Canfield, Mark Victor Hansen o Les Hewitt no se incluyen en esta lista.)

La historia de *Brent Vouri*. Reimpresa con permiso de Brent Vouri. © 2000 Brent Vouri, Typhoon Sportsware Ltd.

La historia de *Peter J. Daniels*. Reimpresa con permiso de Peter J. Daniels. © 2000 Peter Daniels, World Centre for Entrepreneurial Studies.

La historia de *Glenna Salsbury*. Reimpresa con permiso de Glenna Salsbury. © 1995 Glenna Salsbury.

Extracto de *Live and Learn and Pass It On (Viva, aprenda y comuníquelo)*. Reimpreso con permiso de H. Jackson Brown Jr. © 1997 H. Jackson Brown Jr., Rutledge Hill Press Inc.

Extracto de *A Return to Love (Regreso al amor)*. Reimpreso con permiso de Marianne Williamson. © 1992 Marianne Williamson.

Extracto de *Putting Your Faith Into Action Today! (Ponga su fe en acción hoy)*. Reimpreso con permiso de Robert H. Schuller. © 1998 Robert H. Schuller, Crystal Cathedral.

Gráficas de *The Wall of Fear (El muro del miedo)*, *Personal Growth (Crecimiento personal)* y *Level of Being (Nivel del ser)*. Reimpresas con permiso de George Addair. © 1996 George Addair.

Artículo sobre *Phan Thi Kim Phuc*. Reimpreso con permiso de Patricia Chisholm. © 1997 Patricia Chisholm, *Maclean's*.

Artículo sobre *Wilma Rudolph*. Reimpreso con permiso de Sherrie Tolliver. © 1997 Sherri Tolliver, *Mujeres en la historia*.

Artículo sobre *Ken Hitchcock*. Reimpreso con permiso de Robin Brownlee. © 1996 Robin Brownlee, *Edmonton Journal*.

Extracto de *Ed Foreman*. Reimpreso con permiso de Robin Brownlee. © 1996 Robin Brownlee, *Edmonton Journal*.

Extracto de *Ed Foreman*. Reimpreso con permiso de Ed Foreman. © 2000 Ed Foreman, Executive Development Systems Inc.

La historia de *Susan Brooks*. Reimpresa con permiso de Susan Brooks. © 2000 Susan Brooks, Cookies from Home (*Galletas hechas en casa*).

Lista de *Ten Purpose Questions (Diez preguntas sobre el propósito)*. Reimpresa con permiso de David McNally. © 1984 David McNally, Trans-Form Corporation.

SOBRE LOS AUTORES

 **Jack Canfield** ha presentado las estrategias de *El poder de la concentración* en doce países a través de sus talleres *Autoestima y Desempeño óptimo*. Sus clientes incluyen Campbell Soup Company, Clairol, Coldwell Banker, General Electric, ITT, Hartford Insurance, Federal Express, Johnson & Johnson, NCR, Sony Pictures, TRW y Virgin Records, además de otras organizaciones como The Million Dollar Round Table, the Young Presidents Organization y the World Business Council.

Para mayor información sobre los libros, las cintas y los programas de capacitación de Jack, o para programarlo en alguna presentación, por favor póngase en contacto con:

The Canfield Training Group, P.O. Box 30880, Santa Bárabara, CA 93130, teléfono 800-237-8336, fax 805-563-2945, sitio en la red: *www.chickensoup.com*, para enviar correo electrónico: *soup4soul@aol.com*, para recibir información vía correo electrónico: *chickensoup@zoom.com*

 **Mark Victor Hansen** ha impartido estas estrategias de éxito a millones de personas, cubriendo treinta y siete países en los últimos veinticinco años. Ha aparecido en *CNN, Eye to Eye, QVC, the Today Show, PBS* y *Oprah*, así como en docenas de revistas y diarios estadounidenses como *Entrepreneur, Success, Time, U.S. News & World Report, USA Today, New York Times, Washington Post* y *The Los Angeles Times*. Mark recibió el premio Horatio Alger en mayo de 2000.

Jack y Mark también son coautores de la en extremo exitosa serie *Caldo de pollo para el alma*, a la cual la revista *Time* llama el fenómeno editorial de la década, con más de 50 millones de copias vendidas hasta el momento en todo el mundo.

Puede ponerse en contacto con Mark en:

P.O. Box 7665, Newport Beach, CA 92658, teléfono (714) 759-9304 u 800-433-2314; fax (714) 722-6912.

Les Hewitt, originario de Irlanda del Norte, es uno de los principales capacitadores en desempeño de Estados Unidos. Es el fundador del exitoso *Programa de capacitación para alcanzar logros.* En la actualidad, con operaciones en los Estados Unidos, Canadá, Inglaterra y la República de Irlanda, este proceso único de tres años ha sido el catalizador para muchas de las extraordinarias transformaciones de sus clientes. Desde su inicio en 1983, el programa de logros ha celebrado miles de programas de capacitación para personas de negocios de una gran variedad de industrias.

Les es un orador dinámico, capacitador de negocios, capacitador en ventas, escritor y empresario. Durante los últimos veinte años, ha capacitado personalmente a cientos de empresarios para lograr utilidades y productividad excepcionales.

Para ponerse en contacto con Les u obtener información sobre descuentos por volumen, el Programa de capacitación para alcanzar logros, oportunidades de sociedades con licencia, discursos, seminarios y los talleres de un día de *El poder de la concentración*, póngase en contacto con:

Logros Canadá, 5160 Skyline Way NE, Calgary, AB T2E 6V1, teléfono sin costo: 877-678-0234 o al teléfono (403) 295-0500; fax (403) 730-4548; sitio en la red: *www.achievers.com;* correo electrónico: *achievers@nucleus.com*